REVUE

DES

SCIENCES PHILOSOPHIQUES

ET

THÉOLOGIQUES

───────

TOME 87

───────

PARIS
LIBRAIRIE PHILOSOPHIQUE J. VRIN
6, Place de la Sorbonne, Vᵉ

─

2003

Portrait d'Auguste COMTE (1855)

Eau-Forte de Félix Braquemond d'après Joseph Guichard
Épreuve titrée et signée par le graveur

Collection Bonafous-Murat S.à.r.l. Paris

Rev. Sc. ph. th. 87 (2003) 5-21

AUGUSTE COMTE ET LA RELIGION POSITIVISTE : PRÉSENTATION

par Michel BOURDEAU

> « Quoique nous sachions que nous formons une minorité extrêmement petite, nous osons penser qu'une religion sans Dieu peut être, même pour des chrétiens, un objet de méditations instructives et profitables. »
>
> John Stuart Mill

Aucun aspect de la pensée de Comte ne l'a autant desservi que sa prétention à fonder une nouvelle religion : ce faisant, il a en effet réussi le tour de force de mettre pour une fois d'accord et les croyants et les incroyants. Là plus qu'ailleurs, il n'y a pas de place pour lui. Les sociologues du religieux l'ignorent puisque, considérée comme fait social, la religion positiviste n'a eu qu'une existence brève et extrêmement localisée. Les théoriciens du théologico-politique l'ignorent aussi, puisque le lien intime établi entre politique et religion par le positivisme a ceci en propre de faire délibérément l'économie du théologique. L'auteur du *Système* n'a rien renié des projets du secrétaire de Saint-Simon : en 1852 comme en 1822, il s'agit de « réorganiser sans Dieu ni roi ». Ça et là pourtant, quelques signes donnent à penser que cette indifférence n'a rien de définitif; après une longue désaffection, l'œuvre de Comte connaît un regain d'intérêt qui s'étend aussi à la religion de l'Humanité[1].

---

1. Voir notamment T. R. WRIGHT : *The religion of Humanity, The Impact of Comtian Positivism on Victorian Britain*, Cambridge U. P., 1986; C. D. CASHDOLLAR : *The Transformation of Theology (1830-1890), Positivism and Protestant Thought in Britain and America*, Princeton U. P., 1989; Andrew WERNICK : *Auguste Comte and the Religion of Humanity, the Post Theistic Program of French Social Theory*, Cambridge U. P., 2000;

Le présent numéro est donc destiné à combler une lacune existante, ou plutôt à commencer à la combler. Le lecteur n'y cherchera pas une étude exhaustive de la religion positiviste, un tel projet étant encore prématuré. Il n'y trouvera rien non plus touchant ce que Comte a dit des diverses religions. L'auteur du *Cours* est pourtant un des fondateurs de l'histoire des religions[2]; sur le paganisme, sur le christianisme, sur l'Islam ou les religions d'Extrême-Orient, les grandes leçons historiques abondent en vues pénétrantes, mais leur examen s'écarterait trop du cadre fixé. En attendant une monographie qui fasse le point des travaux existants, et dans le but de la préparer, il a paru bon de poser quelques jalons supplémentaires, dans l'espoir que la découverte d'un terrain en attente d'être défriché donne à certains le désir d'y regarder de plus près.

Cette présentation, quant à elle, n'a d'autre fin que d'aider à l'intelligence des articles qui composent ce numéro, et dont il convient tout d'abord de dire quelques mots. L'« universelle suprématie du point de vue historique » constituant « à la fois le principe essentiel du positivisme et son résultat général »[3], nul ne s'étonnera que la religion de l'Humanité soit abordée dans une perspective plus historique que dogmatique : des six études qui suivent, quatre ont pour objet immédiat non pas la pensée de Comte, mais celle de ses prédécesseurs ou de ses successeurs, preuve également que l'étude de la religion positiviste ne saurait se limiter à un examen de ce qu'en a dit son fondateur.

La contribution d'Antoine Picon nous rappelle tout d'abord que l'entreprise de Comte n'a rien d'isolé : ce n'est qu'une de ces nombreuses religions laïques qui surgirent au dix-neuvième siècle. À cet égard, le tort de son fondateur est d'avoir voulu écrire le *Cours* avant le *Système* et d'avoir ainsi « raté le coche » : en 1850, à la différence de 1830, la question religieuse avait cessé d'être dans l'air du temps[4]. En second lieu, au travers de la question des rapports de Comte aux saint-simoniens, ce n'est rien moins que la question de l'originalité du positi-

---

J.-Cl. WARTELLE : *L'héritage d'Auguste Comte, histoire de « l'Église » positiviste*, Paris, L'Harmattan, 2001.

2. Cf. CANGUILHEM : *Histoire des religions et histoire des sciences dans la théorie du fétichisme chez Auguste Comte*, in *Études d'histoire et de philosophie des sciences*, Vrin, Paris, 1979, p. 81.

3. S, III, p. 1. Pour les œuvres de Comte, nous utiliserons les abréviations suivantes :

   EJ : *Écrits de Jeunesse*, Paris, Mouton, 1970 ;

   C : *Cours de philosophie positive*, Paris, Hermann, 2 volumes, 1975 ; pour le premier volume, il existe maintenant une nouvelle édition ;

   Dep : *Discours sur l'esprit positif*, Paris, Vrin, 1995 ;

   DEP : *Discours sur l'ensemble du positivisme*, Paris, GF, 1998 ;

   CP : *Catéchisme positiviste*, Paris, GF, 1966 ;

   S : *Système de politique positive, ou traité de sociologie instituant la Religion de l'Humanité*, 4 volumes ; 4e édition, au siège de la Société Positiviste, 1929 ;

   CG : *Correspondance générale*, t. 1 à 8, Paris, Mouton puis École des Hautes Études en Sciences Sociales, 1973-90.

4. Voir Paul BENICHOU : *Le Temps des prophètes*, Paris, Gallimard, 1977. Dans *Lucien Leuwen* (1835), un personnage dit du héros : « ce ne serait plus qu'un plat saint-simonien, et qui sait même, plus tard, à trente ans, un inventeur de quelque nouvelle religion ».

visme qui se trouve mise en cause. Son fondateur, en effet, a été régulièrement accusé de s'être contenté d'exploiter (ou de *systématiser*, pour employer un mot qu'il affectionnait entre tous) les idées de Saint-Simon, dont il avait été le secrétaire pendant plusieurs années. C'était à peu près l'opinion de Durkheim[5], et cette somme que représente *La jeunesse d'Auguste Comte* de H. Gouhier était destinée à la réfuter. Il est permis de penser que le dossier demande à être rouvert, à la lumière en particulier de ce que nous avons appris ces dernières décennies sur les saint-simoniens et sur les positivistes[6].

Les deux articles qui suivent exposent le point de vue de Comte et conduisent chacun à sa manière à cette humanité qui se trouve au centre de la religion positiviste. S'appuyant sur des documents inédits, Laurent Clauzade met en relief les liens trop souvent oubliés qui lient culte et culture. Dans les deux cas, la commémoration occupe une place éminente. Si le devoir de mémoire s'adresse en premier lieu à ce qui est grand, c'est qu'il a pour but de nous rendre meilleurs. C'est pourquoi le culte développe et à la fois présuppose la culture : les fêtes inscrites au calendrier sont destinées à nous faire connaître et aimer ce qu'il y a de meilleur dans l'humanité, à savoir les grands hommes. C'est pourquoi encore l'attribut principal du nouveau sacerdoce reste ce lieu privilégié d'acquisition de la culture qu'est l'enseignement. Jean-François Braunstein, pour sa part, inscrit son propos dans l'enracinement de la sociologie dans la biologie. Si, contre Bichat, Comte a refusé de définir la vie par les rapports qu'elle entretient avec la mort, il n'en va plus de même dans le cas des phénomènes sociaux, puisque la grande loi de l'ordre humain stipule que les vivants sont nécessairement et de plus en plus gouvernés par les morts. Il n'y a pas de plus grande erreur que de réduire l'humanité aux seuls vivants. Bien qu'elle se définisse comme l'ensemble des êtres passés, futurs et présents qui concourent librement à l'amélioration de l'ordre universel, il ne faut pas perdre de vue que l'humanité se compose de plus de morts que de vivants. Face à l'axe de la solidarité, qui fait abstraction du temps pour ne considérer que nos contemporains, et s'impose de lui-même en raison de sa présence, il importe donc d'entretenir l'axe sans cesse menacé de la continuité, qui relie les générations entre elles, et de dénoncer le sophisme qui, sous prétexte que les générations passées et futures ne sont pas présentes, voudrait nous faire croire qu'elles ne sont pas. Si seuls les vivants sont en mesure de rendre un culte, il est dans l'ordre que celui-ci s'adresse au premier chef aux morts. La religion positiviste conserve ainsi une place à l'idée d'immortalité, purement subjective il est vrai puisqu'elle consiste à continuer à vivre, d'une vie également subjective, dans le souvenir de ceux qui continuent à penser à nous.

---

5. De Léon BRUNSCHVICG également, pour qui « la carrière d'Auguste Comte est celle d'un dissident du saint-simonisme » (*Le progrès de la conscience dans la philosophie contemporaine*, Paris, P.U.F, t. 2, p. 513).

6. Sur la question de l'originalité de Comte, on se reportera également à la contribution d'A. Le Bras-Chopard dans les *Actes* du colloque organisé à Montpellier à l'occasion du bicentenaire de la naissance de Comte, actuellement sous presse à L'Harmattan. L'auteur y rappelle que, quelques années avant Comte, le socialiste Pierre Leroux avait déjà parlé de religion de l'humanité.

Les trois derniers articles examinent ce qu'il advint de la religion
positiviste en France après Comte. La Grande-Bretagne ou le Brésil
furent, on le sait, beaucoup plus réceptifs au positivisme religieux;
mais, outre que le cas de ces deux pays a été bien étudié, l'image qui se
dégage des études réunies ici reflète assez bien la situation générale.
L'Église positiviste n'a connu qu'une existence éphémère et n'a jamais
compté que très peu de fidèles. S'arrêter sur ce constat d'échec serait
toutefois prématuré. Dans une France divisée par la question religieuse,
les effets du positivisme, bien dissous cette fois dans l'air du temps, se
manifestent sous des formes très diverses. Dissimulé ou au contraire
revendiqué, le positivisme est présent dans des moments-clés de
l'histoire religieuse de la troisième République, et joue un rôle aussi
bien dans la séparation de l'Église et de l'État, et dans le surgissement
concomitant de l'idée de laïcité, que dans le ralliement des catholiques
à la République. Annie Petit montre à quel point Pierre Laffitte, que
Comte avait désigné comme son successeur, se trouvait dans une situation inconfortable, coincé qu'il était entre l'enclume des positivistes
religieux et le marteau des positivistes dissidents. La version « mini-
male » qu'il proposa ne donnait, semble-t-il, satisfaction à aucun des
deux camps et, malgré tous ses efforts pour préserver l'unité, il ne put
empêcher les schismes de Congreve, puis d'Audiffrent. De son côté,
Thomas Loué étudie la façon dont Brunetière tenta de récupérer le
positivisme afin de le mettre au service de l'apologétique et montre
bien les limites d'un tel propos. Après un article retentissant sur la
« faillite de la science », celui qui était le directeur de la prestigieuse
Revue des deux mondes avait en effet prétendu montrer que le positivisme menait « sur les chemins de la croyance ». De l'autre côté de
l'échiquier politique enfin, Laurent Fedi montre tout ce que les théoriciens de la laïcité, auteurs aujourd'hui bien oubliés comme Jean-Marie
Guyau, Alfred Fouillée ou Léon Bourgeois, doivent à Comte. Qu'ils le
citent ou non, c'est souvent par rapport à lui qu'ils définissent leurs
positions et la connaissance du positivisme religieux se révèle donc
indispensable à l'intelligence de leur pensée.

« Le positivisme religieux commença réellement dans notre précieuse entrevue initiale du vendredi 16 mai 1845, quand mon cœur
proclama inopinément, devant ta famille émerveillée, la sentence caractéristique [*on ne peut toujours penser, mais on peut toujours aimer*] qui
complétée, devint la devise spéciale de notre grande composition »[7]. La
question de l'unité de la pensée de Comte amène toutefois à se demander si sa première carrière ne contenait pas les prémisses de la seconde. Les tenants de la continuité appartiennent à deux groupes : pour
les uns, il s'agit de faire bénéficier le *Système* des louanges généralement décernées au *Cours*, pour les autres au contraire, de faire rejaillir
sur le *Cours* l'opprobre qui entoure le *Système*. Partisan de cette dernière interprétation, Brunschvicg croyait pouvoir distinguer, dans la
philosophie française, deux grands courants : les synthèses sociologiques d'une part, qui allaient de Montesquieu à Comte en passant par

---

7. Quatrième confession annuelle, encore dite : Sainte-Clotilde; mai 49; CG, t. 5,
p. 30.

Condorcet, de Maistre et Bonald; la philosophie de la conscience de l'autre, qui allait, elle, de Condillac à Bergson en passant par Maine de Biran et Renouvier. Quelles que soient les limites d'une telle interprétation, elle a le mérite de mettre particulièrement bien en relief l'importance d'un penseur comme Bonald, dont l'influence s'est exercée sur Saint-Simon avant de s'étendre à Comte. Voilà longtemps qu'on a fait remarquer ce que l'apologétique de cette école contre-révolutionnaire avait de profondément nouveau, puisqu'elle justifiait la religion non par la recherche du salut individuel, mais par des considérations essentiellement terrestres, comme institution indispensable à la bonne marche d'une société quelconque. L'idée de pouvoir spirituel, que Comte leur emprunte et qui est comme l'aboutissement des écrits de jeunesse, est-elle intrinsèquement religieuse? Faute de pouvoir trancher la question, il suffira de signaler que l'opuscule de 1826 : 1°) fait l'éloge du dogmatisme, présenté comme « l'état normal de l'intelligence humaine » et 2°) admet l'existence d'une foi positive, définie comme « disposition à croire spontanément, sans démonstration préalable, aux dogmes proclamés par une autorité compétente »[8]. Dans l'esprit de Comte toutefois il s'agissait de politique et non de religion. Certes, en tant qu'investi du pouvoir spirituel, les savants occupaient la place laissée vacante par le clergé; mais, parfaitement conscient de la filiation existant entre prêtre, philosophe et savant, le jeune polytechnicien était beaucoup plus sensible aux différences qu'aux ressemblances. D'ailleurs, les futurs adversaires du positivisme religieux, comme Littré, n'y trouvaient rien à redire et Comte lui-même n'hésitait pas à écrire à un de ses anciens élèves converti au saint-simonisme : « Le retour à la théologie, de la part des gens qui en étaient tout à fait sortis, est pour moi aujourd'hui un signe irrécusable de médiocrité et peut-être même du défaut de *véritable énergie morale* »[9].

Certains positivistes avaient donc lieu d'être surpris quand ils apprirent que le positivisme, après avoir transformé la science en philosophie, venait maintenant transformer celle-ci en religion. La date exacte de l'événement ne se laisse pas fixer avec certitude. Ainsi le *Discours sur l'ensemble du positivisme*, publié en 1848 et qui devait servir de préambule au *Système* dont il contient déjà la plupart des thèmes majeurs, ne parle pas encore de religion et la conclusion s'intitule simplement : *culte systématique de l'humanité*. Afin de concilier les différentes indications fournies par son fondateur, il est bon de considérer que la religion de l'Humanité est née plusieurs fois et de distinguer par exemple une naissance affective et privée, le 16 mai 1845, lors de cette rencontre avec Clotilde de Vaux évoquée plus haut, et une naissance institutionnelle et publique, le 5 août 1849, le jour où, devant un auditoire composé en

---

8. *Considérations sur le pouvoir spirituel*, in *Écrits de Jeunesse*, Paris, Mouton, 1970, p. 388. Cf. C, t. 2, 57ᵉ l., p. 668. Déjà Port-Royal rapportait la foi à « l'autorité des personnes dignes de créance » et distinguait en conséquence entre foi divine et foi humaine : *Logique*, IV, XII, p. 335-336 de l'édition de P. Clair et Fr. Girbal, Paris, P.U.F., 1965.

9. À G. d'Eichthal, 11 décembre 1829; CG, t. 2, p. 212.

majorité de prolétaires, Comte annonça solennellement la fondation de la religion de l'Humanité [10].

Les principes. Quoi qu'il en soit de ces incertitudes, et bien qu'au cours de la rédaction du *Système*, étendue sur environ cinq ans, Comte ait apporté quelques modifications non négligeables à ses théories religieuses, les grands traits en ont été fixés très tôt.

Le plus remarquable est sans conteste la définition même de la religion. S'appuyant sur une étymologie abandonnée (*religare* = relier), elle est définie comme « l'état de parfaite *unité* qui distingue notre existence, à la fois personnelle et sociale, quand toutes ses parties, tant morales que physiques, convergent habituellement vers une destination commune » [11]. Si l'usage ne s'y opposait, on pourrait tout aussi bien employer à la place le mot *synthèse*. Exploitant le parallèle établi entre biologie et sociologie, la religion est donnée comme l'équivalent pour l'âme de ce qu'est la santé pour le corps. Il en découle, pour les rapports du sacerdoce et de la médecine, d'importantes conséquences ; il en découle également que, de même qu'il n'y a qu'une seule santé, il ne peut y avoir qu'une seule religion. Quant à l'écart existant entre cette définition et la conception usuelle, il tient, nous est-il dit, à ce que les religions existantes ont confondu la fin et les moyens, auquel cas il s'agit bien effectivement d'un système de croyances.

Comte s'étant toujours montré fort réservé à l'égard du *moi*, il n'hésite pas à reconnaître que « tout homme diffère successivement de lui-même autant qu'il diffère simultanément des autres » [12]. L'unité se présentera donc sous deux formes, selon que l'on considère l'existence individuelle ou sociale. « La religion consiste donc à *régler* chaque nature individuelle et à *rallier* toutes les individualités, ce qui constitue seulement deux cas distincts d'un problème unique » [13].

Considéré maintenant dans ses conditions d'existence, il apparaît que « tout état religieux exige le concours de deux influences spontanées : l'une objective, essentiellement intellectuelle ; l'autre subjective, purement morale » [14]. Au couple *régler-rallier* s'en ajoute donc un second : *dehors-dedans*, (ou encore *objectif-subjectif*). C'est dans ce contexte qu'il faut comprendre les formules qui résument peut-être le mieux l'idée comtienne de religion : « la véritable unité consiste à lier le dedans et le relier au dehors » [15]; « afin de constituer une harmonie com-

---

10. La correspondance de cette époque, et tout particulièrement les lettres adressées à Laffitte, permet de suivre pas à pas les premiers progrès de la pensée religieuse de Comte. Cf. également P. ARBOUSSE-BASTIDE : *La doctrine de l'éducation universelle dans la philosophie d'Auguste Comte*, Paris, P.U.F, 1957, t. 2, p. 348-351, qui ne distingue pas moins de cinq naissances.

11. CP, p. 59. Sur la nature de la religion, l'exposé canonique est le premier chapitre du tome deux du *Système*, que l'on complétera par le premier entretien du *Catéchisme*.

12. CP, p. 60.

13. *Ibid.* Dans un sens, il est vrai différent, Comte parlera encore de « plusieurs âmes dans un même cerveau » (S, IV, p. 102).

14. S, II, p. 11.

15. *Ibid.*, p. 18.

plète et durable, il faut, en effet, *lier* le dedans par l'amour et le *relier* au dehors par la foi »[16].

Une religion sans Dieu. Avant d'examiner les contributions respectives de la foi et de l'amour, du dogme et du culte, il y a lieu toutefois de s'arrêter encore quelques instants sur ce que cette approche de la religion peut avoir de surprenant et de s'interroger sur sa légitimité.

Le plus choquant est sans doute la décision prise de dissocier radicalement Dieu et religion. Certes, nous sommes prêts à voir dans le culte de la personnalité, ou dans une grande manifestation sportive, des phénomènes religieux ; mais c'est au prix d'un élargissement du concept de religieux, et l'on ne parlera d'ailleurs pas de religion dans de tels cas. Rien de tel ici. La religion positiviste est à penser comme accomplissant l'histoire religieuse de l'humanité : « Tandis que les protestants et les déistes ont toujours attaqué la religion au nom de Dieu, nous devons au contraire écarter finalement Dieu au nom de la religion »[17]. On voit bien du même coup qu'il n'y a là aucune inconséquence : le fondateur de la religion de l'Humanité ne tombe pas sous le coup des reproches qu'il adressait vingt ans plus tôt à G. d'Eichthal et la critique de la théologie, du surnaturel, subsiste intégralement. En revanche, il est permis de se demander si la place croissante accordée au fétichisme n'enveloppe pas une réhabilitation partielle de la pensée théologique. Méthode subjective, préoccupation morale, recherche de l'unité, autant de traits communs qui les opposent conjointement à la métaphysique. Mais cette proximité était déjà clairement reconnue dès les derniers volumes du *Cours.* La préférence accordée au fétichisme tient en partie à ce que l'idée de Dieu n'y est pas encore clairement dégagée et il y a lieu de garder présents à l'esprit les changements intervenus lorsque la méthode subjective devient « sociologique, au lieu de rester théologique »[18]. En dernier lieu, on peut faire valoir que Comte a fini par « presser tous ceux qui croient en Dieu de revenir au catholicisme, au nom de la raison et de la morale » ; mais la fin de la phrase (« tandis que, au même titre, tous ceux qui n'y croient pas doivent devenir positivistes »[19]) montre qu'il s'agit d'une simple question d'opportunité, qui ne remet pas en cause les principes posés ci-dessus.

Bien que le refus de Dieu soit donc sans appel, Comte refuse d'être considéré comme athée. L'athéisme relève en effet de la métaphysique, et tombe donc sous le coup de la critique dirigée contre cette dernière. Qui plus est, même abstraction faite des intérêts de la morale et en s'en tenant au seul point de vue de la rationalité, l'athéisme est inférieur à la doctrine qu'elle combat : « les athées persistants peuvent donc être regardés comme les plus inconséquents des théologiens, puisqu'ils

16. CP, p. 62. Sur ce point capital pour l'intelligence du second Comte, cf. M. BOURDEAU : *L'esprit ministre du cœur, Revue de Théologie et de Philosophie,* 132 (2000), p. 175-192.

17. À Laffitte, 18 octobre 1849, CG, t. 5, p. 98.

18. S, I, p. 446. Toute synthèse est subjective (S, I, p. 581) mais il y a, entre les synthèses théologique et sociologique, la même distance qu'entre le fictif et le positif (S, III, p. 28).

19. À J. Metcalf, 18 août 1856, CG, t. 8, p. 294.

poursuivent les mêmes questions en rejetant l'unique méthode qui s'y adapte »[20].

La religion de l'Humanité. La négation du divin n'est toutefois que l'envers d'une affirmation. La confiance avec laquelle l'idée de Dieu est renvoyée parmi les chimères de la métaphysique vient de ce que la place laissée vacante est aussitôt occupée par le plus réel de tous les êtres. La sociologie nous a en effet rendus familiers avec « la grande conception de l'Humanité, qui vient éliminer irrévocablement celle de Dieu, pour constituer une unité définitive plus complète et plus durable que l'unité provisoire du régime initial. [...] À ce seul véritable Grand-Être, dont nous sommes sciemment les membres nécessaires, se rapporteront désormais tous les aspects de notre existence, individuelle ou collective, nos contemplations pour le connaître, nos affections pour l'aimer, et nos actions pour le servir »[21]. Quand bien même il y aurait au-dessus de l'Humanité une puissance plus éminente dont elle dépendrait à son tour, ce serait toujours à celle qui nous domine immédiatement que devrait s'adresser notre reconnaissance[22].

Derrière cette rivalité entre théologie et sociologie, on aura compris que c'est la morale qui est en jeu. Elle est le moyen terme qui fait le lien entre sociologie et religion; Durkheim d'ailleurs ne s'y était pas trompé, qui proposait de doubler, et même de remplacer, le couple *morale et religion* par celui de *morale et sociologie.* Il convient en effet de corriger un contresens tenace : s'il est vrai que *positif* est donné comme synonyme de *scientifique*[23], il ne s'ensuit pas que la philosophie positive ne soit qu'une philosophie des sciences; pour reprendre le vocabulaire employé par Comte dans les premières pages du *Discours* de 1848, « le positivisme se compose essentiellement d'une philosophie [nous dirions aujourd'hui : d'une épistémologie] et d'une politique »[24]. Dans la ligne de ses écrits de jeunesse, Comte a donc revendiqué, dès l'époque du *Cours,* le droit pour le positivisme de parler de morale. Déjà la loi des

20. DEP, p. 87.
21. DEP, p. 353-354; cf. S, I, p. 401-402. Les pages 408 et suivantes passent en revue « les principales différences entre le nouveau Grand-Être et l'ancien » pour conclure à « la supériorité générale, surtout morale et sociale, du règne de l'Humanité sur celui de Dieu ».
Caractéristique du second Comte, l'idée selon laquelle l'Humanité devient ce « centre unique, qui embrasse à la fois le sentiment, la raison, et l'activité » (DEP, p. 352) n'apparaît qu'en 1848. Toutefois, elle était annoncée déjà dans les *Conclusions générales* du *Cours,* qui déclaraient : « Les propriétés morales inhérentes à la grande conception de Dieu ne sauraient, sans doute, être convenablement remplacées par celles que comporte la vague entité de la nature; mais elles sont, au contraire, nécessairement inférieures en intensité, comme en stabilité, à celles qui caractériseront l'inaltérable notion de l'humanité, présidant enfin, après ce double effort préparatoire, à la satisfaction combinée de tous nos besoins essentiels, soit intellectuels, soit sociaux, dans la pleine maturité de notre organisme collectif »; C, II, 58 l, p. 715; cf. encore le Dep, p. 92.
22. S, II, p. 58; cf. I, 410.
23. À la fin de sa vie, Comte renonça à cette équivalence et dédoubla l'état positif en « deux modes successifs, l'un scientifique, l'autre philosophique, respectivement analytique et synthétique » (à Audiffrent, 12 février 1857, CG, t. 7, p. 400).
24. DEP, p. 43.

trois états opposait pensée théologique et pensée positive; mais elle s'en tenait au domaine de la connaissance, tandis que l'incompatibilité est beaucoup plus générale. Si la théologie réussit à se maintenir, alors pourtant qu'elle a perdu sa fonction intellectuelle, c'est qu'elle reste le dernier et le plus sûr rempart de la morale. En 1844, s'adressant à un public d'ouvriers parisiens, Comte prend donc le temps d'insister sur le fait qu'en s'étendant jusqu'aux phénomènes moraux, l'esprit positif prive la théologie de sa dernière fonction et lui porte ainsi le coup de grâce[25].

C'est vers la science, – Comte dira désormais le dogme –, que nous devons nous tourner pour savoir ce qu'est l'Humanité; plus particulièrement vers la sociologie, en tant qu'elle résume toutes les sciences. Une fois terminée l'ascension de l'échelle encyclopédique qui mène des mathématiques à la science sociale, il est possible de parcourir le même chemin dans le sens inverse et de considérer l'ensemble des sciences comme « les différents éléments essentiels d'une science universelle, celle de l'humanité »[26]. La première expérience que nous avons du Grand-Être est celle d'une puissance extérieure, qui nous domine : « Chacun de nous se sent toujours dominé par l'ordre mathématico-astronomique, par l'ordre physico-chimique, et par l'ordre vital. Mais une plus profonde appréciation lui montre aussi un dernier joug, non moins invincible, quoique plus modifiable, résultant de l'ensemble des lois, statiques et dynamiques, propres à l'ordre social. Comme toutes les autres, cette fatalité complémentaire se fait d'abord sentir à nous par ses résultats physiques, ensuite par son influence intellectuelle, et enfin par sa suprématie morale »[27]. Ainsi, l'importante question des rapports de l'homme et de l'Humanité n'est qu'un aspect de celle qui touche au rapport des deux dernières sciences, – du moins jusqu'à l'invention d'une septième science, la morale. Toutefois le lien est réciproque puisqu'à la différence de Dieu, l'Humanité n'existerait pas sans l'homme[28].

La définition de la religion veut qu'elle prenne l'être humain dans sa totalité, cœur, esprit et caractère[29]; elle présente donc trois aspects :

25. Dep, p. 160-177.

26. Dep, p. 227.

27. S, II, p. 53.

28. « Chaque individu se reconnaît, à son tour, indispensable au grand organisme. Il n'est suprême que par notre concours »; c'est pourquoi il est « plus apte à nous élever sans cesse de nous dominer » (DEP, p. 364). Sur la question des rapports de l'homme et de l'Humanité, voir encore par exemple M. BOURDEAU : Science de l'homme ou science de l'humanité, dans M. BOURDEAU et F. CHAZEL : Auguste Comte et l'idée de science de l'homme, Paris, L'Harmattan, 2002, p. 287ss.

29. « Voilà comment la religion positive embrasse à la fois nos trois grandes constructions continues, la philosophie, la poésie et la politique. Mais la morale y domine toujours » (CP, p. 71). Cette tripartition donne également la clé d'une innovation terminologique qui n'a guère eu de succès : « À la théologie comme dogme correspondait la théocratie comme régime et la théolâtrie comme culte. De même à la sociologie comme dogme final doivent correspondre la sociocratie comme régime et la sociolâtrie comme culte » (À Laffitte, 13 août 1849, CG, t. 5, p. 49; cf. S, I, p. 403). La sociolâtrie donc n'est rien d'autre que le culte de l'Humanité; quant à la sociologie, on notera le caractère intrinsèquement religieux qu'elle acquiert aussitôt après 1848, et qui est explicitement affirmé dans le titre complet du Système.

culte, dogme et régime, destinés respectivement à connaître, aimer et servir l'Humanité. Le dernier pouvant sans trop de dommages être ignoré, il ne sera question dans ce qui suit que des deux premiers, entre lesquels la relation est double : « l'amour nous conduit d'abord à la foi, tant que l'essor demeure spontané. Mais, quand il devient systématique, on construit la foi pour régler l'amour »[30]. Dans un premier temps, Comte avait accordé la priorité au dogme : les pensées, disait-il alors, doivent être systématisées avant les sentiments. En 1854, il reviendra pourtant sur sa décision. Désormais, le culte précédera le dogme et ce changement figurera parmi les sept pas essentiels énumérés dans l'*invocation finale* qui fait suite à la *conclusion totale* du *Système*. Cette disposition est en effet plus conforme à l'esprit d'une philosophie qui avait proclamé la prépondérance continue du cœur et avait développé le lapidaire *ordre et progrès* en *l'amour pour principe, l'ordre pour base et le progrès pour but*. Sans entrer dans le détail des raisons invoquées par Comte[31], il suffira de remarquer que ce changement semble bien marquer un progrès dans la compréhension de la vie religieuse, le culte entretenant avec celle-ci des liens beaucoup plus intimes que le dogme. Le dogmatisme n'a rien de spécifiquement religieux. Il concerne plutôt le fonctionnement de la vie intellectuelle en général et, si l'on voit mal ce que serait une religion sans dogme, une religion sans culte est encore plus inconcevable. Comme le remarque Comte, « dans le fétichisme, la religion se réduisait au culte »[32].

Le culte[33]. La religion dans son ensemble visant à « régulariser la culture directe des instincts sympathiques » on comprend sans peine la prépondérance accordée au culte. Celui-ci poursuit le même but, puisqu'il a pour objet « l'essor direct et continu des instincts sympathiques », ce qu'il accomplit « en exprimant toujours nos émotions idéalisées »[34]. De cette brève caractérisation découlent deux conséquences. Tout d'abord, l'art étant associé dans l'esthétique positiviste à l'idéalisation, c'est par le biais du culte que s'instaurent les liens étroits qui ont toujours existé entre art et religion[35]. En second lieu, c'est à propos du culte que Comte développe sa théorie de la vie subjective, celle-ci s'opposant à la vie objective comme l'idéal au réel[36].

Le culte se subdivise en privé et public. Bien que ce soit uniquement de ce dernier que l'histoire ait conservé le souvenir, il y a lieu de dire tout d'abord quelques mots du premier, qui se subdivise à son tour en

30. CP, p. 152 ; cf. S, II, p. 19-20.

31. S, IV, p. 86-92 ; voir encore J. H. BRIDGES : *Illustrations of Positivism*, Londres, Watts & Co., 1915, p. 327-334.

32. S, IV, p. 88.

33. Les exposés canoniques : S, IV, chapitre deux ; CP, cinquième, sixième et septième entretiens.

34. S, IV, p. 88 et 92 ; cf. encore CP, p. 147 : « Idéaliser le dogme pour idéaliser le régime, telle fut toujours la destination propre du culte ».

35. « Il suffit de bien définir l'art et le culte pour reconnaître aussitôt leur connexité nécessaire » (S, IV, p. 96) ; cf. S, II, p. 76 : « Si la science reste la base du dogme, la poésie reste l'âme du culte » et CP, p. 167.

36. CP, p. 155-162 ; S, IV, p. 101-108.

personnel et domestique. « Intime adoration du sexe affectif »[37], le culte personnel se résume dans la prière. Définie comme « commémoration suivie d'une effusion »[38], celle-ci devient pour lui un idéal de vie car « prier, c'est tout ensemble aimer et penser [...]; tantôt aimer en pensant et tantôt penser en aimant, suivant la disposition dominante. Mais, quand la prière devient orale, selon sa vraie nature, alors prier constitue à la fois aimer, penser et même agir »[39]. Nulle part mieux que dans ces pages ne se fait sentir ce que la religion positiviste doit à l'« année sans pareille ». L'auteur s'appuie à l'évidence sur sa propre expérience et prend le temps de donner à son lecteur quelques conseils sur la façon de « faire dignement revivre l'être chéri » : par exemple « préciser d'abord le lieu, puis le siège ou l'attitude, enfin le costume »; ou encore idéaliser « toujours par soustraction, et rarement par addition »[40].

Le culte domestique ne ressemble guère à ce que l'on entend d'ordinaire par là dans l'histoire des religions puisqu'il consiste dans l'administration des sacrements. Il repose sur le principe que les événements de la vie privée possèdent une signification qui dépasse la vie privée. Il est regrettable que nos sociétés ne se préoccupent pas d'accompagner leurs membres dans les principaux épisodes de leur vie et se montrent par exemple incapables d'accueillir d'une façon ou d'une autre leurs nouveaux membres au moment de la naissance. Le culte domestique a pour fonction de combler ce manque en liant la vie privée à la vie publique. « L'ensemble de la vie se présente alors comme une suite de préparations finalement destinées à nous incorporer au Grand-Être »[41]. Comte distinguait neuf sacrements : la présentation (7 ans); l'initiation (14 ans); l'admission (21 ans); la destination (28 ans); le mariage; la maturité (42 ans); la retraite (63 ans); la transformation (c'est-à-dire les funérailles), enfin l'incorporation, sept ans après le précédent. Le Grand-Prêtre de l'Humanité, – qui distinguait bien, dans le cas du mariage par exemple, entre des conditions légales, relevant du pouvoir temporel, et des conditions morales seules à intéresser le pouvoir spirituel –, puis après lui ses disciples ont donc administré divers

---

37. S, IV, p. 108.
38. *Ibid.*
39. S, II, p. 76.
40. CP, p. 158-160. Sur le culte intime de Comte, on lira l'étonnante description de Gouhier, *La vie d'Auguste Comte*, Gallimard, 1931, p. 273-277. L'auteur du *Cours* était devenu un lecteur assidu de l'*Imitation de Jésus-Christ*, dans laquelle il voyait une des dernières œuvres où « avant le positivisme, on puisse vraiment saisir l'ensemble de la nature humaine, si vicieusement conçue dans toutes les doctrines métaphysiques » (CP, p. 135). Cet aspect du culte montre que, contrairement à ce qui a été parfois reproché aux positivistes, le mot d'ordre *vivre au grand jour* ne les a pas empêchés de faire une place à la vie privée. Cf. encore la *Dédicace* du *Système* : « la nouvelle philosophie place surtout la supériorité fondamentale de la morale moderne dans sa juste préoccupation de la vie privée » (S, I, p. v).
41. S, IV, p. 123. Les exposés canoniques du culte domestique sont : CP, p. 177-184, à compléter par p. 208-210 qui considèrent les sacrements dans leur rapport à l'éducation; S, IV, p. 121-131. Voir aussi le *Fragment d'un discours prononcé pour la consécration d'un mariage positiviste*, dans CG, t. 5, p. 327-334. La lettre à Lafitte du 20 août 1849 ne faisait mention que de sept sacrements.

sacrements, et le discours prononcé sur la tombe de Blainville donne
une idée de ce que pouvait être la transformation.

Exposé dès 1848, le système de fêtes qui constitue le culte public est
certainement l'aspect le mieux connu de la religion positiviste, ce qui
permettra de s'en tenir ici à l'essentiel. Les principes en étaient très
clairement dégagés dès 1845, dans la remarquable *Lettre philosophique
sur la commémoration sociale, composée pour Mme Clotilde de Vaux au
sujet de sa fête.* La coopération continue des générations successives
étant le propre de notre espèce « tous les états sociaux ont dû présenter, chacun à sa manière, certaines institutions permanentes, d'abord
spontanées, puis de plus en plus systématiques, spécialement destinées
à manifester une telle connexité, en constituant la chaîne des temps par
la vénération régulière des ancêtres privés ou publics »[42] ; et la corres-
pondante du philosophe était invitée à considérer sous cet angle aussi
bien les apothéoses antiques que le culte médiéval des saints.

Ce *système* de commémoration prend la forme d'un calendrier, publié en 1849 et remanié à plusieurs reprises, qui divise l'année en treize
mois de quatre semaines, placé chacun sous le patronage d'un homme
particulièrement éminent, de Moïse (la théocratie initiale) à Bichat (la
science finale). Une comparaison avec les cultes révolutionnaires, dont
l'influence est manifeste, permet de mieux mesurer l'originalité de
Comte dans ce domaine. Alors que le calendrier révolutionnaire se ré-
glait sur les phénomènes naturels (pluviôse, ventôse, ...), celui-ci est
résolument historique, tout consacré qu'il est à la glorification du passé.
En second lieu, loin d'être une religion civile, un culte de la patrie, il est
universel. C'est l'Humanité tout entière qu'il s'agit d'honorer ; son culte
nous invite à dépasser les frontières des États et offre ainsi un précieux
antidote contre les excès du nationalisme.

Moins connu que le culte *concret* qui vient d'être présenté, il existe
un culte *abstrait*, ou « idéalisation systématique de la sociabilité finale ».
Comme le premier correspondait à l'histoire, celui-ci correspond à la
morale, et c'est pourquoi en 1848 Comte préférait parler de culte *dynamique* et de culte *statique*. Les treize mois du calendrier servent maintenant à célébrer tour à tour : les liens fondamentaux (Humanité, mariage, ...) puis les états préparatoires (fétichisme, polythéisme, ...) et enfin
les fonctions sociales (la femme, le sacerdoce, ...). Dans le même esprit,
chaque jour de la semaine est consacré à l'un des liens fondamentaux :
lundi, ou *maridi*, au mariage ; mardi, ou *patridi*, à la paternité, et ainsi
jusqu'au dimanche ou *humanidi*. Toutes proportions gardées, la fête du
travail, la fête des mères, ou celle des amoureux laissent penser que nos
sociétés ont reconnu à leur façon le besoin signalé par Comte et que ce
culte abstrait n'est pas aussi extravagant qu'il peut le laisser paraître.
Au Brésil, à Porto Allegre, sur chacune des treize marches par lesquelles il accédait à la chapelle de l'Humanité, le fidèle pouvait lire le nom
d'un des mois du calendrier abstrait[43].

---

42. CG, t. 3, p. 27.
43. Les exposés canoniques du culte public : CP, septième entretien ; S, IV, p. 131-
158 ; DEP, p. 365-370. Pour le calendrier, on ajoutera CG, t. 5, p. 292-315.

Le dogme. Alors que le culte positiviste ressemble fort, malgré tout, aux autres cultes, il n'en va plus de même pour le dogme, qui ne présente à peu près rien de commun avec ce à quoi les discours religieux nous ont habitués en la matière [44]. Aucune place n'y est faite au surnaturel. Après avoir été spontanée, puis inspirée, puis révélée, la religion, avec le positivisme, devient démontrée. *Dogme* est le nom que reçoit la science une fois la philosophie transformée en religion. Certes le ton a bien changé et la morale, élevée au rang de science suprême, se fait omniprésente. Les reproches adressés dès le *Cours* à la science et aux savants se précisent et se multiplient. Comte prend résolument parti pour la subordination de la science à la sagesse et reprend les arguments développés par les moralistes contre la *libido sciendi* : la science enfle et dessèche. S'il faut donc « réduire la culture théorique à ses limites normales, au lieu d'y voir l'idéal de notre perfectionnement » [45], la morale ne saurait toutefois se passer des services de la science, car c'est de l'intelligence que continue à dépendre en dernière instance la solution du grand problème humain.

Au centre de la nouvelle dogmatique que le positivisme est ainsi amené à développer se trouve, on l'a vu, l'Humanité : connaître l'Humanité, afin de mieux l'aimer et de mieux la servir. C'est dire que le dogme est pour l'essentiel contenu dans la sociologie. S'il est vrai que, de ce point de vue, les dogmes préliminaires que sont devenues les cinq premières sciences ne sont plus qu'un « immense préambule systématique » et ne doivent être développés que pour leur aptitude religieuse, inversement, le contraste déjà signalé entre Dieu et l'Humanité rejaillit sur les disciplines correspondantes : « la sociologie ne peut jamais devenir, comme le fut la théologie, une doctrine isolée et primitive, indépendante de toute autre » [46]. La dogmatique comprendra donc l'encyclopédie dans son ensemble et c'est pourquoi plusieurs principes lui sont assignés, selon le point de vue adopté : si elle trouve bien dans le Grand-Être son principe *universel*, son principe *fondamental*, en revanche, n'est autre que l'assujettissement de tous les phénomènes à des lois invariables, qui servait déjà de fondement à la philosophie positive [47].

Le savoir n'abolit cependant pas la foi. Depuis ses premiers écrits, la question de la place de la science dans la société moderne se trouve au centre de la pensée de Comte et c'est un des points sur lesquels l'ancien polytechnicien a certainement le plus à nous apprendre. Déjà en 1844, il constatait que le public « sent de plus en plus que les sciences ne sont pas exclusivement réservées pour les savants, mais qu'elles existent surtout pour lui-même » [48]. Ceci vaut *a fortiori* dans le nouveau contexte et la religion universelle appelle une éducation universelle. Si tous ont le droit de comprendre, tous ne sont pas pour autant appelés à être docteurs et, dans l'école qui sert d'annexe au temple, il s'agit simplement de donner *des clartés de tout*. Dans la pratique, le propre des dog-

44. Les exposés canoniques : CP, deuxième entretien; S, IV, p. 160-248, qu'on complétera par S, I, p. 401-453.
45. S, IV, p. 172.
46. S, I, p. 412.
47. CP, p. 78 et 82; cf. S, I, p. 414.
48. Dep, p. 197.

mes est donc moins d'être démontrés que d'être toujours démontrables ;
l'autorité du sacerdoce repose donc bien sur la confiance et le positiviste peut donc faire sienne la maxime de l'*Imitatio* : *Omnis ratio, et na-
turalis investigatio, fidem sequi debet, non precedere, nec infrigere*[49].

L'Église positiviste et l'histoire de l'efficience[50]. Comte parle peu
d'Église, et beaucoup plus – beaucoup trop, diront certains – de sacerdoce. Les deux notions renvoient à l'idée de pouvoir spirituel, qui se
trouve au centre de la politique positive. Jusqu'en 1847 toutefois, la
théorie a pu être développée sans recourir au vocabulaire religieux, et
il n'est pas question de l'examiner pour elle-même, d'autant que la façon dont s'articulent chez Comte la politique et la religion pose de très
nombreux problèmes. Pour commencer par le sacerdoce, on remarque-
ra tout d'abord qu'il ne forme qu'une des deux composantes du pouvoir
spirituel. Celui-ci résulte en effet de la collaboration du cœur et de
l'esprit et, depuis la découverte du sentiment, Comte en confiait une
partie au sexe affectif. Le pas était accompli dès 1848, avant même la
proclamation de la religion de l'Humanité. À cette époque, c'est encore
le philosophe qui remplit la fonction bientôt confiée au prêtre. C'est
dire que le pouvoir de ce dernier reste « essentiellement intellectuel »[51].
De là découlent les attributions caractéristiques du sacerdoce, au premier rang desquelles figure l'enseignement. En posant, par le biais du
dogme, un lien étroit entre la religion et l'éducation, l'auteur du *Système*
restait fidèle à ses écrits de jeunesse, qui assignaient déjà comme fonction première au pouvoir spirituel « la direction suprême de l'éducation, soit générale, soit spéciale »[52] ; c'est dans ce cadre également que
demande à être pensé cet enseignement populaire auquel Comte a
consacré une bonne partie de son temps. Consacrer, conseiller, régler :
les autres fonctions principales du sacerdoce ne font que compléter la
précédente. Conseiller, ou guider, c'est tout simplement continuer, au-
delà du temps dévolu à l'éducation proprement dite, à éclairer la pratique par les lumières de l'intelligence. Le culte domestique, puis le culte
abstrait, illustrent pour leur part l'action consécratrice du sacerdoce.

Dans la mesure où elle oblige à faire intervenir explicitement le
concept d'Église, la dernière des trois fonctions auxiliaires mérite une
attention spéciale, mais il convient tout d'abord de rappeler brièvement
l'important office thérapeutique signalé par Comte à diverses reprises.
La religion étant à l'âme ce que la santé est au corps, il fallait s'attendre
à ce que le positivisme religieux proteste contre le « déplorable mor-
cellement » qui répartit l'homme « entre les médecins qui n'étudient
que le corps, les philosophes qui croient étudier l'esprit, et les prêtres
qui surtout étudient le cœur » et demande « la réintégration normale
d'un tel service [la médecine] à l'office sacerdotal, d'où il se détacha

---

49. S, III, p. 439.

50. Comte écrit tantôt église, tantôt Église (par exemple, S, II, p. 307-308).

51. S, II, p. 312.

52. EJ, p. 377, qui ajoute : « C'est dans cette grande fonction sociale que l'action
du pouvoir spirituel se marque le plus nettement, car elle lui appartient exclusivement, tandis que dans tous les autres cas, son influence se complique plus ou moins
avec celle du pouvoir temporel » ; cf. encore p. 385.

jadis »[53]. Dans sa fonction régulatrice, le sacerdoce doit contenir ou redresser les abus de gouvernement, ce qui suppose sa pleine indépendance et rend donc nécessaire la séparation de l'Église et de l'État. L'Église apparaît d'abord comme un des trois modes d'associations possibles, avec la famille et la cité[54]. De même que la société politique se superpose à la société domestique, la société religieuse se superpose à la société politique. Comte, qui était un partisan résolu de la décentralisation du pouvoir temporel, oppose ici le politique et le religieux comme le local au global. L'Église se caractérise donc par la pleine universalité; elle est catholique au sens étymologique du terme : parlant au nom de l'Humanité tout entière, elle ne saurait être enfermée dans aucune frontière étatique. Alors que les deux premières fonctions auxiliaires étaient compatibles avec l'« adhérence de l'église avec l'État »[55], la dernière appelle leur stricte séparation, qui est rendue possible par le caractère supranational du dernier mode d'association. Sur ce point encore, le *Système* est fidèle aux écrits de jeunesse qui distinguaient entre les attributions nationales et supranationales – Comte disait alors *européennes* ou *universelles*[56] –, du pouvoir spirituel et donnait l'action diplomatique de la papauté comme modèle de ces dernières.

Le moins qu'on puisse dire est que l'histoire n'a pas répondu aux attentes du Grand-Prêtre de l'Humanité. Les disciples orthodoxes eux-mêmes ont été embarrassés par l'héritage religieux du Maître. Si on peut attribuer à Comte une influence non négligeable sur la vie politique de la troisième République, notamment sur la question scolaire, sur le culte des grands hommes et la statuomanie, ou encore sur la séparation de l'Église et de l'État, le lien chaque fois attesté avec l'aspect religieux du positivisme passe le plus souvent inaperçu; à quelques exceptions près, dont la plus connue est celle du Brésil, la remarque s'applique à tous les pays où, autour de 1900, les positivistes étaient activement présents. Il est vrai que, dans ce domaine plus qu'ailleurs, Comte passait souvent la mesure et a donné lui-même la partie belle à ses adversaires. Pour ne prendre qu'un exemple entre mille du ridicule dans lequel il lui arrivait de tomber, le lecteur est renvoyé au paragraphe du *Système* qui décrit, sans le nommer, et dans un style amphigourique, le signe de croix qui doit accompagner une des prières positivistes[57]. Les disciples eux-mêmes n'ont pas toujours su échapper à ce défaut. Pour transformer l'*Imitation de Jésus-Christ* en ouvrage de piété positiviste, il suffisait de remplacer *Jésus-Christ* par *Humanité*. Dans la Grande-Bretagne victorienne, le même stratagème était appliqué aux hymnes de l'Église anglicane. Huxley résumait la religion positiviste dans une formule restée célèbre : *c'est le catholicisme sans le Christ*; la réponse de Richard Congreve, un des grands noms du positivisme religieux : *c'est le catholicisme plus la science*, n'a manifestement pas su

---

53. S, II, p. 436-37; voir encore CP, p. 61, et les *Lettres sur la maladie* adressées par Comte à la fin de sa vie au Docteur Audiffrent.

54. S, II, p. 306-308.

55. S, II, p. 307.

56. EJ, p. 385.

57. S, IV, p. 100-101.

convaincre ses contemporains[58]. *Mort à crédit* contient un témoignage inattendu sur la réception, ou l'absence de réception, du positivisme religieux à la fin du dix-neuvième siècle. Dans l'épisode du génitron, on apprend que, parmi les ouvrages qu'avait écrits Courtial des Pereires, et au nombre desquels figuraient pourtant bien des *best-sellers*, aucun ne lui était plus cher que « l'œuvre complète d'Auguste Comte, ramenée au strict format d'une "prière positiviste" en vingt-deux versets acrostiches » ; et qu'il n'arrivait pas à se consoler de ce que, à ce chef-d'œuvre qui lui avait valu les plus grands honneurs en Amérique latine, le public français soit resté obstinément insensible[59].

La religion de l'Humanité méritait mieux que cette fin de non-recevoir. Raymond Aron, pourtant peu suspect de sympathie pour le positivisme, remarquait : « De toutes les religions sociologiques, la sociocratie d'Auguste Comte me paraît philosophiquement la meilleure. Peut-être, d'ailleurs, est-ce la raison pour laquelle elle a été politiquement la plus faible »[60]. Même si l'on se refuse à le suivre dans sa réponse, on ne peut lui nier le mérite d'avoir vu la nécessité de poser la question : quelle religion après la mort de Dieu ? Il y a un peu plus de cent ans, c'est le positivisme religieux qui nous a permis de penser, puis de mettre en place, la laïcité. Aujourd'hui où notre société s'inquiète devant la montée des fanatismes religieux, où elle se demande comment parler de religion à l'école, le moment est peut-être venu de prendre un peu plus au sérieux l'enseignement du *Système de politique positive, ou traité de sociologie instituant la Religion de l'Humanité*, car il n'est pas exclu qu'il puisse nous aider à résoudre certains des problèmes auxquels nous sommes confrontés.

CAMS-CNRS
54, Boulevard Raspail
75006 Paris

---

58. W. Lepenies : *Les trois cultures*, Paris, Éditions de la Maison des Sciences de l'Homme, 1990, p. 179.

59. L. F. Céline : *Mort à crédit*, Paris, Gallimard, 1952, p. 284.

60. R. Aron : *Les étapes de la pensée sociologique*, Paris, Gallimard, 1967, p. 123.

Résumé de l'article. — Auguste Comte et la religion positiviste : Présentation. Par Michel Bourdeau.

Longtemps négligées, les théories religieuses de Comte commencent à susciter à nouveau l'intérêt. Cette présentation rappelle dans quelles circonstances l'auteur du Cours *a été amené à développer sa religion de l'Humanité, puis en décrit rapidement les grands traits : la définition de la religion comme « état de parfaite unité »; la priorité accordée au culte qui, outre le culte public auquel on s'en tient le plus souvent, comprenait encore un culte privé et un culte domestique; la transformation de la science en dogme et la place prépondérante accordée dans ce domaine à la sociologie. la conclusion examine la façon dont Comte concevait l'Église positiviste et ses rapports avec l'État.*

Summary. — Auguste Comte and the Positivist Religion. By Michel Bourdeau.

Long neglected, Comte's religious theories are beginning to stir new interest. This introduction recalls the circumstances in which the author of Cours *was lead to develop his religion of Humanity, and then briefly describes its key features: the definition of religion as the « state of perfect unity »; the priority accorded the cult that embraced both private and domestic worship as well as the public worship most often at the center of devotion; the transformation of science into dogma, and the dominating position given to sociology in this domain. The conclusion examines the fashion in which Comte conceived of the Positivist Church and its relations with the state.*

Rev. Sc. ph. th. 87 (2003) 23-37

LA RELIGION SAINT-SIMONIENNE

par Antoine PICON

UN CREDO AMBIGU

Dans le panorama des nouvelles doctrines religieuses qui voient le jour au XIXᵉ siècle, le credo saint-simonien pose des problèmes d'interprétation particuliers en raison du flou qui entoure certains de ses présupposés. Le flou tient dans une large mesure aux relations ambiguës qu'entretient la religion saint-simonienne avec le catholicisme, le déisme des Lumières et le panthéisme. Tout en se voulant originales, les thèses défendues par Saint-Amand Bazard et Prosper Enfantin, les deux chefs de file du mouvement saint-simonien autour de 1830, s'inspirent fréquemment des propositions du catéchisme catholique. Elles doivent simultanément quelque chose au déisme des Lumières, d'une part, au panthéisme de Spinoza et de la philosophie idéaliste allemande, d'autre part. À l'intérieur de ce triangle, la position exacte qu'occupe la religion saint-simonienne n'est pas toujours facile à démêler. L'interprétation est rendue plus délicate encore par l'évolution interne du saint-simonisme. L'orientation religieuse des rédacteurs de la *Doctrine de Saint-Simon* en 1829-1830 diffère sur plusieurs points de celle qu'adoptent Enfantin et ses disciples lors de la retraite de Ménilmontant de 1832. À cela s'ajoute la question de la dette des saint-simoniens à l'égard d'un maître qu'ils n'ont pour la plupart jamais rencontré. Saint-Simon meurt en 1825, et ce n'est qu'après sa mort que le saint-simonisme prend son essor[1]. Que retiennent ses disciples d'un enseignement qui se caractérise, lui aussi, par d'incessantes transformations? Le déisme des *Lettres d'un habitant de Genève à ses contemporains*, le premier écrit de Saint-Simon publié

---

1. Sur l'histoire du mouvement saint-simonien, on pourra lire S. CHARLÉTY, *Histoire du saint-simonisme (1825-1864)*, Paris, 1896, rééd. Paris, P. Hartmann, 1931; H. R. D'ALLEMAGNE, *Les Saint-simoniens 1827-1837*, Paris, Gründ, 1930; J. R. DERRÉ (dir.), *Regards sur le saint-simonisme et les saint-simoniens*, Lyon, Presses universitaires de Lyon, 1986; A. PICON, *Les Saint-simoniens. Raison, imaginaire et utopie*, Paris, Belin, 2002.

en 1803, n'est pas de la même nature que celui qui imprègne le *Nouveau christianisme* de 1825, un ouvrage qui ne sera compris que très progressivement par les saint-simoniens.

À la différence de la démarche de Saint-Simon qui reste celle d'un penseur isolé, à la façon des utopistes de l'époque moderne, de Thomas More à Étienne-Gabriel Morelly[2], le saint-simonisme présente le double visage d'une doctrine et d'un mouvement qui comprend à son apogée plusieurs centaines de membres, sans même parler des milliers de sympathisants qui lisent ses publications et se pressent à ses séances d'enseignement public à Paris et en province. L'étude de la religion saint-simonienne ne peut pas se limiter du même coup à la seule analyse de son dogme. Il faut aussi envisager les pratiques auxquelles elle donne lieu et se poser la question des croyances auxquelles elle correspond. Les saint-simoniens les plus engagés ont-ils cru à leur religion ? La réponse à cette interrogation est loin d'être simple, on le verra.

Ces complexités en cascade trouvent toutefois leur contrepartie dans l'existence d'un certain nombre de constantes, comme le caractère théocratique que les saint-simoniens attribuent à la société organique dont ils prophétisent l'avènement, un caractère théocratique beaucoup plus prononcé que chez Auguste Comte attaché à la séparation des pouvoirs civil et religieux. Cette séparation est généralement rejetée par les disciples de Saint-Simon qui se voient taxés du même coup d'émules des prêtres de Thèbes et de Memphis par des libéraux comme Benjamin Constant[3]. Par-dessus tout, la religion saint-simonienne n'est pas une religion de l'humanité passée, présente et future à l'instar du culte positiviste. C'est parce qu'elle cherche à embrasser à la fois l'histoire humaine et le dynamisme qui anime selon elle l'univers qu'elle verse dans le panthéisme. L'accent qu'elle met sur l'activité, qu'il s'agisse des actions de l'homme ou de l'évolution de son environnement, constitue probablement l'une des meilleures caractérisations qu'on peut en donner. Cet accent trouve sa source chez Saint-Simon, même si ce dernier se concentre sur l'homme au lieu d'envisager l'univers dans son ensemble. Ses disciples vont d'autre part reproduire l'itinéraire qui le conduit d'un culte gage d'unité sociale et intellectuelle à une religion fondée sur la générosité envers les plus démunis. C'est par Saint-Simon qu'il convient par conséquent de commencer l'étude des conceptions et des pratiques religieuses saint-simoniennes, et ce en dépit de l'écart qui sépare l'œuvre du maître de la lecture qu'en font ses héritiers.

Saint-Simon et la religion de l'activité

Comment penser le nouvel ordre social qui naît sur les décombres de l'Ancien Régime ? Telle est la tâche que s'assigne Saint-Simon au sortir des événements révolutionnaires. Ce projet ne cessera de le han-

---

2. Cf. M. RIOT-SARCEY, Th. BOUCHET, A. PICON (dir.), *Dictionnaire des utopies*, Paris, Larousse, 2002.

3. L'accusation est portée dans la *Revue encyclopédique*, t. XXIX, février 1826, p. 29.

ter jusqu'à la fin de sa vie, même si sa traduction concrète varie considérablement entre ses premiers pas dans la carrière philosophique et ses derniers écrits. À la suite d'Émile Gouhier ou Pierre Ansart, on peut distinguer trois périodes dans sa réflexion[4]. Au cours de la première qui s'étend approximativement de 1802 à 1814, Saint-Simon adopte un point de vue scientifique. Se voulant un nouveau Condorcet, il cherche à réformer les sciences de la nature et à fonder la science de l'homme sur les mêmes principes que ceux qui régissent le monde physique. À partir de la Restauration, son projet s'infléchit. Au « physicisme » succède un industrialisme fondé sur la défense des producteurs de toute nature, banquiers, entrepreneurs, ingénieurs, artisans et ouvriers. Sa réflexion connaît une nouvelle inflexion dans les mois qui précèdent sa disparition. L'enthousiasme avec lequel il avait salué la naissance de la société industrielle se teinte d'inquiétude devant les souffrances qu'elle entraîne parmi les membres de la classe « la plus nombreuse et la plus pauvre ». Son *Nouveau christianisme* témoigne de sa sensibilité croissante aux misères du monde ouvrier.

La référence religieuse est présente d'un bout à l'autre de cet itinéraire intellectuel. Les *Lettres d'un habitant de Genève* commencent pourtant par l'exposé d'un projet de souscription annuelle dont le bénéfice permettrait aux génies scientifiques d'œuvrer au bien général de l'humanité sans dépendre de la faveur princière ou des intrigues académiques. On est loin, semble-t-il, des questions de religion avec ce plan de réforme de la recherche dans lequel figure l'énoncé de ce qui deviendra un des *leitmotive* de la réflexion comtienne, la capacité de la science à prévoir en contribuant ainsi à rendre l'action rationnelle et efficace. « Un savant, mes amis, est un homme qui prévoit; c'est par la raison que la science donne le moyen de prédire, qu'elle est utile et que les savants sont supérieurs aux autres hommes »[5], déclare Saint-Simon à l'appui de son projet. Mais les *Lettres d'un habitant de Genève* enregistrent une brusque rupture de ton avec l'évocation d'un rêve fait par leur auteur. Dans ce rêve, Dieu s'adresse à Saint-Simon pour lui suggérer la fondation d'une nouvelle religion dont le culte se verrait confié à des « conseils de Newton » réunissant les savants les plus remarquables des différentes parties du monde civilisé.

Le dieu qui intervient de la sorte n'a plus grand chose à voir avec celui des Chrétiens. « Rome renoncera à la prétention d'être le chef-lieu de mon église; le pape, les cardinaux, les évêques et les prêtres, cesseront de parler en mon nom »[6], lui fait d'ailleurs dire Saint-Simon. En dépit de l'usage de la première personne, cette divinité demeure abstraite, désincarnée, à l'instar de l'Être suprême de la Révolution. Comme le fera plus tard Auguste Comte, Saint-Simon s'inspire du culte révolutionnaire. Avec leur symbolisme appuyé, les temples qu'il imagine font d'ailleurs songer aux projets d'édifices religieux conçus autour de

---

4. É. GOUHIER, *La Jeunesse d'Auguste Comte et la formation du positivisme*, Paris, Vrin, 1933-1941; P. ANSART, *Sociologie de Saint-Simon*, Paris, P.U.F., 1970.
5. Cf. H. de ROUVROY DE SAINT-SIMON, *Lettres d'un habitant de Genève à ses contemporains*, p. 49.
6. *Ibid.*, p. 71.

l'an II, dans le droit-fil des recherches de l'architecte Étienne-Louis Boullée et de son célèbre cénotaphe de Newton[7].

L'objectif de cette religion est double. S'organisant autour de la science, elle se propose d'en hâter les progrès. Dans cet esprit qui n'est pas sans rappeler certains aspects de l'utopie scientifique de Bacon, *La Nouvelle Atlantide*, dont s'était déjà inspiré Condorcet, Saint-Simon imagine d'adjoindre à ses temples des laboratoires et des collèges administrés par les conseils de Newton. Mais il s'agit aussi pour lui de renforcer la cohésion sociale au sortir des épreuves révolutionnaires qui l'ont durablement ébranlée. Abordée sous cet angle, la religion de l'auteur des *Lettres* se présente bien davantage comme une institution sociale que comme une révélation d'origine transcendante. « Je compte vous écrire une lettre dans laquelle j'envisagerai la religion comme une institution humaine », prévient Saint-Simon dans un post-scriptum. « Je la considérerai comme étant la seule nature d'institution politique qui tende à l'organisation générale de l'humanité »[8].

Tout au long de sa période physiciste, Saint-Simon reste fidèle à cette conception sociale de la religion. « Je crois à la nécessité d'une religion pour le maintien de l'ordre social »[9], déclare-t-il par exemple dans son *Introduction aux travaux scientifiques du XIXᵉ siècle* de 1808. Dans la vision historique qui s'ébauche sous sa plume, vision que les saint-simoniens reprendront dans ses grandes lignes, la religion joue un rôle déterminant. Cette vision se fonde sur l'opposition entre des époques de plénitude sociale et culturelle, et des époques de profonde division entre les hommes. Au cours des premières, la religion exprime l'unité de vues qui règne entre les différents membres de la société. Au sein d'un ordre social qui se lézarde, elle représente en revanche un facteur de résistance au changement. Selon lui, le catholicisme médiéval exprime ainsi la quintessence de la culture de son temps, tandis qu'il ne constitue plus qu'une simple survivance du passé à l'époque des Lumières. À l'aube d'un nouveau siècle, Saint-Simon croit en l'avènement d'une religion fondée sur les théories scientifiques les plus récentes dont elle synthétiserait les enseignements, religion destinée à se substituer au christianisme, de même que ce dernier avait détrôné le paganisme antique. Cependant, cet avènement ne saurait se produire immédiatement en raison du poids des préjugés, surtout parmi les masses. « Je crois que la force des choses veut qu'il y ait deux doctrines distinctes : le physicisme pour les gens instruits, et le déisme pour la classe ignorante »[10], note-t-il dans l'*Introduction aux travaux scientifiques du XIXᵉ siècle*.

7. Cf. J.-M. Pérouse de Montclos, *Étienne-Louis Boullée (1728-1799). De l'Architecture classique à l'architecture révolutionnaire*, Paris, A.M.G., 1969 ; W. Szambien, *Les Projets de l'an II. Concours d'architecture de la période révolutionnaire*, Paris, E.N.S.B.A., 1986.

8. Cl. H. de Saint-Simon, *op. cit.*, p. 100.

9. Cl. H. de Saint-Simon, *Introduction aux travaux scientifiques du dix-neuvième siècle*, Paris, 1808, rééd. in *Œuvres de Claude-Henri de Saint-Simon*, Paris, Anthropos, 1966, t. VI, pp. 9-216, p. 171 en particulier.

10. *Ibid.*

La fonction dont la religion se voit impartie est inséparable d'une vision organiciste de la société en rupture profonde avec l'utilitarisme et le juridisme qui inspirait les constructions politiques des Lumières. Comme Joseph de Maistre et Louis de Bonald, Saint-Simon voit au principe de l'ordre social bien autre chose qu'un contrat fondé sur les avantages qu'il procure au plus grand nombre. Sous sa plume, la constitution des sociétés prend un caractère de nécessité, une nécessité à bien des égards comparable à celle qui régit la genèse et le développement des corps organiques. Dans une telle perspective, la religion doit se présenter comme une expression synthétique de la culture, comme un résumé de « la théorie scientifique générale »[11], une théorie rendue accessible à tous au moyen de symboles et de rites.

À la différence de celle que fondera par la suite Auguste Comte, cette religion n'accorde que peu de place à la célébration des grands hommes du passé. Il ne s'agit pas à proprement parler d'un culte rendu à l'humanité, mais plutôt de la reconnaissance du pouvoir créateur de l'homme. Cette conception s'enracine dans une vision du sujet qui s'écarte, là encore, de celle qu'avait élaborée la philosophie sensualiste du XVIIIe siècle. Il y avait quelque chose de passif chez ce sujet qui recevait de la nature l'impulsion propre à le faire penser et se mouvoir, à l'instar de la statue s'animant progressivement qu'avait imaginée Condillac dans son *Traité des sensations*[12]. L'homme saint-simonien est en revanche essentiellement actif. Au lieu d'être mû par la seule recherche du plaisir, il obéit à une pulsion créatrice dont la psychologie sensualiste est incapable de rendre compte. C'est que l'homme est un microcosme complexe et bouillonnant, un monde où s'expriment à petite échelle les lois générales de l'univers, ainsi que l'affirme Saint-Simon dans ses écrits des années 1808-1811. L'intérêt qu'il porte au même moment à Descartes, au Descartes de la théorie des tourbillons que le philosophe avait appliquée aussi bien à la formation des astres et des planètes qu'à celle du fœtus, doit être replacée dans cette perspective. La spontanéité créatrice de l'être humain est comparable aux forces d'auto-organisation qui se font jour au sein du macrocosme. Impossible de le réduire à une marionnette dont la nature tirerait les fils de l'extérieur.

Cette conception du sujet n'est pas sans liens avec la réévaluation du rôle actif joué par le moi à laquelle procède la philosophie des premières années du XIXe siècle par l'intermédiaire d'auteurs comme Maine de Biran ou Royer Collard[13]. Elle préfigure également certains traits de la sensibilité romantique comme l'accent mis sur le souffle vital au détriment de ce que l'homme pourrait avoir de machinique. La religion telle

---

11. « La religion n'était et ne pouvait être aux yeux d'une tête aussi forte que celle de Bacon, que la théorie scientifique générale ». Cl. H. DE SAINT-SIMON, *Travail sur la gravitation universelle*, Bibliothèque Thiers, Fonds d'Eichthal, carton IV.

12. É. BONNOT DE CONDILLAC, *Traité des sensations*, Paris, 1754, réed. Paris, Fayard, 1984.

13. La parenté est particulièrement nette dans un écrit comme le *Travail sur la gravitation universelle* où Saint-Simon distingue l'action des corps intérieurs de celle de la « force vitale » dans le processus de formation des idées.

que l'envisage Saint-Simon a pour fonction de célébrer cette activité
incessante, ce pouvoir créateur du sujet sans lequel il ne saurait y avoir
d'histoire humaine digne de ce nom.

À partir de la Restauration, sous l'influence d'Augustin Thierry qui
lui sert un moment de secrétaire, Saint-Simon délaisse les questions de
réorganisation scientifique. Sans jamais disparaître tout à fait, les
considérations religieuses passent alors au second plan, tandis que
s'affirme un message politique et social fondé sur l'apologie de l'industrie et des industriels. Ces considérations reviennent en revanche sur le
devant de la scène lorsque Saint-Simon commence à mesurer l'incapa-
cité des libéraux auxquels il s'était un moment allié à proposer une
régénération de la société qui ne soit pas seulement matérielle. Son
Nouveau christianisme tente d'apporter un remède au déficit de générosité qu'il pressent chez les banquiers et les entrepreneurs. Renouant
pour la forme avec un déisme qu'il pense plus à même de séduire ses
lecteurs que la religion sans dieu clairement identifiable qu'il envisageait au plus fort de sa période physiciste, il propose de recentrer le
christianisme autour du message d'espoir envers les plus démunis dont
il avait été porteur à ses origines. « La religion doit diriger la société
vers le grand but de l'amélioration la plus rapide possible du sort de la
classe la plus pauvre »[14], écrit-il notamment.

Ce nouveau christianisme fait passer la morale, c'est-à-dire l'action,
avant le culte et le dogme. La divinité à laquelle il se réfère joue du
même coup un rôle marginal au regard des prescriptions concrètes
destinées à rendre le progrès plus juste et plus humain. Dans cette religion sans dieu clairement identifié, on retrouve l'accent mis sur la dimension créatrice de l'homme, une dimension qui se pare d'un caractère tout à la fois prométhéen et ludique, ainsi que le souligne Henri
Desroche dans son introduction à la réédition du *Nouveau christianisme*[15]. C'est cet accent, synonyme de passion d'agir, qui constitue
peut-être le véritable fil conducteur de la démarche de Saint-Simon.
« Souvenez-vous que pour faire quelque chose de grand, il faut être
passionné. Le résumé des travaux de toute ma vie, c'est de donner à
tous les membres de la société la plus grande latitude pour le développement de leurs facultés »[16], déclare ce dernier sur son lit de mort,
avant d'exhorter ses disciples à continuer son œuvre de réforme sociale. À ses yeux, la religion ne constitue jamais qu'un des moyens d'ex-
citer cette passion tout en lui conférant un caractère altruiste.

14. Cl. H. DE SAINT-SIMON, *Nouveau christianisme. Dialogues entre un conservateur
et un novateur*, Paris, 1825, rééd. in *Oeuvres de Saint-Simon et d'Enfantin*, Paris,
E. Dentu, 1865-1878, vol. XXIII, pp. 107-192, p. 117 en particulier.
    15. H. DESROCHE, « Genèse et structure du Nouveau Christianisme saint-
simonien », introduction à Cl. H. DE SAINT-SIMON, *Le Nouveau Christianisme et les
écrits sur la religion*, Paris, Le Seuil, 1969, pp. 5-44, p. 36 en particulier.
    16. Cité par M. LEROY, *La Vie du comte de Saint-Simon 1760-1825*, Paris, Grasset,
1925, p. 326.

UNE THÉOCRATIE INDUSTRIELLE

Le *Nouveau christianisme* n'est pas immédiatement compris par ses disciples qui se fédèrent en 1825 pour fonder un journal, *Le Producteur*, auquel collabore un moment Auguste Comte. La publication ne retient au départ que le message industrialiste de Saint-Simon en laissant volontairement de côté la composante religieuse de sa réflexion. Cela n'empêche pas ses auteurs d'appeler de leurs vœux la constitution d'une autorité investie d'une fonction de coordination qui s'étend à tous les aspects de la vie. Dans la société nouvelle dont ils annoncent l'avènement, la liberté de conscience n'a plus sa place, ainsi que l'explique Saint-Amand Bazard dans un article au ton provocateur. « La liberté de conscience n'est autre chose que la réaction de la société contre des doctrines fausses ou incomplètes, ou bien si l'on veut encore, la traduction d'un fait plus général, l'absence d'une véritable science sociale »[17], écrit-il en opposant aux doutes suscités par la situation politique et économique issue de la révolution les certitudes morales dont s'accompagnera l'instauration d'un nouvel ordre organique.

Au sein de cet ordre dans lequel « la collection des individus a un but déterminé », en sorte que « l'existence de chacun se confond dans ce but, et y concourt »[18], l'autorité ne se partage pas. La confusion des pouvoirs spirituel et matériel qu'envisagent Bazard, Enfantin et leurs collègues présente un caractère théocratique affirmé. Tandis que Saint-Simon avait envisagé une religion sans dieu, ses disciples mettent en scène des prêtres célébrant le progrès des sciences et de l'industrie, progrès auquel ils attribuent une influence moralisatrice capable de se substituer au christianisme. Il y a à coup sûr quelque chose d'utopique dans cette conception d'un ordre social fondé sur la raison scientifique et technique qui serait en même temps capable de susciter l'adhésion des masses. Une telle utopie ne manque pas de générosité, ne serait-ce qu'en raison de l'optimisme dont elle fait preuve concernant la capacité des hommes à s'associer pour améliorer collectivement leur sort. Mais en rejetant le principe de la séparation des pouvoirs, les saint-simoniens prêtent le flanc à la critique. Même si l'on accepte, contrairement à un libéral comme Benjamin Constant, le principe d'une théocratie, peut-on concilier aussi aisément que se l'imagine Bazard le culte du progrès et l'indispensable moralisation des rapports sociaux? En d'autres termes, l'exigence de spiritualité qui s'exprime au sein de la France de la Restauration, exigence dont témoignent des auteurs comme Pierre-Simon Ballanche, peut-elle se satisfaire d'un credo rationaliste qui s'apparente sur de nombreux points au physicisme du premier Saint-Simon?

Entre l'abstraction des principes scientifiques et la sensibilité des individus, il faut trouver des médiations, les disciples de Saint-Simon en sont de plus en plus persuadés. En donnant une enveloppe sensible aux

17. St.-A. BAZARD, « Des partisans du passé et de ceux de la liberté de conscience », in *Le Producteur. Journal de l'industrie, des sciences et des beaux-arts*, Paris, Sautelet puis Bossange, 1825-1826, t. 1, pp. 399-412, p. 411 en particulier.
18. *Ibid.*, p. 401.

vérités austères de leur credo, l'art pourrait bien constituer l'une de ces médiations. Telle est l'une des conclusions auxquelles parviennent des auteurs comme Cerclet ou Halévy qui voient dans la littérature et les beaux-arts l'expression de « la pensée commune de l'ordre social »[19] dont ils ont pour fonction de pérenniser l'empire.

Un an après son lancement, *Le Producteur* doit cesser de paraître pour des raisons financières. Il cède la place à un travail de propagande directe beaucoup plus efficace auprès des « capacités », hommes de loi, médecins, ingénieurs auxquels la France des notables ne reconnaît qu'une importance marginale[20]. Autour de 1830, le message saint-simonien attire en particulier de très nombreux polytechniciens séduits par son message de progrès scientifique et industriel[21]. Certains, comme Michel Chevalier, Henri Fournel ou encore Charles Lambert vont jouer un rôle de tout premier plan dans l'histoire ultérieure du mouvement.

À Paris comme en province, les membres des classes populaires se pressent également aux prédications publiques des saint-simoniens. Ce succès possède quelque chose de paradoxal dans la mesure où le saint-simonisme s'adresse prioritairement aux élites. Il est vrai que sa promesse d'une association universelle des producteurs entre en résonance avec la nostalgie des corporations d'Ancien Régime et le rejet de la libre concurrence qui se font jour au sein de l'artisanat urbain[22]. L'association ne revêt pas le même sens pour les jeunes polytechniciens qui rêvent de grands travaux d'utilité publique exécutés par une « armée pacifique des travailleurs » dont ils prendraient la direction et pour les artisans et les ouvriers qui cherchent à échapper aux duretés de leur condition. Le succès du saint-simonisme tient pour une part à l'ambiguïté qui caractérise certaines de ses options économiques et sociales.

La tonalité de plus en plus religieuse de son message pourrait bien constituer un moyen de masquer ces apories. Tout se passe en effet comme si les formulations religieuses qui envahissent progressivement le discours saint-simonien permettaient de supposer résolues certaines de ses contradictions. Autour de 1830, les principales publications du mouvement, comme les journaux *L'Organisateur* et *Le Globe*, témoignent de cette inflexion qui ne plaît pas à tout le monde, loin s'en faut. Elle provoque le départ de disciples de la première heure comme le docteur

---

19. A. CERCLET, « Considérations philosophiques sur la littérature », in *Le Producteur*, t. 1, pp. 49-73, p. 59 en particulier; L. HALÉVY, « Les martyrs de Souli, ou l'Épire moderne, tragédie en cinq actes, de M. Népomucène Lemercier », in *Le Producteur*, t. 1, pp. 74-86.

20. Sur ce travail de propagande, voir J. VIDALENC, « Les Techniques de la propagande saint-simonienne », in *Archives de sociologie des religions*, vol. 10, 1960, pp. 3-20; A. PICON, *op. cit.*, pp. 79-87.

21. Cf. C. BOUGLÉ, « Le Saint-simonisme et les Polytechniciens », in *X-Crise*, n° 35, 1937, pp. 9-14.; A. PICON, *Les Polytechniciens saint-simoniens au XIXe siècle*, note de la Fondation Saint-Simon, Paris, Fondation Saint-Simon, 1994.

22. Cf. sur ce thème de l'association dans la pensée ouvrière de la première moitié du XIXe siècle, W.-H. SEWELL, *Gens de métiers et révolutions. Le Langage du travail de l'Ancien Régime à 1848*, Cambridge, 1980, trad. fr. Paris, Aubier, 1983.

Bailly qui avait été l'ami de Saint-Simon. Dans une des lettres qu'il lui adresse, Enfantin a beau insister sur la continuité entre les « mines scientifiques et industrielles ouvertes par Saint-Simon » et « les voies religieuses que notre maître nous traçait à son lit de mort »[23], des déclarations comme « qu'est-ce que le catholicisme, Messieurs? L'institution la plus colossale, et, nous osons le dire, la moins oppressive qui ait encore été fondée parmi les hommes »[24], ne peuvent que heurter les partisans d'un industrialisme qui ne devrait rien à la religion.

Comme dans le *Nouveau christianisme*, la dimension religieuse vient à l'appui d'une volonté de tempérer les rigueurs du développement industriel en allégeant le fardeau de la classe la plus pauvre. Sous l'influence d'Olinde Rodrigues qui n'a de cesse de faire comprendre à ses camarades la signification du dernier ouvrage de Saint-Simon, l'itinéraire des saint-simoniens semble reproduire la trajectoire qui a mené leur maître du physicisme à la défense des opprimés.

Par rapport au *Nouveau christianisme*, le dogme saint-simonien témoigne toutefois d'un ensemble de glissements et de transformations. Rédigés en 1829-1830 à partir des prédications officielles du mouvement, les deux volumes de la *Doctrine de Saint-Simon* permettent de mesurer l'écart qui sépare les conceptions religieuses du dernier Saint-Simon de celles de ses disciples[25]. Plus théocratique encore qu'à l'époque du *Producteur*, le saint-simonisme entend réorganiser la société en faisant dépendre les trois classes principales de producteurs qu'il distingue, les savants, les artistes et les industriels, des prêtres de la nouvelle religion. C'est aux prêtres qu'échoit la tâche de guides spirituels en même temps que la direction générale des travaux de l'humanité. Saint-Simon n'avait pas envisagé une concentration aussi poussée des pouvoirs entre les mains d'une seule caste.

L'auteur de l'*Introduction aux travaux scientifiques* du XIXᵉ siècle et du *Nouveau christianisme* ne s'était pas non plus beaucoup soucié de l'organisation concrète à donner au clergé et au culte. Sous la conduite de Bazard et d'Enfantin, les saint-simoniens se montrent plus précis que leur maître. Fascinés par le catholicisme, sa hiérarchie, ses ors et ses pompes, ils cherchent à se doter d'une structure et de rites comparables. Le jour de Noël 1829, Bazard et Enfantin deviennent les "pères suprêmes" d'une église qui comprend aussi un collège composé des principaux disciples, sur le modèle de la papauté et de ses cardinaux. Un cérémonial complexe voit progressivement le jour afin d'accompagner les principales étapes de la vie. Une distance s'accuse du même coup entre les saint-simoniens les plus exaltés, comme Olinde Rodrigues, persuadés d'appartenir à une véritable église, et des sympathisants aux yeux desquels le message de progrès scientifique et industriel

23. P. ENFANTIN, lettre à Bailly, avril 1830, Bibliothèque nationale de France Ms *NAF 24608*.

24. *L'Organisateur*, n° 25, février 1831, p. 195.

25. *Doctrine de Saint-Simon. Exposition. Première année*, Paris, 1830, rééd. Paris, Bureau du Globe et de l'Organisateur, 1831; *Doctrine de Saint-Simon. Exposition. Deuxième année*, Paris, Bureau de l'Organisateur, 1830.

continue à l'emporter sur la composante religieuse et sentimentale du mouvement.

LA TENTATION PANTHÉISTE

Par rapport à l'héritage de Saint-Simon, la principale différence tient à l'orientation panthéiste retenue par les auteurs de la *Doctrine*. Sous leur plume, dieu est à la fois esprit et matière, intelligence et force, sagesse et beauté; il est présent dans l'homme comme à l'extérieur de lui. Comme celle de Saint-Simon, la religion des saint-simoniens n'est pas un culte rendu à l'humanité passée, présente et future. Elle s'adresse à une puissance créatrice beaucoup plus abstraite que le dieu des Chrétiens. Bazard, Enfantin et leurs disciples ont beau s'en défendre publiquement, cette puissance doit quelque chose à la substance unique de Spinoza. « Ils ont voulu et ils ont cru compléter Spinoza. Je l'ai entendu dire à Bazard lui-même », témoignera l'ancien saint-simonien Charles Lemonnier au soir de sa vie [26]. La vision saint-simonienne de la divinité s'inspire également des thèses de l'Idéalisme allemand dont les disciples de Bazard et Enfantin avaient pris connaissance par l'intermédiaire de Gustave d'Eichtal et Jules Lechevalier qui avaient tous deux séjourné Outre Rhin [27].

Par-delà ces influences, le panthéisme répond surtout aux exigences d'une doctrine historique fondée sur l'idée de progrès, un progrès qui passe par la synthèse des contraires. Quoi de plus logique dans cette perspective, que de faire succéder au paganisme et au christianisme, associés respectivement au matérialisme et au spiritualisme par les auteurs de la *Doctrine de Saint-Simon*, une religion réconciliant ces deux tendances *a priori* contradictoires? Exaltant à la fois les progrès de l'industrie et ceux de l'âme humaine, la religion saint-simonienne se veut la synthèse de tous les cultes qui l'ont précédée, le terme d'une série dont chacune des étapes se trouverait à la fois conservée et dépassée suivant un processus qui n'est pas sans rappeler la dialectique hégélienne.

Ce caractère progressiste s'applique à la divinité elle-même. Selon les disciples de Saint-Simon, il s'agit là de la principale différence entre la substance unique de Spinoza et le dieu auquel se réfère leur doctrine [28]. Ce dieu n'est qu'activité incessante. En lui et par lui s'actualise le changement qui affecte les hommes et les choses. L'accent mis sur l'activité constitue à coup sûr l'un des éléments de continuité entre la religion de Saint-Simon et celle de ses disciples.

26. Ch. LEMONNIER, *Ma vie chronologique*, 1888, Bibliothèque de l'Arsenal Ms 7826.

27. Cf. Ph. RÉGNIER, « Les Saint-simoniens et la philosophie allemande ou la première alliance intellectuelle franco-allemande », in *Revue de synthèse*, IVe série, n° 2, avril-juin 1988, pp. 231-245.

28. Voir par exemple A. TRANSON, *De la Religion saint-simonienne. Aux Élèves de l'École polytechnique*, Paris, A. Mesnier, 1830, p. 24.

LE DOGME, LA SCIENCE, L'ART ET L'INDUSTRIE

Reprenant une opposition qui s'esquissait sous la plume de l'auteur de l'*Introduction aux travaux scientifiques du XIXe siècle*, la vision saint-simonienne de l'histoire postule l'alternance de périodes de divisions et de doutes et de périodes de plénitude sociale et culturelle. Au cours des premières, qualifiées de critiques, la religion, la science et l'art se distinguent nettement les uns des autres. Les secondes, dénommées organiques, se caractérisent en revanche par l'union intime du dogme et de la science, ainsi que par celle du sentiment religieux et de l'inspiration artistique. Synonyme de l'avènement d'une nouvelle époque organique, la religion saint-simonienne se veut indissociablement dogme et science. « Il faut porter [...] la religion, dans les classifications et l'ordonnance scientifique. Il y a aujourd'hui de la puissance hors de la science mais il n'y a d'autorité que là »[29], déclare à ce propos Gustave D'Eichtal. L'édifice à la fois théologique, philosophique et scientifique de la scolastique médiévale fait figure de modèle. Comme Auguste Comte, les saint-simoniens admirent le Moyen Âge et l'unité des diverses manifestations de sa culture qu'ils lui attribuent. La leçon qu'ils en retirent diffère toutefois profondément de celle du *Discours sur l'ensemble du positivisme* et du *Système de politique positive*. Tandis que Comte refuse toute idée de fusion des différentes branches de l'arbre de la science, les disciples de Saint-Simon envisagent la constitution d'un corps unique de doctrine qui s'étendrait des vérités premières de la foi aux différents résultats des sciences physiques et morales. Rien de plus éloigné du relativisme comtien que cette perspective d'un savoir absolu ignorant les différences d'objets et de méthodes sur lesquelles se fonde la pratique scientifique.

Comme la science, l'art de l'avenir ne peut être dissocié d'une religion censée exprimer l'essence même de la vie sociale. Plus précisément, aux yeux des auteurs de la *Doctrine*, l'artiste des périodes organiques peut s'assimiler à une sorte d'adjoint du prêtre chargé de donner une forme sensible aux vérités abstraites du dogme afin de favoriser sa réception[30]. « Osez donc être les précepteurs de l'humanité, dirons-nous aux artistes, et apprenez de Saint-Simon ce qu'il faut aujourd'hui lui enseigner »[31], renchérit Barrault dans un vibrant appel aux artistes. À l'instar de la religion dont il contribue à asseoir l'empire, l'art organique des saint-simoniens doit exalter à la fois l'esprit et la matière dans le droit-fil d'un dogme panthéiste qui prétend les réconcilier. Cette tâche

---

29. G. D'Eichtal, lettre à Enfantin, 24 octobre 1833, Bibliothèque de l'Arsenal Ms *7839*.

30. Sur la conception saint-simonienne de l'art, lire par exemple Ph. Régnier, *Les Idées et les opinions littéraires des Saint-simoniens (1825-1835)*, thèse de doctorat dactylographiée, Paris, Université de Paris III, 1982-1983; R.-P. Locke, *Les Saint-simoniens et la musique*, Chicago, 1986, trad. fr., Liège, Mardaga, 1992; N. McWilliam, *Dreams of happiness. Social art and the French left, 1830-1850*, Princeton, Princeton University Press, 1993.

31. É. Barrault, *Aux Artistes. Du Passé et de l'avenir des beaux-arts (Doctrine de Saint-Simon)*, Paris, Alexandre Mesnier, 1830, p. 76.

apparaîtra plus urgente encore aux yeux des protagonistes de la retraite de Ménilmontant.

Culte rendu à la totalité de ce qui existe, ou plutôt à l'activité progressiste qui l'anime – les disciples de Bazard et Enfantin insistent encore une fois sur ce point –, le panthéisme saint-simonien est aussi une
religion totale qui entend embrasser l'ensemble des manifestations de
la vie. C'est ainsi que la modernisation de l'appareil bancaire et le développement du crédit, ces deux points clefs du programme économique saint-simonien, prennent une connotation résolument religieuse
sous la plume d'Enfantin ou des frères Pereire. Plus généralement, la
religion doit guider aussi bien le penseur et l'artiste que le producteur.
L'industrie se veut un culte rendu au dynamisme des hommes et des
choses dans le droit-fil d'un dogme centré sur la puissance créatrice de
l'univers.

De la science à l'économie en passant par les beaux-arts, le vaste
éventail des domaines censés relever de la loi religieuse de l'avenir ne
favorise pas toujours sa compréhension par le public. Plus ambitieuse
que le culte positiviste, la religion saint-simonienne est aussi plus floue.
Au sein d'une société française encore très catholique, son orientation
panthéiste n'est pas à la portée de tous les esprits, et un lecteur du
Globe n'a pas complètement tort d'y voir la « religion de ceux qui n'en
ont pas, dans le sens le plus général du mot religion »[32].

À côté de l'admiration qu'ils éprouvent pour la synthèse religieuse
médiévale, le désir de rendre leur religion plus accessible explique sans
doute les nombreux emprunts des saint-simoniens au catéchisme et au
rituel catholique. La religion saint-simonienne semble souvent s'abriter
derrière des divisions binaires ou ternaires, des formules et des gestes
inspirés par l'« institution colossale » qu'elle prétend pourtant renverser.

LA RÉCEPTION DE LA DOCTRINE

Les saint-simoniens ont-ils cru à la doctrine religieuse qu'ils ten-
taient d'élaborer? Dans la France des années 1830, comment était d'autre part reçu leur message? Il est délicat de répondre à ces deux questions tant les témoignages des contemporains se révèlent contradictoires. Pour les uns, les disciples de Saint-Simon ne sont que des hypocri-
tes dissimulant leur ambition sous des formules ampoulées empruntées
au christianisme, même s'ils prétendent rompre avec lui. Pour les autres, une spiritualité authentique s'exprime au travers de leurs prédications et de leurs écrits. Afin d'y voir un peu plus clair, il faut commencer par distinguer le noyau des saint-simoniens les plus engagés des
réseaux de sympathisants qui se greffent sur lui. Il convient ensuite de
traiter séparément les membres de la bourgeoisie capacitaire sensibles
au message saint-simonien et les ouvriers attirés par ses promesses. On
doit enfin prêter attention à l'évolution interne du mouvement. La reli-

---

32. A. BRUN, lettre au directeur du *Globe*, 16 décembre 1831, Bibliothèque de
l'Arsenal Ms *7601*.

gion des auteurs de la *Doctrine* en 1829-1830 n'est pas tout à fait la même que celle que cherchent à fonder deux ans plus tard les protagonistes de la retraite de Ménilmontant.

Parmi le premier cercle des disciples de Saint-Simon, la ferveur religieuse se révèle variable. Si Bazard et ses proches font jouer à la religion un rôle de ciment social ne réclamant pas un engagement spirituel profond de la part des chefs du nouveau culte, d'autres comme D'Eichtal ou le jeune frère de l'ingénieur et entrepreneur Paulin Talabot, Edmond, se montrent animés d'une foi exaltée. Le cérémonial dont s'entourent les membres de la « famille » saint-simonienne, la multiplication des solennités, baptêmes, mariages, enterrements, a de quoi faire tourner les têtes, il est vrai. « N'allez pas croire [...] que les saint-simoniens jouaient à la religion... Loin de là! Ils se croyaient religieux, aussi sérieusement que les pontifes de l'église catholique »[33], estime Jean Terson dans ses mémoires d'ancien prêtre passé au saint-simonisme. Si tous les saint-simoniens de stricte obédience ne placent pas la dimension religieuse au premier plan de leurs préoccupations, il n'en est pas moins difficile de réduire la prétention du mouvement à fonder une nouvelle religion à une simple stratégie de prise de pouvoir, encore moins à une mascarade.

Les sympathisants du mouvement se partagent de manière comparable entre ceux qui ne retiennent que la composante économique et sociale de son message et ceux qui se passionnent pour les perspectives de renouveau spirituel qu'il comporte. Certes, de nombreux correspondants du *Globe* pourraient souscrire à l'aveu de l'un d'entre eux pour qui « ce mot religion, et les suites qu'il amène, produisent [...] un effet innommable; un hydrophobe n'a pas plus peur de l'eau »[34]. Mais la tonalité religieuse de toute une série de lettres adressées au *Globe* se révèle saisissante à la longue. Elle atteint son paroxysme chez certains militaires dont l'engagement saint-simonien possède quelque chose de pathétique. « Mon père, je viens à vous, parce que j'ai foi que nous convertirons le monde, parce que j'ai foi que notre sacrifice, quoique méconnu, portera son fruit, parce que ma vie desséchée par une loi morte qui ne lui offre rien de grand ne peut se développer qu'au sein d'une hiérarchie d'amour et maintenant j'arrive à vous débarrassé des chaînes du vieux monde »[35], écrit par exemple un jeune artilleur à Enfantin.

Le cas des ouvriers est encore plus complexe à démêler, entre ceux qui se pressent aux prédications du mouvement dans l'espoir de se voir donner du travail et ceux qui prêtent véritablement attention au discours religieux des disciples de Saint-Simon[36]. La confusion entretenue

33. J. TERSON, *Mémoires*, Bibliothèque de l'Arsenal Ms *7787*.
34. BARDIN, lettre à Chevalier, 18 décembre 1831, Bibliothèque de l'Arsenal Ms *7609*.
35. Ch. GOUGUET, lettre à Enfantin, 20 avril 1832, Bibliothèque de l'Arsenal Ms *7609*.
36. Sur les ouvriers saint-simoniens et leurs motivations, lire par exemple J. RANCIÈRE, *La Nuit des prolétaires. Archives du rêve ouvrier*, Paris, Fayard, 1981; A. PICON, *Les Saint-simoniens*, pp. 112-127.

à dessein par les responsables du « degré des ouvriers » entre les principaux articles du catéchisme catholique et ceux de la doctrine qu'ils prêchent ajoute encore à la difficulté de cerner avec précision la nature exacte des adhésions qu'ils suscitent.

Mais peut-être est-il inutile de chercher à sonder en détail les esprits et les cœurs. Car toutes les gradations existent entre sceptiques et croyants, saint-simoniens de raison et de cœur. La question religieuse traverse de toute manière l'ensemble de l'aventure saint-simonienne. Elle atteint son intensité maximale au moment de la retraite de Ménilmontant. Au sein du groupe des disciples restés fidèles à Enfantin après sa rupture avec Bazard, le désir de réconciliation entre l'esprit et la matière s'exacerbe, donnant naissance au projet d'un *Livre nouveau* qui serait à la fois la Genèse et l'Évangile de la religion saint-simonienne [37]. Ce livre doit être écrit dans une langue censée réconcilier les enseignements de la science et le pouvoir d'évocation de la littérature, une « langue générale, accord de la voix du monde et de la voix de l'humanité, poésie des poésies » [38]. À l'exception de Philippe Régnier qui lui a consacré des pages pénétrantes [39], les historiens du saint-simonisme ont généralement tenu ce projet pour mineur, voire même aberrant, tant il semble par moments confiner au pathologique. Mais la différence de ton entre *Le Producteur* et *Le Livre nouveau* ainsi que la radicalisation sans issue dont témoigne ce dernier ne doivent pas masquer l'essentiel, à savoir l'exigence de renouveau spirituel qui s'exprime tout au long de la courte histoire du saint-simonisme.

Cette exigence est bien de son époque. Le siècle de la machine à vapeur et des chemins de fer est aussi l'un de ceux qui a consacré le plus de pages aux problèmes de spiritualité et de religion. En 1848, la figure emblématique du « Christ des barricades » témoignera encore de cette soif du siècle que les enseignements des religions établies ne parviennent pas à étancher [40]. Comme le culte positiviste, la religion saint-simonienne constitue l'une des expressions du besoin de donner un sens au monde né des décombres de l'Ancien Régime et marqué par les premiers frémissements de l'industrialisation. Qu'importe dans ces conditions que le message n'ait été qu'imparfaitement compris, reçu du bout des lèvres par certains, rejeté purement et simplement par d'autres ? Qu'importe que l'aventure se solde en définitive par un échec ? Gustave D'Eichtal est sans doute plus proche de la vérité lorsqu'il souligne dans une lettre adressée à l'un de ses amis au début des années 1840 la persistance d'un idéal saint-simonien que les déconvenues successives du mouvement n'ont pas véritablement entamé : « Ce qui est plus important encore, quoiqu'on ne le croie pas généralement, le saint-simonisme a vraiment produit un sentiment religieux nouveau. Tous les

---

37. Les différents fragments du *Livre nouveau* conservés dans le Fonds Enfantin de la Bibliothèque de l'Arsenal ont été publiés par Philippe RÉGNIER : *Le Livre nouveau des saint-simoniens*, Tusson, Du Lérot, 1991.

38. « Deuxième séance : La Grammaire », reproduite dans *Le Livre nouveau*, pp. 83-150, p. 85 en particulier.

39. Voir en particulier son introduction à l'édition du *Livre nouveau*.

40. Cf. F.-P. BOWMAN, *Le Christ des barricades 1789-1848*, Paris, Cerf, 1987.

hommes qui ont passé par cette initiation en ont gardé l'empreinte. Tous ont conservé quelque chose de particulier dans leur manière de considérer l'avenir du monde et leur propre avenir. Et aujourd'hui même, après que leur association a été brisée il y a bientôt dix années, lorsqu'ils se rencontrent, il se sentent encore rapprochés par les espérances qu'ils ont poursuivies, par le souvenir du bien qu'ils ont cherché en commun »[41].

Harvard University
Graduate School of Design
48 Quincy Street
Cambridge, MA 02138
USA

41. G. D'EICHTAL, lettre à Freslon, 22 septembre 1841, Bibliothèque Thiers Fonds D'Eichtal, carton IV.

RÉSUMÉ DE L'ARTICLE. — La religion saint-simonienne. Par Antoine PICON.

Placée au carrefour d'influences très diverses, du catholicisme à l'idéalisme allemand en passant par le déisme des Lumières, la religion saint-simonienne pose de délicats problèmes d'interprétation. Il convient de distinguer la vision religieuse développée par Saint-Simon de celle que forgent progressivement ses disciples. L'accent mis sur l'activité spontanée de l'homme constitue en revanche un trait commun. Ces différents problèmes d'interprétation soulevés, il reste à s'interroger sur les motivations et les comportements mis en jeu par la pratique religieuse saint-simonienne. Par-delà ses ambiguïtés, cette dernière témoigne de l'exigence de renouveau spirituel qui s'exprime au cours de la première moitié du XIXe siècle.

SUMMARY. — The Saint-Simonian Religion. By Antoine PICON.

Placed at the crossroads of exceedingly diverse influences, from Catholicism to German idealism, having passed through the Deism of the Enlightenment along the way, the Saint-Simonian religion poses delicate problems of interpretation. The religious vision developed by Saint-Simon must be distinguished from that progressively coined by his disciples. The accent placed upon spontaneous human activity constitutes, on the other hand, a common trait. Apart from these problems of interpretation, the motives and attitudes of Saint-Simonian religious practice remain to be considered. Notwithstanding its ambiguities, it bears witness to a demand for spiritual renewal that expresses itself during the first half of the 19th century.

Rev. Sc. ph. th. 87 (2003) 39-58

LE « CULTE » ET LA « CULTURE » CHEZ AUGUSTE COMTE : LA DESTINATION MORALE DE LA RELIGION POSITIVISTE

par Laurent Clauzade

Introduction

Le sens de la religion de l'Humanité semble s'épuiser dans la désignation de son objet : l'Humanité. Cette évidence fait cependant écran à ce que, au-delà de l'objet, on peut caractériser comme sa destination : l'établissement d'un état pleinement religieux, défini par l'harmonie de l'existence humaine, tant individuelle que collective. La religion positiviste a donc une destination qui n'est pas strictement réductible à son objet, ni au rapport entre l'homme et cet objet. Cette destination est d'abord un certain *état* de l'existence humaine dans sa double dimension collective et individuelle.

Or, en tant qu'elle se propose non plus seulement l'instauration d'un consensus politique, mais l'unification de l'existence humaine, cette destination est essentiellement morale. Comme, d'autre part, cette double unification doit être effectuée par la prépondérance des sentiments altruistes, il apparaît que le « culte », dont la fonction est la « culture » de ces sentiments, constitue la partie principale de la religion positiviste, celle en tout cas qui est la plus proche de sa destination ultime.

Ces affirmations reviennent finalement à dire que si l'on veut comprendre la signification de la religion de l'Humanité, il ne faut pas tant s'attacher à son objet qu'à sa destination, laquelle se résout dans l'idée, morale en son fond, de religion en général, ou plus exactement, d'état religieux. Le positivisme devient religieux parce qu'il peut satisfaire les conditions requises par cet état.

Le présent article a pour objet de vérifier ces affirmations à partir d'un *corpus* précis et fragmentaire, mais néanmoins décisif puisqu'il correspond à la période pendant laquelle Comte élabore les prémisses de la religion positiviste : de la correspondance avec Clotilde de Vaux (1845-1846) à la publication du premier tome du *Système de politique positive* (1851). Bien conscient, avec la plupart des commentateurs, que l'œuvre de Comte est en constante évolution et reformulation, nous ne prétendons pas que tous les développements relatifs à la religion ont été conçus durant cette période. Mais, abusé peut-être en cela par une conception vaguement préformationniste, il nous semble que ces ré-flexions initiales déterminent une direction capable de rendre raison des développements ultérieurs. Elles affirment notamment la destina-tion morale de la religion, en montrant, d'un point de vue génétique, qu'elle prend naissance dans une conception du culte entendu comme culture des sentiments sympathiques.

I. LA SYSTÉMATISATION DE LA VIE HUMAINE ET LE CULTE

Nous prendrons appui sur les notes de Laffitte relatives à ses conversations avec Auguste Comte. Celles-ci vont de 1845 à 1850[1], mais ne se répartissent pas d'une manière uniforme sur toute la période. La majeure partie concerne les années 1845 à 1848. Dans cette étude, nous nous consacrerons surtout à la période allant du début du cours de 1847 à la publication du *Discours sur l'ensemble du positivisme*[2]. L'intérêt de ces notes est double. Sur le plan de la forme, tout d'abord, ce sont les seules retranscriptions directes de conversations avec Comte. Mais elles constituent surtout l'un des rares témoignages des préoccupations de Comte dans l'année qui suit la mort de Clotilde de Vaux. Avec le plan du cours de 1847, les tableaux cérébraux, et en faisant fond sur la correspondance avec Clotilde de Vaux, nous pouvons grâce à elles sai-sir les progrès de la réflexion comtienne au cours de cette période si importante où s'élabore le positivisme religieux.

La note de P. Laffitte du 13 octobre 1847

Nous partirons de la transcription de la conversation du mercredi soir 13 octobre 1847 :

> Systématisation de l'ensemble de la vie humaine.
> « L'homme est un être multiple – il agit sous l'impulsion de penchants et d'instincts très divers, les uns personnels, les autres sociaux – quant à l'in-telligence, elle n'est véritablement qu'un moyen, étant par elle-même trop faible pour nous pousser à agir d'une manière énergique et soutenue.

---

1. Voici les dates extrêmes : le 10 janvier 1845 et le 11 avril 1850.

2. Il y a en outre quelques notes de juin et de juillet 1848 sur les débuts de la so-ciété positiviste, des « observations et particularités tirées de mes conversations avec Mr. Comte » non datées, la copie du tableau cérébral de 1846 et enfin des notes prises de janvier à avril 1850. Dans l'état actuel des archives, la présentation maté-rielle est disparate, et se répartit en trois groupes : les notes de 1845 à janvier 1847, sont seulement manuscrites, celles de janvier 1847 à juin 1848, sont manuscrites et dactylographiées (vraisemblablement par les soins de P. Carneiro), enfin, celles pos-térieures à juin 1848 sont seulement dactylographiées. Rappelons d'autre part que le *Discours sur l'ensemble du positivisme* (Paris, Flammarion, 1998) est publié en juillet 1848.

D'après cela, la systématisation de la vie humaine ne pouvant consister que dans la prédominance d'un certain ordre de penchants, l'intelligence étant éliminée comme trop faible, toute la question de la systématisation de la vie humaine consiste à déterminer : la prédominance des penchants personnels ou des penchants sympathiques dans l'ensemble de la vie humaine. Par eux-mêmes les penchants personnels sont plus énergiques que les penchants sympathiques ; mais d'un autre côté la vie sociale par laquelle seule l'homme au fond existe et se développe, exige la compression des penchants personnels, tandis que le développement des penchants sympathiques assure et augmente l'existence sociale – par conséquent la vie humaine doit être systématisée par la prépondérance des penchants sympathiques, c'est-à-dire que cette prépondérance doit être le type vers lequel tend et doit tendre de plus en plus l'humanité. Mais les penchants sympathiques étant d'un autre côté les plus faibles, de là la nécessité continue d'une culture ou culte systématique de ces diverses impulsions sociales – de là la nécessité d'un ensemble d'artifices très étendus pour augmenter de plus en plus cette prépondérance salutaire »[3].

Quelques mots de commentaire. L'intérêt de ce passage est dans la manière dont il lie la systématisation morale – c'est-à-dire l'unification synergique des diverses facultés cérébrales sous la prépondérance du cœur – à l'idée de culte et de culture. La prépondérance des penchants sympathiques, à cause de leur faiblesse intrinsèque, doit être renforcée par une culture ou un culte systématique, par « un ensemble d'artifices très étendus ».

Comment faut-il comprendre le terme « culture » ? Il faut l'entendre prioritairement dans son sens technique, comme on parle, par exemple, de culture agricole : il s'agit d'un travail délibéré, non spontané, pour faire croître des penchants qui sont naturellement faibles. Il renvoie donc à la notion d'artifice : la culture est un artifice, et use d'artifices.

Le terme « culte » est beaucoup plus difficile à analyser ici, la question centrale étant de savoir s'il entraîne l'idée de « religion », et si oui, de quelle manière. Les usages de ce concept, en 1847, sont incertains. Nous avons d'un côté, datés du 3 avril, des propos de Comte rapportés par Laffitte qui restreignent ce terme au culte des morts :

« En fait l'homme est susceptible d'aimer une personne morte [...].
[...]
La culture de cet amour si délicat est très importante comme principal moyen de perfectionnement par le développement des sentiments tendres.
Le moyen fondamental est de cultiver par un ensemble de pratiques convenables le souvenir des personnes aimés, c'est le culte du souvenir, un des plus grands moyens de perfect[ionnement] et de bonheur. Ainsi le culte des tombeaux est un des éléments les plus importants de ce culte du souvenir ».

On retrouve ici l'association du culte et de la culture : le culte du souvenir, des tombeaux, permet de cultiver l'amour que nous portons à une personne morte. Mais on ne peut dire que le terme engage l'idée générale de religion.

D'un autre côté, en juin 1848, la conclusion du *Discours sur l'ensemble du positivisme* montre que Comte fait un usage extrêmement général

---

3. Pierre LAFFITTE, *Conversations avec Auguste Comte*, papiers manuscrits (coll. part., Maison A. Comte).

de ce terme, puisqu'il y a alors un culte affectif, un culte contemplatif, et un culte actif (catégories qui, dans la formulation définitive, correspondent au culte, au dogme et au régime), organisant, comme le suggère le titre de la conclusion, un culte systématique de l'Humanité[4]. Remarquons en outre que l'idée d'un culte de l'Humanité a déjà été évoquée publiquement par Comte dans la dernière leçon de son cours de 1847.

Que conclure de tout cela? L'usage général du terme renvoie incontestablement à l'idée de religion. Même si, comme le remarque P. Arnaud, Comte, à ce stade de sa réflexion, n'a certainement pas développé l'ensemble des attributs appartenant au Grand-Être, il n'est pas moins évident que l'idée de religion de l'Humanité est là, et en un sens autrement plus fort que celui d'un simple culte domestique.

En revanche, l'usage plus précis qui en est fait dans les deux notes de Laffitte indique tout aussi sûrement que le sens propre du culte renvoie à une culture des sentiments. De la première note à la seconde, la finalité du culte s'élargit : de la conservation d'un amour pour une personne défunte à l'unification de la vie humaine en général. Mais le principe reste le même, et il s'agit avant tout de cultiver les sentiments tendres ou sympathiques.

Le problème posé est donc celui du rapport entre l'acception restreinte et l'acception générale. Cette dernière est-elle une extension de la première, la signification restreinte étant en quelque sorte le noyau à partir duquel le projet religieux s'est développé?

L'artifice et l'instrumentalisation

Un retour sur la conversation du 13 octobre 1847 nous permettra de résoudre ce problème. Les questions suscitées par ce passage portent sur deux points : tout d'abord sur l'aspect artificiel du culte; ensuite sur son caractère instrumental, le culte paraissant être au service de la systématisation de la vie humaine.

Le premier point ne constitue pas véritablement une difficulté si l'on parvient à comprendre le sens que donne Comte à la notion d'artifice, proche d'ailleurs d'un des sens de « systématiser ». L'antonyme d'*artificiel*, chez Comte, ce n'est pas *naturel* mais *spontané* : l'action positive, qu'elle soit politique ou morale, ne s'oppose pas au cours naturel de l'Humanité, mais, conformément à une conception hippocratique mise en lumière par G. Canguilhem, accompagne le processus de développement de l'Humanité[5]. Ces principes sont rappelés dès la première page du *Discours* : les modifications systématiques que nous nous proposons d'apporter à l'évolution humaine doivent être guidées par l'exacte appréciation de cette marche soumise, comme tout autre phénomène, à des lois invariables.

C'est donc un premier point d'acquis, si la religion est un artifice, elle ne produit rien d'artificiel. Le texte de Laffitte est d'ailleurs clair : la

---

4. Voir A. COMTE, *Discours sur l'ensemble du positivisme, op. cit.*, p. 384-385.

5. Voir G. CANGUILHEM, « Histoire de l'homme et nature des choses selon Auguste Comte dans le *Plan des Travaux scientifiques nécessaires pour réorganiser la société* (1882) » dans *Études philosophiques*, juil.-sept. 1974.

prépondérance des penchants sympathiques est appelée de façon nécessaire par la vie sociale. Mais il faut aller plus loin et affirmer d'autre
part que la religion de l'Humanité n'est pas non plus artificielle dans la
mesure même où son objet ne l'est point. L'Humanité est l'ultime réalité
qu'atteint la démarche objective de la science, et toute l'encyclopédie s'y
condense. L'objet de la sociologie est l'être le plus réel qui soit, et c'est
autour de cet être que s'organise le culte. Le naturalisme intégral de
Comte donne donc un sens très particulier à l'idée d'artifice. La religion
est peut-être un artifice, mais un artifice appelé par le développement
même de l'Humanité – l'homme devient de plus en plus religieux – et
construit autour de l'être le plus réel que nous a d'abord, dans l'ordre
objectif, découvert la science, avant que la morale ne le fasse advenir
par la voie subjective.

Autrement problématique est le caractère instrumental qui paraît
dévolu au culte. En effet, ce passage semble indiquer que le culte est au
service de la systématisation de la vie humaine : grâce à la culture des
impulsions sociales, celui-ci permet l'établissement de la double unité
individuelle et collective. En ce sens, le texte de Laffitte indique clairement qu'une *destination* est assignée au culte à partir d'une réflexion
morale sur la multiplicité de l'homme, et sur la possibilité d'une unification simultanément personnelle et collective.

Cette destination, de nature essentiellement morale, fait-elle pour
autant sortir de la religion ? La réponse est formellement négative, car
cette analyse morale, comme le montre le deuxième tome du *Système de
politique positive*, est aussi au fondement même de l'idée de religion en
général, « caractérisée par l'état de pleine harmonie propre à l'existence
humaine, tant collective qu'individuelle, quand toutes ses parties quelconques sont dignement coordonnées »[6].

Mais cette définition ne signifie rien d'autre sinon que le projet religieux est moral en son fond. C'est à partir de cette idée que l'on peut
reprendre l'analyse du terme « culte ». S'il a pu désigner, dans un état
provisoire de la nomenclature, tous les domaines de la religion et la
religion elle-même, c'est certainement parce que le culte à proprement
parler, comme culture des sentiments unificateurs, a pour destination
première l'instauration de cet état religieux caractérisé par l'unité. Et
cela semble confirmé par l'évolution de la réflexion de Comte sur l'organisation de la religion : le culte en devient, à partir du dernier tome
du *Système*, la partie la plus importante, devant le dogme et le régime.

Mettre ainsi au jour le soubassement moral de la religion de l'Humanité revient à donner un principe de lecture de la genèse du positivisme religieux. Celui-ci ne devient tel que lorsque l'idée d'Humanité
est mise en relation avec – ou, dans une version plus forte, mise au
service de – la problématique morale. La version forte, qui insiste sur
l'instrumentalisation du culte de l'Humanité, a contre elle de méconnaî-
tre le développement sinon autonome, du moins parallèle et tout aussi
nécessaire, de l'idée d'Humanité conçue comme Grand-Être ; elle a aussi contre elle le fait que la perspective subjective – mais les développements relatifs à ce point nous entraîneraient trop loin –, qui fait du
point de vue sociologique le lieu de l'unification des connaissances et

6. A. COMTE, *Système de politique positive* (1851-1854), Paris, 1929, t. 2, p. 8.

des pratiques humaines, est apparu bien avant la problématique morale, à savoir dès les conclusions du *Cours de philosophie positive*[7]. Enfin, et c'est peut-être là l'argument le plus important, la version forte est incompatible avec le double rôle assigné à terme au culte : non seulement assurer le développement des sentiments capables d'instaurer l'unité morale, mais aussi rendre possible l'existence même de l'Humanité, dont le mode d'être, ainsi que le souligne J. Grange, est la mémoire collective[8]. On ne peut donc, à partir du moment où Comte élabore sa théorie de l'existence subjective, distinguer de façon légitime culture des sentiments unificateurs et constitution du Grand-Être. C'est en ce sens que la forme la plus personnelle du culte, celle relative à une personne défunte, apparaît véritablement comme la matrice des développements religieux, puisqu'elle satisfait simultanément à un double but : cultiver les sentiments altruistes et maintenir l'existence subjective de la personne aimée. En passant du personnel au collectif, c'est aussi ce double but qu'atteint le culte de l'Humanité : la réalisation de l'unité et la production du Grand-Être.

Il faut donc comprendre que la destination morale est tout aussi importante, sinon plus, que la notion du Grand-Être pour saisir la genèse de la religion positiviste : l'analyse morale fournit le cadre théorique à l'intérieur duquel la synthèse fondée sur l'Humanité – pour reprendre les termes du deuxième chapitre du second tome du *Système* –, acquiert une dimension religieuse.

La religion de l'Humanité est donc, dans sa genèse, le résultat de deux grandes lignes de réflexion, l'une spécifiquement morale, s'interrogeant sur les conditions de l'unité à la fois individuelle et collective, et l'autre d'abord « sociologique » ou politique, puis spécifiquement religieuse, relative à la notion d'Humanité. Si nous avons insisté sur le texte de Laffitte, c'est parce que les études sur la religion de l'Humanité se sont surtout focalisées sur la dernière ligne, délaissant bien souvent la première. Or le mérite de ce texte est justement de souligner, peut-être à l'excès, l'importance de la problématique morale de l'unité.

II. LA PROBLÉMATIQUE MORALE

Quels sont les traits de cette problématique[9]? Elle est issue d'une réflexion sur la relation de l'individu à la société. Elle fait fond sur cette idée exposée dans les conclusions du *Cours*, selon laquelle, l'individu étant une abstraction, il n'y a de réel que l'Humanité. Mais si, d'un point de vue scientifique, qui est celui de la sociologie, l'individu a été en quelque sorte dissous, il reste cependant un problème moral. Afin que la société soit pleinement réorganisée, il faut que l'individu reconnaisse subjectivement cette vérité objective, et qu'il n'use de son indépendance – l'Humanité est cet organisme composé de vies séparables – qu'afin de

7. Voir Auguste COMTE, *Cours de philosophie positive* (1830-1842), éd. M. Serres, F. Dagognet, A. Sinaceur et J.-P. Enthoven, Paris, Hermann, 1975, 2 vol, 58ᵉ leçon.

8. J. GRANGE, *La philosophie d'Auguste Comte*, Paris, P.U.F., 1996, p. 401.

9. Pour un examen général de la question de la morale dans l'œuvre de Comte, nous renvoyons à l'article de P. MACHEREY, « La philosophie morale d'Auguste Comte » in *Dictionnaire de philosophie morale*, Paris, P.U.F., 1996.

mieux servir le Grand-Être. La perspective morale, dans son principe général, est donc bien une pensée de l'individu, mais elle n'est pas métaphysique en un des sens que Comte donne à ce mot, c'est-à-dire qu'elle ne pose pas l'individu comme un absolu.

Cette réflexion sur la relation de l'individu à la société ne devient à proprement parler morale que lorsqu'elle engendre, semble-t-il à partir de la correspondance avec Clotilde de Vaux, la problématique plus spécifique de l'unité de l'existence humaine. Celle-ci pose d'une part que l'existence humaine doit être simultanément unifiée dans sa double dimension individuelle et collective, et d'autre part que le sentiment peut seul opérer cette unité. Là aussi, cette unité n'est pas métaphysique aux yeux de Comte, car elle n'est pas posée à l'origine, mais comme le résultat d'une progression historique. C'est pourquoi il conviendrait de parler plus précisément d'unification. Si, en outre, cette unification doit être essentiellement l'œuvre du sentiment, c'est pour deux types de raison. C'est d'abord parce que seul cet ordre de facultés est susceptible d'assigner des fins à la conduite humaine, selon un schéma assez proche de celui développé par les philosophes écossais. Le sentiment supplante ainsi l'intelligence qui apparaît aveugle à toute finalité : comme le souligne le texte de Laffitte du 13 octobre 1847, ce n'est qu'un « moyen » au service des penchants[10]. C'est à partir de cette analyse que se déploie la seconde raison : elle consiste à poser l'existence de penchants sympathiques ou altruistes, au premier rang desquels figure l'amour universel, capables d'assurer le lien social en tournant l'individu vers les autres. C'est grâce à eux que peut s'opérer, à partir d'une visée finale identique, l'unification de l'existence individuelle et collective.

Le texte de Laffitte nous indique par ailleurs les fondement anthropologiques de cette problématique de l'unité. Elle puise ses principes dans la manière dont Comte a compris la phrénologie de Gall. Ce que celle-ci met au jour, c'est d'abord la multiplicité de l'homme : comme le dit le texte, « l'homme est un être multiple ». Mais cette affirmation biologique débouche chez Comte sur une injonction morale : parvenir à l'unité, ou encore systématiser l'existence humaine. À la différence de Gall, Comte va en effet affecter chaque faculté d'un coefficient d'énergie fixe qui lui permettra de construire un modèle normal de l'unité prenant en considération à la fois la force et la fonction de chaque faculté. Ce modèle de l'unité, conformément aux rapports entre la statique et la dynamique, servira de type vers lequel doit tendre l'évolution de l'Humanité, et à partir duquel il sera possible de juger les étapes antérieures.

La détermination des facultés, dont on peut observer l'élaboration entre 1846 et 1851, est opérée à partir d'une réflexion sociologique : ce n'est donc pas la biologie qui fournit les bases de la systématisation morale. Seule la connaissance du développement de l'Humanité, qui

---

10. C'est en partant de l'idée que le primat donné au sentiment correspond à la reconnaissance d'une finalité interne à l'humanité, que J. Delvolvé soutient que la dernière philosophie de Comte tend vers un système métaphysique de type platonicien, réunissant dans une même origine pratique l'ordre naturel et humain. Voir J. DELVOLVÉ, *Réflexions sur la pensée comtienne*, Paris, 1932, 3ᵉ partie, p. 149.

met au jour nos principales facultés et le degré normal de leur exercice, autorise le sociologue à poser la véritable théorie de l'existence humaine. Par ailleurs, l'idée que l'unité doit être établie par la prépondérance des sentiments altruistes – dont le développement est lié à celui de l'existence sociale, suivant un schéma de renforcement réciproque – apparaît elle aussi comme la conséquence de cette vérité sociologique selon laquelle l'homme n'existe « au fond » que par la vie sociale.

Le renforcement réciproque de la vie sociale et des penchants sympathiques introduit d'autre part l'idée d'une simultanéité ou d'une coïncidence entre l'établissement de l'unité individuelle et de l'unité collective. La stricte correspondance entre l'unification individuelle et collective est un des traits permanents de la pensée comtienne. Sa forme morale est l'héritière d'une argumentation déjà présente dans les opuscules de jeunesse, mais qui se déployait alors uniquement dans le domaine de l'encyclopédie : l'unité théorique réalisée par la méthode positive assure l'unité individuelle des esprits, en même temps que celle de la société sur la base du consensus opéré par cette même théorie. Ce schéma est repris ici (dans la définition de la religion), mais dans une perspective morale, et avec cette nouvelle conception de l'unité : les mêmes instincts altruistes, dominant et assurant l'unité individuelle, assurent aussi la permanence du lien social, puisqu'ils tournent chaque individu vers autrui, et par conséquent, vers l'Humanité.

Enfin, ce schéma de coïncidence est redoublé par un type d'organicisme inédit consistant à utiliser des catégories identiques pour penser l'unification individuelle et l'unification collective. Ces catégories sont fournies par le tableau cérébral, qui vaut tout autant pour la vie individuelle que pour la société. C'est cet organicisme ou ce formalisme moral, que l'on voit à l'œuvre, par exemple, dans la conclusion du *Discours sur l'ensemble du positivisme* (Comte y parle de l'existence cérébrale du Grand-Être) ou encore dans le chapitre II du quatrième tome du *Système*, dans l'analyse élémentaire de l'Humanité.

C'est à partir de cette problématique morale de l'unité que l'on peut comprendre comment sont unis les différents sens du terme « moral » chez Comte. Au sens le plus descriptif, sens assez proche de celui de Cabanis dans l'expression « du moral et du physique de l'homme », *moral* désigne les fonctions intérieures du cerveau exposées dans le tableau cérébral. Mais, dans un sens plus restreint, *moral* renvoie au sentiment. Il acquiert ainsi un sens prescriptif puisque le sentiment est l'instance unificatrice. En passant au substantif (la morale comme science du sentiment), Comte suit une tradition anglo-saxonne qui remonte au XVIIIᵉ siècle et selon laquelle réfléchir sur la morale, c'est établir une théorie des sentiments moraux. Mais il indique aussi, d'après son système, que le domaine propre de la morale est celui de la synthèse et de l'unité : c'est là, comme le dit Comte au quatrième tome du *Système*, que, réunis dans une même visée de l'unité, le dogme (la morale est une science) s'unit au culte (dans la mesure où le culte consiste dans la culture directe des instincts sympathiques), union favorisée par le caractère même de la morale qui est à la fois théorique et pratique.

III. 1846-1851 : LE CHEMIN VERS LA RELIGION

Le chemin vers la religion ne peut donc se concevoir uniquement comme une élaboration de la notion d'Humanité : la réflexion morale mène aussi, de façon tout aussi sûre, vers le positivisme religieux. De ce point de vue, les rares documents que nous possédons sur la période qui va de la mort de Clotilde de Vaux au *Système de politique positive* nous indiquent que les considérations morales ont été au centre des réflexions comtiennes et que c'est bien là la voie principale menant au positivisme religieux. C'est dans cette optique que nous porterons successivement notre attention sur les notes de Laffitte et sur les différents tableaux cérébraux. Nous reviendrons ensuite sur la correspondance avec Clotilde de Vaux pour montrer en quel sens on peut affirmer que cette correspondance est véritablement l'amorce du positivisme religieux.

Les notes de P. Laffitte

Les notes de Laffitte soulignent avec évidence que l'élaboration de la théorie de l'existence morale est au cœur des préoccupations comtiennes en 1847. Il y a d'abord toute une série de notes qui lui sont directement relatives. On trouve notamment, *in extenso* et recopiés à peu près fidèlement, à l'exclusion des formules qui les accompagnent, le premier et le dixième tableau cérébral, respectivement datés de 1846 et du 17 janvier 1850. Laffitte rapporte aussi, le lundi soir 27 décembre 1847, une pensée qui montre tout l'attachement de Comte à cette théorie :

> « Monsieur Comte m'a confié hier soir qu'il s'était proposé ce magnifique et difficile problème : d'après le tableau physiologique de la nature humaine, déterminer le siège anatomique de nos fonctions intellectuelles et morales ».

Cette confidence fait d'ailleurs écho à une autre phrase évoquée par Laffitte et qui daterait, selon G. Audiffrent, de la fin de 1845. C'est la détermination même des facultés cérébrales, indépendamment de leur localisation, que Comte évoquait alors comme « un beau problème » qui, « à l'inverse de celui de G. Maupertuis », était « très difficile »[11].

Mais ces notations, pour intéressantes qu'elles soient, ne touchent pas encore véritablement à la problématique morale. C'est un second type de notes qui doit surtout retenir notre attention, dans lesquelles la pensée de Comte opère un constant aller et retour entre la théorie cérébrale et la réflexion politique. Le passage du samedi 18 décembre 1847, concernant la « Théorie positive de la grâce », présente « la conception catholique de la nature et de la grâce » comme « une théorie théologique de la nature humaine ». La conception catholique est censée recouvrir exactement la distinction comtienne entre les instincts personnels et les instincts sympathiques. Cette réflexion se poursuit d'ailleurs par une sorte d'exégèse de saint Paul à partir de la conception de Gall selon laquelle la justice n'est qu'un degré élémentaire de la bienveillance :

---

11. G. AUDIFFRENT, *Des Maladies du cerveau et de l'innervation*, Paris, 1875, p. 923.

« Gall établit très bien que la justice n'est qu'un premier degré, le plus élémentaire de l'instinct bienveillant.

C'est ce degré de l'instinct bienveillant qui est satisfait en ne faisant pas de mal à autrui et est représenté par la maxime : ne fais pas à autrui ce que tu ne voudrais pas qu'on te fît.

St Paul a très bien senti et rendu cela en remarquant que la nouvelle loi : aime ton prochain comme toi-même représentait comme degré élémentaire l'ancienne loi : ne fais pas à autrui ce que tu ne voudrais pas qu'on te fît. L'ancienne loi représente en effet le premier degré d'amour, c'est la loi de justice, la seconde représente le plus haut degré de bienveillance, c'est la loi de la grâce ».

Dans ce passage, nous voyons ainsi fonctionner la théorie cérébrale dans une perspective classiquement morale, et qui plus est, paraphrasant une distinction catholique que la théorie positive entend reformuler et récupérer.

Tout aussi intéressante est la relation du lundi 24 avril 1848. Celle-ci commence ainsi :

« Monsieur Comte m'a développé la théorie qu'il avait définitivement arrêtée ce jour même sur les forces sociales.

Facultés affectives intellectuelles et actives.

Si les besoins de la vie organique n'existaient pas [...] »

Suit alors une analyse des forces sociales que l'on retrouvera, plus claire et plus développée, dans le *Discours sur l'ensemble du positivisme*. C'est le début du passage qui est tout à fait symptomatique : la phrase nominale « Facultés affectives intellectuelles et actives », détachée du reste, apparaît comme une sorte d'embrayeur de réflexion, un peu comme l'on parle d'embrayeur de discours. La pensée de Comte prend littéralement appui sur une classification tirée de la théorie des facultés cérébrales. Mais c'est aussi plus que cela, puisque cette tripartition est projetée dans la théorie des forces sociales, conformément à cet organicisme particulier que nous avons évoqué plus haut. C'est aussi dans cette période (le 29 avril 1848 plus précisément) que Comte forge l'expression de pouvoir modérateur, destinée à remplacer celle de pouvoir spirituel :

« Mr. Comte m'a dit que désormais il avait une expression bien préférable à celle de pouvoir spirituel c'est celle de pouvoir modérateur – le pouvoir modérateur est composé de 3 éléments, les femmes, les philosophes, les prolétaires – c'est là l'ordre historique – les femmes ont eu de tout temps le pouvoir – les philosophes ont été introduits au Moyen-Âge et l'élément prolétaire dans les temps modernes ».

Le pouvoir modérateur (les femmes, les philosophes, les prolétaires) modère la puissance directrice des industriels, de la même manière que les instincts altruistes modèrent, sans l'annihiler complètement, la puissance fondamentale, dépendant du corps, des instincts égoïstes.

Enfin, nous pouvons rappeler la longue citation qui a ouvert l'article, où l'idée de culte est mise en relation avec celle de la systématisation de la vie humaine.

Ces pensées, reliant la réflexion sur la nature humaine et celle sur la société, et menant à terme à l'idée religieuse d'une double unification par l'amour de l'Humanité, constituent incontestablement la partie la plus importante des notes de Laffitte, en tout cas de celles qui relatent, pour ainsi dire, « en direct » les résultats d'une pensée au travail. Mais il se pourrait que la plume de Laffitte soit sélective, et ne retienne que les confidences relatives à la problématique morale : ce ne serait alors qu'un des axes, peut-être même mineur, des progrès de la réflexion comtienne. La comparaison entre le discours de 1847 et le *Discours sur l'ensemble du positivisme* nous montre cependant qu'il n'en est rien, et que la problématique morale constitue bien l'axe principal de réflexion.

Le *Discours de 1847* et le *Discours sur l'ensemble du positivisme*

Nous avons deux sources pour juger de ce qu'a été le cours de 1847 : d'abord, le discours d'ouverture, sous forme de plan, que Comte lui-même a rédigé[12]; ensuite le résumé, par Laffitte, du discours d'introduction ainsi que des trois premières leçons[13]. Pour l'essentiel, que ce soit dans l'organisation générale de l'ouvrage, ou même dans le détail des parties, le *Discours sur l'ensemble du positivisme* reprend le cours de 1847. Ce cours est en quelque sorte celui de la renaissance, et la plupart des idées concernant la politique à proprement parler y sont présentes. Le culte de l'Humanité est aussi évoqué en conclusion, et celle-ci apparaît bien comme ce centre auquel se ramène notre existence. C'est ce dont Comte témoigne lui-même dans sa deuxième confession annuelle à Clotilde de Vaux, datée du 2 juin 1847 :

> « Rien ne pouvait mieux toucher à la fois mon coeur et mon esprit que cette unanimité spontanée qui, pendant la séance finale, accueillit si profondément ma formule décisive sur la concentration totale du positivisme dans la conception, mentale et sociale, de l'Humanité, dont la femme constitue naturellement l'image familière : *à ce seul véritable Grand-Être, dont nous sommes sciemment les membres nécessaires, se rapporteront toujours nos contemplations pour le connaître, nos affections pour l'aimer, et nos actions pour le servir* »[14].

Cependant, si tous les thèmes sont bien présents, il faut remarquer que celui de la prépondérance du cœur n'est pas à la place significative qui sera la sienne en 1848, c'est-à-dire en ouverture de la première partie. En 1847, elle n'est évoquée que dans la section consacrée aux femmes, représentantes du sentiment. La remontée opérée en 1848 est significative de l'importance acquise par ce thème. De même, en 1847, dans la partie consacrée à la politique, on chercherait en vain les développements qui seront plus tard consacrés à la morale. Ces remarques conduisent à poser que la différence essentielle entre le discours de 1847 et sa version publiée en 1848 est bien la place de la morale. La comparaison entre les deux élaborations montre un envahissement progressif de la problématique morale, qui s'empare de tous les thèmes classiques de la philosophie positive. Or ce mouvement, qui ne trouve-

---

12. Voir *Revue occidentale*, 9ᵉ année, t. XVII, juillet 1886, p. 215-223.

13. Ce résumé se trouve aussi dans le *corpus* de notes qui a fourni la base de la présente étude.

14. A. COMTE, *Deuxième confession annuelle*, 2 juin 1817, *in Correspondance générale et confessions*, Paris, Mouton, Maison d'Auguste Comte, Vrin et E.H.E.S.S., coll. Archives positivistes, 8 vol, (référence abrégée en *Corr.*, suivie du numéro du tome et de la page), t. IV, p. 118.

ra son aboutissement que dans la synthèse du tome IV du *Système*, où la morale, conçue alors comme science, sera placée à la tête de l'encyclopédie et à la charnière entre la philosophie théorique et la philosophie pratique, est tout à fait conforme à l'analyse des notes de Laffitte. C'est à la formulation morale, au perfectionnement de la théorie de la nature humaine et à l'intégration des catégories morales dans la conceptualisation de la politique que Comte semble prioritairement travailler en 1847.

La formule positiviste de la vie humaine

Nous suivrons enfin une dernière ligne argumentative, qui court du premier tableau cérébral (1er novembre 1846) au neuvième (30 décembre 1849). Celle-ci a surtout le mérite de montrer comment la réflexion morale que nous avons vue à l'œuvre de 1846 à 1848, se poursuit pour rejoindre explicitement la définition de la religion comme double harmonie assurée par le sentiment. On sait que Comte a rédigé onze tableaux cérébraux – ou classifications positives des fonctions intérieures du cerveau – avant d'arriver à celui qui est publié dans le premier tome du *Système*. Ces tableaux, jusqu'au neuvième inclus, sont accompagnés d'une « formule » qui a peu à voir avec le « résumé » de la version finale. C'est à l'histoire de cette formule que nous nous intéressons.

Son intitulé, au-delà de ses variations[15], indique parfaitement son objet : penser en une seule formule (et à partir du tableau des fonctions cérébrales) la vie humaine dans ses deux dimensions individuelle et collective. Dans sa forme la plus simple, et on peut penser que c'est là le noyau de la formule, elle assigne à chaque groupe de facultés une fonction précise :

> « Le cœur inspire et stimule. L'esprit conseille et prépare. La force décide et accomplit. La morale contrôle et dirige tout, sentiments, pensées et actes »[16].

On retrouve dans cette première version – qui sera reprise dans toutes les autres sous la catégorie du « mode » – la description de ce fonctionnement normal évoqué dans la citation qui ouvre notre article. La morale – spontanée et dérivée de l'amour, comme les autres versions le préciseront – doit régler et apprécier la vie humaine : autrement dit, les fonctions modératrices doivent acquérir une prépondérance de plus en plus marquée sur l'ensemble de l'existence humaine.

Dans ses versions les plus développées, la formule précisera d'ailleurs ce projet en assignant une destination morale à la vie humaine : à savoir vouer notre existence, et surtout notre intelligence, au perfectionnement de l'ordre fondamental, dont le plus haut degré consiste dans l'amélioration morale. Enfin, dans une section intermédiaire, la

---

15. Son intitulé a en effet varié, de façon cependant peu significative : « formule positive de la vie humaine, individuelle ou collective » (1ère version), « formule positive de l'existence humaine, soit individuelle, soit surtout collective » (4e version); « formule positiviste de la vie humaine, tant privée que publique » (9e version).

16. G. AUDIFFRENT, *op. cit.*, p. 898-899; Paul ARBOUSSE-BASTIDE, *La doctrine de l'éducation universelle dans la philosophie d'Auguste Comte*, Paris, 1957, t. 2, p. 705. L'ensemble des tableaux cérébraux est donné par ces deux références.

formule soulignera que les principales fonctions du grand organisme, la philosophie, la politique et la poésie (on reconnaît là, par anticipation, les trois parties de la religion : le dogme, le régime et le culte) sont des « moyens » pour réaliser l'avènement de la morale.

Cette formule, dans son ensemble, énonce donc les données de la problématique morale telle que nous l'avons définie : elle est fondée sur le tableau cérébral, elle expose un mode de fonctionnement unifié par le sentiment, elle envisage les entreprises humaines comme des moyens de moralisation, et enfin elle ne distingue pas le niveau collectif du niveau individuel. Or le devenir de cette formule nous indique clairement que cette problématique n'est pas discernable d'une réflexion sur les conditions de la religion. À partir de la septième rédaction, la formule dans son entier est embrassée dans la marge par une accolade la faisant entrer sous la notion de « Religion ». La huitième version clôt la formule par le terme « Humanité ». En même temps, de la septième à la neuvième version, les marges s'enrichissent de formules ternaires religieuses : « Charité, foi, espérance »; « Dogme, régime et culte ». Enfin, et c'est là, nous semble-t-il, le plus significatif, dans la neuvième version, la formule quitte de façon définitive le tableau cérébral pour être programmatiquement reliée au domaine religieux. Un commentaire de Comte nous informe en effet, que cette formule, jusque là destinée à figurer dans le dernier chapitre du premier tome du *Système*, là où se trouve le tableau cérébral, serait « mieux placée » dans le premier chapitre du deuxième tome, autrement dit dans l'exposition de la théorie générale de la religion [17].

Ce déplacement manifeste pleinement que la réflexion morale sur l'existence humaine est incontestablement une des sources de la religion positiviste : elle lui en fournit en tout cas le cadre théorique (l'unification simultanée du collectif et de l'individuel), à partir duquel elle va se déployer. La formule permet finalement de théoriser l'objet commun de la morale et de la religion, à savoir l'existence humaine, et c'est dans la problématique morale que l'une et l'autre, à des titres différents, seront engagées. La première le fera en théorisant la nature humaine à partir du sentiment, et en instituant, sur le plan pratique, le perfectionnement de cette nature par l'éducation; la seconde, en construisant, à partir de la considération du Grand-Être, un ensemble d'artifices destinés à assurer la double unité individuelle et collective.

IV. LA CORRESPONDANCE AVEC CLOTILDE DE VAUX

Ce n'est pas ici le lieu pour développer et suivre le cheminement de la problématique morale et les modifications qu'elle entraîne dans la philosophie comtienne. Remarquons seulement que c'est un long chemin et que les idées de Comte sur la morale à proprement parler semblent se stabiliser seulement dans le quatrième volume du *Système*, à

---

17. Des propos rapportés par P. Laffitte (un mois plus tard) nous informent que Comte avait déjà établi le plan général de la statique sociale. En outre, ce détachement de la formule se produit à une époque où les méditations de Comte portaient sur les lois de la biologie et sur le tableau cérébral, c'est-à-dire sur la matière du dernier chapitre du premier tome.

partir d'une refonte synthétique et subjective de l'encyclopédie. Mais les développements de cette pensée se continuent jusque dans la correspondance avec G. Audiffrent et dans la *Synthèse subjective*. Notamment, la conception du cerveau comme organe de l'Humanité reliant les vivants aux morts marque incontestablement un progrès dans l'intégration des deux lignes que nous avons relevées, la problématique morale et la construction du Grand-Être.

Pour l'heure, nous voudrions clore notre démonstration en faisant retour sur le début de la période que nous avons étudiée, à savoir la correspondance avec Clotilde de Vaux. Cet échange épistolaire est une des croix des études comtiennes et pose des problèmes de méthode considérables. Ou plus exactement, elle offre la tentation de sortir des bornes méthodologiques du commentaire – lesquelles consistent à relier les évidences textuelles aux constructions conceptuelles qui les motivent –, pour s'égarer dans des notations psychologiques et biographiques. L'une des questions centrales concernant cette correspondance consiste à déterminer sa fonction dans l'avènement du positivisme religieux. Or il nous semble qu'en affirmant le rôle essentiel de la problématique morale dans cet avènement, nous avons là un fil qui permet d'aborder cette correspondance sans sortir de la spéculation philosophique. Et réciproquement, il apparaît que les seules conclusions philosophiques que l'on peut tirer de cette correspondance viennent confirmer l'importance de la problématique morale pour le positivisme religieux.

De ce point de vue, notre interprétation, dans ses présupposés comme dans ses conclusions, se sépare de l'une des dernière grandes lectures de cette correspondance, celle de P. Arnaud[18]. Nous sommes d'accord avec lui lorsqu'il affirme que le culte de Clotilde pendant et immédiatement après la correspondance ne peut être compris comme le début du positivisme religieux : le mettre sur le compte de la religiosité du temps paraît acceptable. Est-ce pour cela que cette correspondance n'aurait d'efficace, selon P. Arnaud, que parce qu'elle enseigne à Comte l'humilité[19] ? Une telle supposition, outre qu'elle sort des bornes de l'enquête philosophique, est en fait solidaire d'une évaluation de la religion positiviste à l'aune exclusive du Grand-Être[20]. Effectivement, abordée sous cet angle, la correspondance est à peu près stérile. En revanche, si l'on pose que la problématique morale est centrale dans l'avènement de la religion, alors il est possible de voir dans ces échanges épistolaires l'amorce d'un chemin vers la religion. En effet, et sans d'ailleurs qu'on puisse ni veuille dire quelle est la part de la liaison avec Clotilde dans ce mouvement, les lettres de Comte attestent d'une incontestable évolution sur la question de l'existence humaine, sur celle du sentiment et de l'unité morale.

---

18. Pierre ARNAUD, *Le Nouveau Dieu*, Paris, 1973, p. 279-326.

19. *Ibid.*, p. 321.

20. Nous renvoyons aussi aux réserves d'Annie Petit sur l'expression « nouveau Dieu » employée par P. Arnaud. Voir A. COMTE, *Discours sur l'ensemble du positivisme, op. cit.*, présentation, p. 30.

Le sentiment dans la 56ᵉ Leçon

Pour comprendre l'évolution qui se produit dans les lettres à Clotilde de Vaux, il faut se référer à un état antérieur de la question. C'est pourquoi nous pouvons prendre pour point de départ ce qui est dit du sentiment dans la 56ᵉ Leçon [21].

Au début de celle-ci, avant d'entreprendre l'étude du « développement fondamental propre aux divers éléments essentiels de l'état positif » [22], Comte doit d'abord déterminer quels sont les « éléments de la civilisation positive » [23]. Dans ce but, il élabore une classification des « fonctions » sociales [24] ordonnée selon les mêmes règles que la hiérarchie scientifique. Celle-ci se présente comme une série ascendante où l'ordre scientifique domine, par la généralité et la dignité, l'ordre esthétique, puis industriel. À ce classement strictement social, Comte fait correspondre la division du cerveau en ses trois régions anatomiques. En voici le schéma [25] :

vie active		vie spéculative
ordre industriel ou pratique	ordre esthétique ou poétique	ordre esthétique ou philosophique
bon	beau	vrai
1ᵉʳᵉ région cérébrale penchants	2ᵉ région cérébrale sentiments	3ᵉ région cérébrale facultés intellectuelles

Cette distribution marque en fait une évolution décisive du point de vue de la théorie cérébrale : elle correspond au moment où la classification sociologique supplante la classification physiologique inspirée en grande partie par Gall. Bien avant l'affirmation explicite de la nature finalement sociologique de la détermination des facultés, le principe d'une telle détermination est mis en œuvre par la 56ᵉ Leçon. C'est pour cette raison aussi qu'il peut servir de point de départ à l'étude de la correspondance.

Ce statut transitoire rend cependant cette distribution problématique, comme si les deux logiques, physiologique et sociologique, se chevauchaient. Ceci est particulièrement patent en ce qui concerne les facultés affectives en général. Faire de la poésie le produit de « l'activité spéciale des sentiments » [26], conduit à inclure ces derniers dans la vie

21. *Cours*, 56ᵉ Leçon, p. 482.
22. *Ibid.*
23. *Ibid.*, p. 486.
24. La 57ᵉ Leçon, développant elle aussi « la nouvelle coordination sociale » (voir *ibid.*, 57ᵉ Leçon, pp. 670-677), utilise le terme de « fonction » pour désigner les différents modes d'activité. Ce terme ne se justifie qu'en rapport à la société, pensée comme un « organisme collectif » (*ibid.*, p. 673). Comme nous l'avons vu, c'est en ce sens qu'il faut comprendre l'occurrence du mot « fonction » dans la partie intermédiaire de la formule.
25. Ce tableau est issu de la lecture de la 56ᵉ Leçon (*ibid.*, pp. 487-488).
26. *Ibid.*

spéculative. D'autre part, on peut être surpris de voir les penchants correspondre à la vie active, et être ainsi séparés des sentiments. La vie affective, telle qu'elle est encore conçue, se plie donc mal à cette première distribution sociologique.

À partir de ce point de départ, la correspondance avec Clotilde va effectuer une double clarification : d'abord en mettant le sentiment en relation avec la morale, et en montrant ensuite que si effectivement le sentiment a une fonction, elle s'apparente plus à une fonction religieuse qu'à une fonction sociale.

Le sentiment et la partie morale de l'entreprise comtienne

1. La première clarification consiste à mettre, de façon univoque, le sentiment en relation avec le domaine moral. Il faut souligner que la correspondance parle peu de « la morale » en tant que telle : la place de la morale et son statut seront pour Comte une source d'hésitation au moins jusqu'au second tome du *Système de politique positive*. En revanche, il est beaucoup question de vie morale, de partie morale du projet philosophique, etc. C'est finalement dans sa forme adjectivée que le terme de « morale » renvoie véritablement à la problématique morale que nous avons évoquée.

D'emblée, la correspondance se situe dans un projet philosophique qui fait du perfectionnement moral la destination ultime du positivisme. C'est ce que montre la lettre philosophique sur la commémoration, où Comte énonce déjà ce qui sera la première partie de la formule, concernant la destination de la vie humaine :

> « Telle est l'intime solidarité que représente le positivisme entre les trois grands aspects, spéculatif, sentimental et actif, propres à la vie humaine. Notre existence y est envisagée, soit dans l'individu, soit dans l'espèce, comme ayant pour but continu le perfectionnement universel, d'abord relatif à notre condition extérieure, et ensuite à notre nature intérieure, physique, intellectuelle et surtout morale »[27].

Pour autant la façon dont Comte parle du sentiment reste tributaire, dans un premier temps, de l'approche de 1846. Dans la même lettre, Comte décompose l'existence humaine en trois modes : penser (spéculatif), aimer (sentimental) et agir (actif). Chacun de ces modes renvoie à l'une de « nos trois grandes créations continues »[28], respectivement la philosophie, la poésie et la politique. Non seulement le sentiment reste rivé à la poésie, mais il est de surcroît séparé de la morale. Celle-ci, car c'est une des rares lettres où il est question de « la morale », est présentée en effet comme la branche principale de l'art social, c'est-à-dire de la politique, et est donc rattachée à l'agir[29].

27. Lettre de Comte à Clotilde de Vaux du 2 juin 1845, *Corr.*, t. III, p. 31-32.
28. *Ibid.*, p. 31.
29. Des notes de Laffitte datées du 4 mai 1845 consacrées à une mise au point de Comte sur la morale nous montrent qu'à cette époque encore les questions morales concernent prioritairement les actes et leurs résultats. Cette note commence ainsi : "Toute règle morale est fondée sur l'observation des résultats de nos actes, dans un certain ensemble de circonstances et dans chaque occasion principale de notre vie".

Très vite cependant, il va nettement apparaître que la perspective morale met en jeu le sentiment, et que donc, lorsqu'on parle de perfectionnement moral, on parle de sentiment. La lettre du 5 août 1845[30], par exemple, installe très clairement un réseau d'équivalence quasi définitif entre « moral », « sentiment », « vie affective » et « cœur ». La partie morale de l'œuvre philosophique doit succéder à la partie abstraite, et doit « systématiser les sentiments »[31].

En même temps, cette partie morale s'émancipe de la politique, et donc, suivant la logique de la lettre précédente, de la vie active. C'est ce qui ressort d'un scénario qui sera d'ailleurs repris par le *Discours sur l'ensemble du positivisme* : la double systématisation des idées puis des sentiments devient « la préparation indispensable à la systématisation finale des actions humaines »[32]. Cette suite de systématisations fixe en même temps, abstraction faite de l'ordre, la division définitive de la vie humaine en ses trois catégories fondamentales : le sentiment, la pensée et l'action.

La fonction morale du sentiment

2. Une fois qu'il est acquis que le sentiment a partie liée avec le projet moral, il reste à définir celui-ci. C'est là la seconde clarification qu'apporte la correspondance. Nous avons vu que Comte, sur la lancée de la 46ᵉ Leçon, attribuait à chaque partie de l'existence humaine des « fonctions sociales », ou de « grandes créations continues ». Ainsi la philosophie correspondait à la vie spéculative, la politique à la vie active, et l'esthétique, dans un état maintenant dépassé de la question, à la vie affective. À quel type de fonction sociale le sentiment conduit-il à partir du moment où il est mis en relation avec le projet moral? La correspondance montre assez nettement que le domaine d'application du sentiment, ce n'est pas une fonction sociale en tant que telle, mais la vie morale elle-même, c'est-à-dire la vie humaine, dans sa double dimension collective et individuelle, telle qu'elle sera décrite par le tableau cérébral. Que le sentiment, et en particulier ce sentiment par excellence qu'est l'amour universel, soit le centre de l'existence humaine, est une idée que l'on trouve maintes fois affirmée, notamment à la fin de la correspondance[33]. Or cette formule a un sens extrêmement précis : elle signifie que le sentiment doit réguler les deux autres parties de la vie humaine, la pensée et l'action. C'est ce que montre, par exemple, un extrait de la lettre du 24 février 1846 :

> « Dans ma formule philosophique de la vie humaine, penser, aimer, agir, je n'ai placé ainsi l'affection entre la spéculation et l'action que pour signaler sa tendance nécessaire à dominer également l'une et l'autre : notre écriture horizontale ne comporte pas une plus fidèle image d'une telle conception fondamentale, que la peinture pourrait seule exprimer convenablement »[34].

---

30. Lettre de Comte à Clotilde de Vaux du 5 août 1845, *Corr.*, t. III, p. 78-86.
31. *Ibid.*, p. 80.
32. *Ibid.*
33. Voir par exemple les lettres de Comte du 31 octobre 1845 et du 11 janvier 1846 (respectivement *Corr.*, t. III, p. 170 et p. 280).
34. Lettre de Comte à Clotilde de Vaux du 24 février 1846, *Corr.*, t. III, p. 331.

Le centre topologique de la formule renvoie aussi à une position prépondérante, et c'est dans le champ de la vie morale qu'œuvre le sentiment.

La fonction du sentiment n'est donc pas sociale au même titre que l'industrie, la politique ou la science. Sa fonction se situe à un autre niveau, et consiste en fait à établir le lien social et individuel : c'est une fonction religieuse, non pas au sens de moyen mis au service de la religion, comme le sera l'esthétique pour le culte, mais au sens fort, comme fonction constitutive de la religion. Nous trouvons ainsi vers la fin de la correspondance une description à peu près complète d'un programme moral dont la finalité est l'établissement de la double unité :

> « À ce noble amour, je devrai toujours, comme philosophe, de sentir enfin convenablement la prépondérance nécessaire de la vie affective, que j'avais jusqu'alors trop confusément appréciée, en accordant une attention exagérée à la vie active ou à la vie contemplative. J'avais bien établi, dans mon livre fondamental, que ni la pensée ni l'action ne peuvent constituer le centre essentiel de l'existence humaine, qui doit se rapporter surtout à l'affection. Mais il fallait que cette conviction rationnelle fût consolidée et animée par un profond sentiment personnel sans lequel elle ne pouvait acquérir un ascendant assez usuel. Tel est l'éminent service dont l'ensemble de mon essor sera toujours redevable, ma Clotilde, à votre adorable influence, qui ainsi contribuera beaucoup à rendre la seconde partie de ma carrière philosophique supérieure à la première, sinon quant à la pureté et à l'originalité des conceptions, du moins quant à la plénitude et à l'énergie de leur systématisation finale. Nos plus grands progrès consistent à perfectionner l'unité de notre nature, individuelle et collective, en établissant une plus complète harmonie entre toutes ses tendances ou impulsions quelconques, si diverses et même si opposées. Or ce perfectionnement doit surtout résulter d'une plus entière prépondérance personnelle du sentiment qui tend le mieux à l'union générale » [35].

C'est bien l'idée d'unité qui domine ce programme. Unité de la nature humaine tout d'abord : celle-ci doit être assurée par le sentiment. Et en tant que ce n'est pas n'importe quel sentiment, mais l'amour universel, qui doit assurer cette unité, elle devient morale en un double sens, descriptif et normatif. Enfin, l'unification est simultanément individuelle et collective : la prépondérance « personnelle » de l'amour universel dans les âmes doit produire « l'union générale ».

Mais cette unité morale, fonde aussi l'unité théorique : dans la seconde carrière, la systématisation des idées sera bien plus parfaite que dans la première. Cette unification théorique, qui était, depuis le *Discours sur l'esprit positif*, subjectivement prise en charge par l'idée d'Humanité, est maintenant ramenée à la prépondérance du sentiment. Ainsi s'amorce le mouvement qui aboutira à présenter, au quatrième tome du *Système de politique positive*, la morale comme la science où s'opère la synthèse de l'encyclopédie. L'effet en retour sur la systématisation des idées fait clairement ressortir toute l'importance conceptuelle qu'acquiert alors l'idée d'unification par le sentiment : cet envahissement de tous les thèmes du positivisme par le concept d'unité, qui en sature totalement le sens, ouvre directement la problématique morale sur la religion.

35. Lettre de Comte à Clotilde de Vaux du 27 janvier 1846, *ibid.*, p. 305.

On mesure ainsi tout le chemin parcouru du début à la fin de la correspondance. Partis d'une position proche de celle décrite dans la 56ᵉ leçon, nous aboutissons à une formulation presque définitive de la problématique morale de l'unification de la vie humaine par le sentiment.

CONCLUSION

Des penseurs catholiques comme Lamennais ou Bonald, Comte hérite l'idée selon laquelle l'unité d'une société ne peut être établie qu'à partir d'un consensus de type religieux. Qu'il en ait ou non inversé les termes en faisant du consensus la définition même de l'état religieux et la destination de toute religion, cette idée demeure incontestablement à l'origine de la pensée politique et religieuse de Comte. Après une première période où la science apparaissait comme l'unique opérateur du consensus, cette conception sera profondément remaniée par la problématique morale. C'est uniquement dans ce cadre, où l'unification individuelle et collective est prioritairement assurée par le sentiment, qu'apparaît explicitement la religion positiviste.

L'objet de cet article était justement de montrer, par une sorte d'étude génétique, la liaison entre l'émergence de la religion de l'Humanité et la problématique morale. Ce que souligne cette liaison c'est l'importance de l'idée d'unification. Et de ce point de vue, la définition de l'état religieux accomplit un progrès par rapport au projet premier d'un consensus par les sciences, puisqu'elle rassemble dans une même formule la double systématisation de l'individuel et du collectif, et qu'elle assigne à la religion de l'Humanité de réaliser une sorte d'unification totale. Le positivisme ne semble pouvoir prétendre au titre de religion que lorsque l'unification est portée à son extension maximale.

Or seul le sentiment par excellence, l'altruisme ou l'amour de l'Humanité est, aux yeux de Comte, susceptible d'opérer une telle unification. C'est la raison pour laquelle le culte, entendu comme culture du sentiment, est la tâche essentielle de la religion. C'est non seulement le moyen principal dont elle dispose pour parvenir à sa destination, mais c'est aussi par le culte que se constitue son objet propre : le Grand-Être.

Maison d'Auguste Comte
10, rue Monsieur-le-Prince
75006 Paris

RÉSUMÉ DE L'ARTICLE. — Le « culte » et la « culture » chez Auguste Comte : la destination morale de la religion positiviste. Par Laurent CLAUZADE.

La religion de l'Humanité est, dans sa genèse, le résultat de deux grandes lignes de réflexions, l'une spécifiquement morale, s'interrogeant sur les conditions de l'unité à la fois individuelle et collective, et l'autre d'abord « sociologique » ou politique, puis spécifiquement religieuse, relative à la notion d'Humanité. L'objet de cet article est de montrer plus particulièrement l'importance de la problématique morale dans la construction de la religion positiviste : celle-ci fournit le cadre théorique à l'intérieur duquel le culte de l'Humanité acquiert une dimension véritablement religieuse. C'est ce que permet d'établir une étude génétique des textes où s'élaborent les prémisses de l'idée religieuse : les conversations avec Laffitte, les plans du cours de 1847, et les différentes versions du tableau cérébral. Il nous est enfin apparu que la thèse ainsi dégagée fournissait la clef d'une lecture pleinement philosophique de la correspondance avec Clotilde de Vaux.

SUMMARY. — « Cult » and « Culture » in the Thought of Auguste Comte : the moral destination of the Positivist religion. By Laurent CLAUZADE.

The Religion of Humanity is in origin the result of two significant lines of reflection, one specifically moral, considering the conditions of unity at once individual and collective, the other at the outset « sociological » or political, then specifically religious, with respect to the notion of Humanity. The purpose of this article is to show more particularly the importance of the moral problematic in the construction of the Positivist religion. It is this that provides the theoretical framework at the interior of which the cult of Humanity acquires a truly religious dimension. It is this that permits the organization of a genetic study of the texts where the premises of religious thought are elaborated: the conversations with Lafitte, the plans for the course of 1847, and the different versions of the chart of the brain. Finally, it is apparent to us that the thesis thus put forward has provided the key to a fully philosophic reading of the correspondence with Clotilde de Vaux

Rev. Sc. ph. th. 87 (2003) 59-73

LA RELIGION
DES MORTS-VIVANTS

LE CULTE DES MORTS CHEZ AUGUSTE COMTE

par Jean-François BRAUNSTEIN

Il est rare de pouvoir donner, au jour près, la date de naissance d'une religion. S'agissant de la religion positiviste, les choses sont très claires. Comme Comte l'explique dans une lettre à l'amour de sa vie, Clotilde de Vaux, « le positivisme religieux commença réellement, dans notre précieuse entrevue initiale du vendredi 16 mai 1845, quand mon cœur proclama inopinément, devant ta famille émerveillée, la sentence caractéristique : on ne peut pas toujours penser, mais on peut toujours aimer »[1]. Cette religion sera ainsi toujours pour Comte celle de Clotilde. Mais Clotilde meurt un an après et la religion de Comte sera désormais la religion d'une morte. C'est d'ailleurs à Clotilde morte que Comte écrivait ici.

Cette mort est en effet d'une certaine manière annulée par Comte, et l'on est étonné de voir combien il s'efforce de maintenir Clotilde vivante à travers toute une série de techniques de commémoration. Comme on l'a bien noté, il s'agit pour lui de nier complètement la mort de celle qu'il a aimée et en ce sens de faire exactement le contraire de ce que Freud a décrit sous le nom de « travail de deuil » : Comte « propose de cultiver les souvenirs, de conserver les objets, d'en faire le culte du mort jusqu'à l'incorporer pour qu'il existe subjectivement dans le vivant. Freud, lui, propose de renoncer aux liens un-à-un tissés avec le mort, pour que puisse surgir un autre objet qui vienne se substituer à l'objet perdu dans l'économie libidinale de l'endeuillé »[2].

La construction de la religion positiviste a une place essentielle dans cette tentative de nier la mort de Clotilde, puisqu'elle permet de nier la

---

1. A. COMTE, *Ma cinquième Sainte-Clotilde*, 31 mai 1849, in *Testament d'Auguste Comte avec les documents qui s'y rapportent*, 2ᵉ éd., Paris, 1896, p. 146. Le *Testament* sera cité d'après cette édition et noté *Testament*.

2. J. ALLOUCH, cité par R. CAPURRO, *Le positivisme est un culte des morts : Auguste Comte*, Paris, 2001, p. 111.

mort en général. Comte accordera ainsi une place essentielle à la mort dans son œuvre, mais en lui enlevant tout caractère tragique, toute signification proprement métaphysique. La mort n'est plus qu'une autre modalité de la vie, elle est radicalement niée en tant que mort.

UNE RELIGION DE L'HUMANITÉ

L'institution d'une religion est pour Comte la conséquence logique de la découverte de cette science nouvelle qu'est la sociologie. C'est ce qu'indique le sous-titre de ce qui est selon lui son « œuvre principale » : *Système de politique positive ou Traité de sociologie instituant la religion de l'Humanité*. Comte y constate qu'une société véritable ne peut exister sans être « liée », et pour ce faire elle doit donc s'accorder sur une certaine vérité. Cette vérité étant selon lui celle de la science, il lui faut donc fonder une « religion scientifique ». Il n'y a là pour Comte rien de paradoxal, il s'agit, comme l'a bien montré É. Gilson, d'une simple « déduction » d'une « rigueur géométrique » : Comte « a voulu constituer une société universelle fondée sur l'acceptation d'une vérité commune à tous les hommes, et, comme il n'en reconnaissait d'autre que celle de la science, c'est sur elle qu'il s'est appuyé pour construire son œuvre [...]. Pour que la science devînt un lien social, elle a dû se faire philosophie, puis religion »[3].

La religion a donc d'abord une fonction de lien social qui est indépendante de son objet. Il suffit que les hommes s'accordent sur une vérité quelconque. On connaît l'étymologie que Comte a donnée au mot « religion », « le mieux composé peut-être de tous les termes humains »[4]. Religion viendrait de « religare », qui signifie « lier » et le terme de religion indiquerait « l'état de complète unité qui distingue notre existence, à la fois personnelle et sociale, quand toutes ses parties, tant morales que physiques, convergent habituellement vers une destination commune »[5]. Religion deviendra de plus en plus chez Comte synonyme d'unité : « ce terme équivaudrait au mot synthèse, si celui-ci n'était point [...] limité maintenant au seul domaine de l'esprit, tandis que l'autre comprend l'ensemble des attributs humains »[6]. L'œuvre du philosophe consiste essentiellement à lier : « le vrai génie théorique consiste surtout à lier, autant que possible, tous les phénomènes et tous les êtres »[7].

Cette fonction de liaison de la religion positiviste sera cependant redoublée si son objet est également susceptible de rassembler les hommes. Comte croit avoir, avec sa fondation de la sociologie, trouvé un tel objet, puisque la religion qu'il fonde instaure un culte de cette « Humanité », qui est la plus grande découverte de la plus haute science qu'est la sociologie. Mais la religion ne se borne pas à faire connaître l'Humanité, comme le faisait la sociologie, elle entend la faire aimer. La

---

3. É. GILSON, *Les métamorphoses de la Cité de Dieu*, Louvain-Paris, 1952, p. 249.
4. A. COMTE, *Catéchisme positiviste* (1852), éd. P. Arnaud, Paris, 1966, p. 59. Le *Catéchisme positiviste* sera cité d'après cette édition et noté *Catéchisme*.
5. A. COMTE, *Catéchisme*, p. 59.
6. A. COMTE, *Catéchisme*, p. 59-60.
7. A. COMTE, *Catéchisme*, p. 115.

religion met ainsi l'Humanité, ou comme dit Comte « le Grand-Être »,
au centre de nos vies : « à ce seul véritable Grand-Être, dont nous
sommes sciemment les membres nécessaires, se rapporteront désormais tous les aspects de notre existence, individuelle ou collective »[8].

Mais pour comprendre la définition de la religion positiviste comme
« religion de l'Humanité », il faut préciser le sens de cette notion d'Humanité, qui n'est absolument pas prise en son usage courant. L'Humanité, ce n'est pas en effet l'ensemble des hommes réellement existants.
Dans un langage « religieux », Comte la caractérise comme « l'ensemble
continu des êtres convergents ». Ce qui signifie, dans une formulation
plus claire, « l'ensemble des êtres passés, présents et futurs qui concourent à perfectionner l'ordre universel »[9]. Cette définition suppose plusieurs éclaircissements. D'abord, puisqu'il s'agit d'« êtres », l'Humanité
ne comporte pas uniquement les hommes, elle peut aussi inclure exceptionnellement, à titre d'« humbles auxiliaires » spéciaux de l'Humanité,
certains animaux qui lui ont été particulièrement utiles : « on n'hésite
point alors à regarder tels chevaux, chiens, bœufs, etc., comme plus
estimables que certains hommes »[10]. Ensuite l'Humanité ne comporte
pas seulement les hommes actuellement existants, les « hommes présents », mais aussi les hommes déjà morts et les hommes à venir, les
« hommes passés » et « futurs ». Enfin la troisième caractéristique essentielle de cette Humanité est que n'en font partie que ceux des hommes qui sont « réellement assimilables », c'est-à-dire ceux qui ont coo-
péré « à l'existence commune »[11]. L'Humanité n'est pas une donnée de
fait, elle est une valeur, le résultat d'un choix entre les humains, lié à
une certaine vision de l'évolution sociale : seuls les hommes qui ont fait
progresser l'Humanité sont membres de celle-ci. Ce sont ces hommes
« qui se prolongent en nous, ceux que nous continuons, ceux dont nous
sommes les débiteurs véritables »[12]. Comte est en revanche très sévère
avec ceux des hommes qui n'ont pas concouru à l'ouvrage humain : ils
ne sont que d'« indignes parasites humains », des « producteurs de fu-
mier » qui, au moment de leur mort disparaissent tout entiers[13]. Certains disciples préciseront les choses, sans sentimentalisme excessif,
comme A. Baumannn, qui explique que les « idiots » ne font pas partie
de l'Humanité : « je constate que ce sont des humains avortés et qui ne
comptent pas au point de vue où je me place »[14].

C'est à l'Humanité ainsi comprise que la religion positiviste va rendre un culte, c'est autour de ce Grand-Être que les hommes vont se
retrouver, c'est ce Grand-Être qu'ils vont aimer. En ce sens, cet objet de
la religion est particulièrement adapté puisqu'il redouble la fonction de
liaison qui est déjà celle de toute religion en elle-même. Comme l'a noté

---

8. A. COMTE, *Système de politique positive ou traité de sociologie instituant la religion de l'Humanité*, t. I, (1851), p. 330. Le *Système de politique positive* sera cité dans
l'édition de la Société positiviste, Paris, 1929, et sera noté *Système*.

9. A..COMTE, *Système*, t. IV, (1854), p. 30-31.

10. A. COMTE, *Catéchisme*, p. 79.

11. A. COMTE, *Catéchisme*, p. 78.

12. C. MAURRAS, *L'avenir de l'intelligence*, 2ᵉ éd., Paris, 1916, p. 130.

13. A. COMTE, *Catéchisme*, p. 78.

14. A. BAUMANN, *La religion positive*, Paris, 1903, p. 203.

E. Boutroux, « l'Humanité, ainsi comprise, est elle-même le Dieu que demandent les hommes : être réel, immense et éternel, avec qui ils sont en rapport immédiat, en qui ils ont l'être, le mouvement et la vie [...] L'Humanité est le Grand-Être, qui nous soulève au-dessus de nous même et qui communique à nos penchants sympathiques ce surcroît de forces qu'ils réclament pour pouvoir dominer les penchants égoïstes » [15].

LA RELIGION DE L'HUMANITÉ COMME CULTE DES MORTS

Une telle définition du Grand-Être qu'est l'Humanité implique que le lien essentiel que développe la religion positiviste n'est pas tant un lien avec les autres hommes vivants actuellement, qu'un lien avec les hommes qui le méritent, et qui ont vécu auparavant, ceux que Comte appelle la « Priorité », ou avec ceux qui sont appelés à vivre après nous, ceux qu'il appelle la « Postériorité ». On peut même souligner que l'ensemble des hommes présents, que Comte appelle le « Public », « n'existe pour ainsi dire pas par rapport aux deux infinis qui l'enserrent » [16]. Le lien social que vise à renforcer la religion de l'Humanité n'est donc pas seulement un lien synchronique, « statique », dans le langage de Comte, il est surtout un lien diachronique, « dynamique ».

Pour renforcer le sentiment de cohésion entre les hommes actuellement existants, Comte proposait dans sa morale de développer les penchants qu'il sera le premier à qualifier d'« altruistes », dont son « tableau cérébral », inspiré de Gall, avait reconnu l'existence. Le problème moral consiste à « faire, autant que possible, prévaloir les instincts sympathiques sur les impulsions égoïstes, la sociabilité sur la personnalité » [17]. Pour ce faire, Comte préconisait notamment de « vivre au grand jour ». C'est ainsi que nous comprendrons que nous dépendons tous les uns des autres. Comte se réfère alors à « l'admirable saint Paul », qui a su « devancer, par le sentiment, la conception de l'Humanité, dans cette image touchante mais contradictoire : "nous sommes les membres les uns des autres" » [18].

Mais cette liaison « dans l'espace » est beaucoup moins importante que la liaison « dans le temps » : « l'étendue dans l'espace est toujours si chétive en comparaison de celle qu'offre le temps » [19]. Dans le langage de la religion comtienne, la « solidarité » est ainsi moins importante que la « continuité », dont la nécessité est d'abord moins apparente : « quoique (la continuité) soit d'abord moins sentie, parce qu'elle exige un examen plus profond, sa notion doit finalement prévaloir. Car l'essor social ne tarde guère à dépendre davantage du temps que de l'espace [...]. La vraie sociabilité consiste davantage dans la continuité successive que dans la solidarité actuelle » [20]. L'importance de l'histoire dans la

15. E. Boutroux, *Science et religion dans la philosophie contemporaine*, Paris, 1909, p. 54.

16. C. de Rouvre, *Auguste Comte et le catholicisme*, Paris, 1928, p. 153.

17. A. Comte, *Système*, t. I, p. 91.

18. A. Comte, *Catéchisme*, p. 80.

19. A. Comte, *Système*, t. II, (1852), p. 343.

20. A. Comte, *Catéchisme*, p. 79.

formation des sociétés humaines est primordiale, c'est elle qui fait la différence entre les sociétés humaines et les sociétés animales. Il n'y a que dans les sociétés humaines que le passé joue un rôle central, qu'il existe « une influence nécessaire des diverses générations humaines sur les générations suivantes »[21]. Ainsi le Grand-Être n'est pas figé, il ne cesse de se modifier au cours du temps : « notre Grand-Être n'est pas plus immobile qu'absolu; sa nature relative le rend éminemment développable : en un mot il est le plus vivant des êtres connus. Il s'étend et se compose de plus en plus par la succession continue des générations humaines »[22]. Ce serait une grave erreur que de « réduire » la sociologie à la biologie, puisque cela reviendrait à annuler « l'influence graduelle et continue des générations humaines les unes sur les autres » qui constitue « le phénomène principal de la sociologie »[23].

Cette liaison dans le temps peut se faire dans les deux sens, soit avec nos prédécesseurs, soit avec nos successeurs. Non content de nous permettre de « vivre avec les morts », le positivisme peut aussi nous faire vivre « avec ceux qui ne sont pas nés »[24]. La seconde liaison semble cependant plus difficile à pratiquer. Une telle projection dans l'avenir demande plus d'expérience, une habileté à voyager à travers le temps qui n'est pas à la portée de tous. Ce n'est que dans sa dernière œuvre, la *Synthèse subjective*, que Comte n'hésite pas à avancer que « les âmes destinées à conduire le monde se sentiront ainsi retrempées, comme la mienne, en vivant avec nos descendants, au milieu desquels revivent nécessairement nos meilleurs ancêtres »[25]. Il faut dire que Comte use, dans cette œuvre publiée en 1856, d'un « artifice général » qui « consiste à supposer » qu'elle est écrite « dans l'année 1927 »[26]. De même, dans son *Testament*, Comte n'hésite pas à parler le langage de ses successeurs : « habitant une tombe anticipée, je dois désormais tenir aux vivants un langage posthume qui sera mieux affranchi des divers préjugés, surtout théoriques, dont nos descendants se trouveront privés »[27]. Le lien qui nous relie à nos successeurs est cependant implicitement présent pour tous les hommes, dans leur vie courante, à travers l'institution de la propriété privée et de l'héritage. Selon Comte, si les hommes travaillent, c'est surtout parce qu'il est « possible de transmettre les résultats » de ce travail et qu'ainsi l'activité des créateurs peut durer au-delà de leurs propres vies : « en effet, on ne produit des trésors quelconques que pour les transmettre »[28].

Le lien essentiel est pourtant celui qui nous relie à nos prédécesseurs, à ces morts qui nous gouvernent. Ce sont eux qui constituent l'essentiel du Grand-Être. C'est ce lien que les sociétés contemporaines

21. A. COMTE, *Cours de philosophie positive*, 48ème leçon, t. II, Hermann, Paris, 1975, p. 148. Le *Cours de philosophie positive* sera cité d'après cette édition et sera noté *Cours*. Le t. I regroupe les leçons 1 à 45, le t. II les leçons 46 à 60.

22. A. COMTE, *Système*, t. I, p. 335.

23. A. COMTE, *Cours*, 49ème leçon, t. II, p. 159.

24. A. COMTE, *Système*, t. I, p. 262.

25. A. COMTE, *Synthèse subjective ou système universel des conceptions propres à l'état normal de l'Humanité*, (1856), 2e éd., Paris, 1900, p. 3.

26. A. COMTE, *Synthèse subjective*, p. VIII.

27. A. COMTE, *Testament*, p. 24

28. A. COMTE, *Système*, t. II, p. 157.

de Comte refusent de reconnaître. On ne souligne pas assez combien la religion positiviste apparaît dans la pensée de Comte en même temps que se développe chez lui le diagnostic de ce qu'il appelle la « maladie occidentale ». Cette maladie qui affecte à peu près toutes les « populations occidentales », y compris la plupart des médecins qui sont ainsi dans l'impossibilité de la traiter, c'est le « refus de la continuité ». Ce refus de la continuité peut certes en théorie porter sur notre lien avec la postérité, comme en témoignerait le refus de construire quoi que ce soit de durable, dont témoignent par exemple les doctrines qui refusent la famille ou la propriété. Mais, en pratique, le refus de la continuité, la véritable « maladie occidentale », c'est l'« insurrection continue des vivants contre les morts »[29]. Elle date au moins de la Réforme et de l'instauration du principe de libre examen et trouve son aboutissement dans les révolutions du XIXe siècle : « graduellement développée par le protestantisme, le déisme et le scepticisme, la maladie occidentale consiste dans une révolte continue de la raison individuelle contre l'ensemble des antécédents humains »[30]. Cette « insurrection mentale de l'individu contre l'espèce » se manifeste dans « le principe révolutionnaire, consistant à ne reconnaître d'autre autorité spirituelle que la raison individuelle, surtout envers les question essentielles »[31]. C'est contre cette « anarchie occidentale » et « toutes ces doctrines plus ou moins subversives qui poussèrent graduellement les vivants à s'insurger contre l'ensemble des morts » que « l'étude directe des destinées du Grand-Être » permettra de réagir[32]. On a pu souligner récemment que la religion comtienne est une réponse aux « troubles permanents et graves de la France post-révolutionnaire » et plus largement à la « crise de l'industrialisme », qui rompt tous les liens de la société traditionnelle[33].

Contre ce refus de la tradition, la religion de l'Humanité enseigne au contraire que nous sommes « gouvernés par les morts ». Selon le *Caté-chisme positiviste*, « les vivants sont toujours, et de plus en plus, gouvernés nécessairement par les morts : telle est la loi fondamentale de l'ordre humain »[34]. Si les morts occupent une place de plus en plus importante, c'est d'abord parce qu'ils sont tout simplement de plus en plus nombreux : « ainsi les existence subjectives », c'est-à-dire les morts, « prévalent nécessairement, et de plus en plus, tant en nombre qu'en durée, dans la composition totale de l'Humanité »[35]. En outre ils sont les seuls à pouvoir vraiment être « jugeables » puisque les vivants, même les grands hommes, ne peuvent généralement pas être appréciés avant leur mort : « l'admission de vivants » dans le Grand-Être « n'y sera

29. A. COMTE, Lettre à Audiffrent du 12 janvier 1855, *Correspondance générale et confessions*, t. VIII, 1855-1857, Paris, 1980, p. 5.

30. A. COMTE, Huitième circulaire annuelle, 15 janvier 1857, *Correspondance générale et confessions*, t. VIII, 1855-1857, p. 374.

31. A. COMTE, *Système*, t. IV, p. 368.

32. A. COMTE, *Système*, t. III, (1853), p. 2.

33. A. WERNICK, *Auguste Comte and the religion of Humanity. The post-theistic program of french social theory*, Cambridge, 2001, p. 87.

34. A. COMTE, *Catéchisme*, p. 79.

35. A. COMTE, *Système*, t. II, p. 60.

presque jamais que provisoire »[36]. Enfin les morts imposent leur fixité et leur stabilité aux générations ultérieures, qui sont sans cesse changeantes : « les morts gouvernent de plus en plus les vivants, en introduisant leur fixité caractéristique au-dessus de la versatilité propre à l'existence directe »[37]. Le gouvernement des morts introduit la stabilité dans l'existence humaine : « puisque les vivants sont sans cesse, et même de plus en plus, dirigés par les morts, le vrai sacerdoce pourra constamment dire aux plus orgueilleux tyrans : l'homme s'agite et l'Humanité le mène »[38].

C'est en s'appuyant sur ces morts que les « serviteurs de l'Humanité » ont la possibilité de résister à l'« anarchie occidentale » qui tend à s'emparer de la « population objective », c'est-à-dire des vivants. « L'insurrection même de presque toute la population objective contre l'ensemble des impulsions subjectives n'empêcherait point l'évolution humaine de suivre son cours. Quelques serviteurs restés fidèles pourraient dignement surmonter cette révolte, en rattachant leurs efforts aux racines involontairement laissées dans tous les cœurs et tous les esprits par la suite des génération antérieures, dont ils seraient alors les seuls vrais successeurs. En un mot, les vivants sont toujours, et de plus en plus, dominés par les morts »[39].

L'IMMORTALITÉ POSITIVE

Les morts continuent donc de vivre en nous et la religion de l'Humanité propose un « équivalent » de la théorie chrétienne de l'immortalité. Selon Comte, la mort n'existe pas à proprement parler pour les membres de l'Humanité. Elle n'est qu'une simple transformation, un passage de ce qu'il appelle la « vie objective » à la « vie subjective ». La mort est une « sublime inversion » dans laquelle la vie cérébrale se détache de l'existence corporelle[40]. Seul le corps, les puissances « actives » de l'homme meurent véritablement : « en approfondissant la notion de mort, on reconnaît qu'elle ne concerne directement que l'existence corporelle, ou même seulement la vie végétative »[41]. L'intelligence et plus encore le sentiment ne meurent pas, ils ne font que se libérer du corps : « notre nature a besoin d'être épurée par la mort, pour que ses meilleurs attributs puissent assez ressortir, en surmontant les grossières nécessités qui d'abord les dominent »[42]. Intelligence et sentiment des morts survivent dans le souvenir de leurs successeurs, ou, comme dit Comte, dans leur « cerveau » : « chaque cerveau s'assimile les conceptions et les sentiments de tous ses semblables » et en particulier de ses prédécesseurs[43]. Les morts, leurs pensées et leurs sentiments, continuent donc de vivre à travers nous : « nos morts sont affranchis des

36. A. COMTE, *Système*, t. I, p. 411.
37. A. COMTE, *Système*, t. IV, p. 106.
38. A. COMTE, *Système*, t. II, p. 455.
39. A. COMTE, *Système*, t. II, p. 61.
40. A. COMTE, *Système*, t. IV, p. 35.
41. A. COMTE, *Système*, t. III, p. 73.
42. A. COMTE, *Système*, t. IV, p. 35.
43. A. COMTE, *Système*, t. IV, p. 102.

nécessités matérielles et vitales [...] Mais ils ne cessent pas d'aimer, et même de penser, en nous et par nous »[44]. Comte parle ainsi de « la noble existence qu'Aristote et saint Paul conserveront sans cesse chez toutes les dignes âmes »[45]. Quant au sentiment, Comte note que la femme, qui est un être tout de sentiment, ne meurt à proprement parler jamais : « aucune digne femme ne peut réellement mourir, quand à sa principale fonction »[46]. Clotilde n'est ainsi jamais véritablement morte.

Ne peuvent cependant accéder à une telle survie que ceux des hommes qui méritent d'être « assimilés » à l'Humanité. Nous ne survivons que si nous avons collaboré au progrès de l'Humanité. La décision de savoir qui est digne de faire partie de l'Humanité n'est prise que sept ans après la mort, lors du sacrement d'« incorporation » : « sept ans après la mort, quand toutes les passions perturbatrices sont assez éteintes, sans que les meilleurs documents sociaux soient déjà perdus, un jugement solennel, dont la sociocratie emprunte le germe à la théocratie, vient irrévocablement fixer le sort de chacun »[47]. Alors seulement pourra intervenir le « pompeux transfert des restes sanctifiés » du défunt du cimetière ordinaire « au bois sacré qui entoure le temple de l'Humanité »[48]. Ce sacrement, comme les huit autres « sacrements sociaux » de la religion positive a pour fonction de « sanctifier toutes les phases générales de la vie privée en les liant spécialement à la vie publique »[49]. Cette incorporation, qui comporte d'ailleurs des « degrés de glorification », s'inspire ouvertement des procédures de béatification et de canonisation.

Chacun d'entre les membres de l'Humanité a ainsi « deux existences successives », « l'une objective, toujours passagère, où il sert directement le Grand-Être, d'après l'ensemble des préparations antérieures; l'autre subjective, naturellement perpétuelle, où son service se prolonge indirectement, par les résultats qu'il laisse à ses successeurs »[50]. Cette seconde vie est à proprement parler la seule vraie vie dont « la première ne constitue réellement qu'une épreuve destinée à mériter cette incorporation finale »[51]. La première vie, la vie objective n'a comme fonction que l'« efficacité », alors que « l'éternité subjective manifeste seule l'excellence de l'Humanité », sa « dignité »[52].

Cette survie subjective est le seul équivalent possible de l'immortalité des religions antérieures : « cette faculté de prolonger notre vie dans le passé et dans l'avenir constitue le dédommagement nécessaire des puériles illusions que nous avons irrévocablement perdues »[53]. Comte parle même d'âme à ce sujet : « telle est la noble immortalité, nécessairement immatérielle, que le positivisme reconnaît à notre âme »[54]. Se-

44. A. Comte, Catéchisme, p. 163.
45. A. Comte, Testament, p. 24.
46. A. Comte, Système, t. II, 64.
47. A. Comte, Catéchisme, p. 182.
48. A. Comte, Catéchisme, p. 182
49. A. Comte, Système, t. IV, p. 123.
50. A. Comte, Système, t. II, p. 60.
51. A. Comte, Système, t. II, p. 60.
52. A. Comte, Système, t. IV, p. 35.
53. A. Comte, Système, t. I, p. 347.
54. A. Comte, Catéchisme, p. 80.

lon Comte cette immortalité est un mode d'existence tout à fait réel : « subsister en autrui constitue un mode très réel d'existence »[55]. Une telle survie ne réduit pas à néant l'individualité des morts : « Quoique la vie de chacun d'eux se trouve dès lors mêlée profondément avec la nôtre, son originalité morale et mentale n'en est aucunement altérée, lorsque son caractère fut vraiment distinct »[56]. Une autre condition de cette survie est que les cerveaux des vivants soient suffisamment sympathiques : « voilà comment plusieurs âmes viennent spontanément siéger dans un même cerveau, quand son pouvoir sympathique est assez assisté par l'esprit synthétique »[57].

La principale différence entre cette survie subjective et la doctrine chrétienne de l'immortalité personnelle est qu'elle est indéterminée, mais pas éternelle. Il faut qu'il subsiste un cerveau humain pour que les morts vivent en lui. Or, dans la mesure où, pour Comte, l'Humanité, comme tout vivant, a une fin nécessaire, la question de la perpétuation du souvenir des morts se posera le jour de la mort du dernier cerveau. Comme l'a très bien noté J.-F. Marquet, « ce jour là seulement, le dernier cerveau humain, en s'éteignant, cessera d'offrir une ruche aux âmes errantes et, de même que la Fête des morts conclut l'année liturgique du positivisme, tout s'abîmera dans la subjectivité définitive de l'oubli »[58]. Mais la question est assez lointaine – Comte est assez peu inquiet de ces questions d'origine et de fin – pour que la question n'ait pas à être posée dès à présent : « il s'écoulera beaucoup de siècles encore avant que le Grand-Être doive s'occuper de son propre déclin, pour le prévoir et le régler, autant que possible, comme toute autre destinée appréciable et modifiable »[59].

La nécessité de la mort

Comte ne se contente pas de glorifier les morts qui doivent nous inspirer, il entend également démontrer la nécessité de la mort, à la fois du point de vue de l'individu et du point de vue de l'espèce. Déjà dans le *Cours de philosophie positive*, d'un point de vue strictement scientifique, Comte déplorait qu'on dispose d'une théorie de la vie satisfaisante, mais que la « théorie générale de la mort » soit « très peu avancée » : les seuls travaux sur la mort, comme ceux de Bichat dans la seconde partie des *Recherches physiologiques sur la vie et la mort*, se bornent aux organismes les plus élevés et ne concernent que les morts violentes ou accidentelles. Le *Système de politique positive* déplore aussi l'insuffisance de la théorie de la mort, dont témoigne « l'extrême imperfection des règles positives sur la longévité dans l'ensemble de la hiérarchie biologique »[60].

55. A. Comte, *Système*, t. I, p. 346.
56. A. Comte, *Catéchisme*, p. 163.
57. A. Comte, *Système*, t. IV, p. 102.
58. J.-F. Marquet, « Religion et vie subjective », *Revue philosophique* 4, oct.-déc. 1985, p. 517.
59. A. Comte, *Système*, t. III, p. 73.
60. A. Comte, *Système*, t. I, p. 590.

Au niveau individuel, nous sommes pour l'instant bornés à un « premier aperçu philosophique » qui représente la mort comme « la suite inévitable de la vie elle-même »[61]. La vie étant un échange entre le vivant et son milieu, la mort ne serait rien d'autre que « la prédominance croissante du mouvement d'exhalation sur le mouvement d'absorption, d'où résulte graduellement une consumation exagérée de l'organisme » qui produit un état de dessiccation « incompatible avec tout phénomène vital »[62]. Comte explique ensuite, dans le *Système* que « l'obligation de mourir » est la deuxième grande « loi biologique », aussi universelle que la première loi biologique de « rénovation universelle » : ce faisant, il la pose comme une loi fondamentale qu'il est impossible de réduire à la loi de vitalité. Il souligne ce faisant que la mort ne doit pas être comprise seulement par rapport à la vie, qu'il faudrait une théorie de la mort, au même titre qu'il existe une théorie de la vie. La mort n'est même pas justifiée par le nécessaire renouvellement des organismes : « de la rénovation continue qui caractérise la vie universelle, il ne résulte réellement que l'obligation de croître d'abord et de décroître ensuite », mais il serait possible que ce mouvement de croissance et de décroissance soit « indéfiniment répété chez le même être »[63].

D'un point de vue sociologique également, Comte souligne la nécessité de la mort : « en principe il ne faut point se dissimuler que notre progression sociale repose essentiellement sur la mort »[64]. L'organisme social doit voir ses éléments remplacés comme l'organisme individuel, sinon il va au devant de la dégradation. Comte veut le prouver en faisant la « supposition chimérique d'une durée indéfinie de la vie humaine, d'où résulterait évidemment la suppression presque totale et très prochaine du mouvement progressif »[65]. Si même on se contentait de supposer que la durée de la vie soit décuplée, l'équilibre entre « instinct d'innovation, attribut ordinaire de la jeunesse » et « instinct de conservation sociale, caractère habituel de la vieillesse » serait largement altéré en faveur de l'élément conservateur[66]. À l'inverse une existence « trop éphémère » attribuerait un empire exagéré à l'instinct d'innovation. La mort est donc nécessaire au dynamisme du progrès social. Comme l'a bien souligné K. Löwith, « en raison de sa sous-estimation de l'individu, la mort ne signifie pour Comte qu'un phénomène statistique, au même titre que la croissance démographique. La mort est pour lui un adjuvant historique du progrès social constant et non pas un terme véritable qui annule tout progrès »[67].

Comte affirme d'ailleurs ne pas éprouver la moindre angoisse devant la mort et il réprimande l'un de ses disciples, le médecin G. Audiffrent, qui s'abîme dans la contemplation de celle-ci, au lieu de com-

61. A. COMTE, *Cours*, p. 819.
62. A. COMTE, *Cours*, p. 819.
63. A. COMTE, *Système*, t. I, p. 589.
64. A. COMTE, *Cours*, 51ème leçon, t. II, p. 206.
65. A. COMTE, *Cours*, 51ème leçon, t. II, p. 206.
66. A. COMTE, *Cours*, 51ème leçon, t. II, p. 206.
67. K. LÖWITH, *Histoire et salut. Les présupposés théologiques de la philosophie de l'histoire*, Paris, 2002, p. 119-120.

prendre avec Vauvenargues qu'une grande vie est celle qui ne pense jamais à la mort : « vos réflexions sur la mort ne me semblent excusables que d'après la mélancolie oppressive momentanément résultée de votre isolement [...]. Chez le meilleur penseur dont votre Provence puisse s'honorer, vous trouverez cette juste réflexion : "la pensée de la mort nous fait oublier de vivre" qui constitue spontanément le prélude normal de sa belle maxime : "pour faire de grandes choses, il faut vivre comme si l'on ne devait jamais mourir" »[68].

LA NÉCROPHILIE COMTIENNE

Mais par la suite Comte ne sera plus seulement indifférent à la mort, celle-ci deviendra le centre de la religion positiviste et de l'œuvre même de Comte. « Au lieu de redouter la mort, ce culte y trouve un essor plus complet et même plus pur, d'après le perfectionnement spontané toujours résulté de l'existence subjective où les défauts s'effacent et les qualités s'exaltent »[69]. La religion de l'Humanité, comme l'avait souligné H. Gouhier, « est essentiellement un culte des Morts »[70].

Comte est même d'une certaine manière amoureux de la mort. Selon lui « vivre avec les morts constitue l'un des plus précieux privilèges de l'Humanité, qui le développe davantage à mesure que ses idées s'étendent et que ses sentiments s'épurent »[71]. Avec sa « fiancée morte » Comte est en ce sens tout à fait représentatif de la « nécrophilie » caractéristique de l'« homo dix-neuviemis », dont parle si bien P. Muray[72]. Pour Comte, l'expérience décisive, au fondement de sa religion, est l'amour de Clotilde : or celle-ci meurt un an seulement après leur rencontre. Pendant les onze dernières années de sa vie, Comte sera amoureux d'une morte qu'il va visiter une fois par semaine au cimetière – il s'agit là de sa seule sortie de la semaine, qui a remplacé sa soirée à l'Opéra –, qu'il prie tous les jours, à qui il écrit régulièrement et avec qui il espère finalement être enterré. Cet amour d'une morte sera « systématisé » par Comte et formera la base du « culte privé » des morts. Les prières qu'il adresse à Clotilde sont le modèle de celles de la religion positiviste[73].

L'amour d'une morte est bien plus satisfaisant que celui d'une vivante. En effet ne subsiste plus de la femme aimée que la personnalité épurée, parfaite. C'en est alors fini de tous les aspects matériels, notamment sexuels, de l'existence. Comte va jusqu'à proclamer que le veuvage est une état plus souhaitable que le mariage : « le veuvage peut

---

68. A. COMTE, Lettre à Audiffrent du 22 juin 1855, *Correspondance générale et confessions*, t. VIII, p. 63.

69. A. COMTE, Appel aux conservateurs (1855), in A. COMTE, *Du pouvoir spirituel*, Pluriel, p. 415.

70. H. GOUHIER, *La philosophie d'Auguste Comte. Esquisses*, Paris, 1987, p. 30.

71. A. COMTE, *Système*, t. I, p. 262.

72. Cf. P. MURAY, *Le 19ème siècle à travers les âges*, Paris, 1984.

73. Pour une bonne analyse de ce culte de Clotilde d'un point de vue psychanalytique, cf. R. CAPURRO, *Le positivisme est un culte des morts : Auguste Comte*, Paris, 2001, p. 89 sq.

seul procurer à l'influence féminine sa principale efficacité »[74]. L'idéal serait même que les deux amoureux soient morts, ce qui explique l'impatience de Comte à mourir. Il lui tarde d'être réuni dans la tombe avec Clotilde, si toutefois la famille de celle-ci l'acceptait. « Que ne ferais-je point, ma sainte Clotilde, pour mériter pleinement cette commune tombe devant laquelle viendra peut être s'incliner avec reconnaissance le drapeau collectif de l'Occident régénéré ! »[75]. Clotilde s'était de son vivant toujours refusée à lui, mais il espère désormais une « communauté de cercueil que je réclamerai comme ma principale récompense »[76].

Le culte de la tombe a une place essentielle dans la religion positiviste, sur le modèle du culte de Comte pour la tombe de Clotilde. À Clotilde morte Comte cite la poétesse Elisa Mercœur : « la pierre du cercueil est ton premier autel »[77]. Comte institue ce culte de la tombe, car il estime qu'il est utile de s'attacher à des objets matériels pour pouvoir mieux évoquer les morts. Il propose ainsi un renouvellement de l'antique fétichisme. Selon le principal disciple de Comte, P. Laffitte, « le culte de la tombe, instituant le culte des morts, sert au perfectionnement de notre nature »[78].

Ce « culte privé » de la tombe se complète d'un « culte public » du cimetière. Le cimetière est au cœur de la cité positiviste : selon un autre disciple, Robinet, « il n'y a pas de cité sans cimetière »[79]. C'est là que se perpétue le souvenir des morts qui le méritent. Dans la société régénérée Paris deviendra ainsi la « cité des tombes occidentales », vers laquelle seront ramenées les dépouilles de tous les grands hommes du Calendrier positiviste. Les positivistes orthodoxes ont d'ailleurs été très actifs dans la lutte contre les projets d'un nouveau cimetière parisien à Méry-sur-Oise, dans les années 1870 et 1880, qui aurait dû remplacer les cimetières de Paris intra-muros[80]. C'est là une de leurs seules véritables manifestations publiques. Les positivistes n'acceptent pas que l'on puisse « déporter les morts », ou plus exactement qu'on empêche les vivants de venir leur rendre un culte[81].

Il est également remarquable qu'Auguste Comte choisisse le Panthéon, cet immense tombeau, pour prêcher sa religion, de préférence à Notre-Dame de Paris. Il s'en explique dans l'*Appel aux conservateurs* : « j'ose ici demander, comme indice de régénération, qu'on me livre le

74. A. COMTE, *Catéchisme*, p. 232.

75. A. COMTE, *Testament*, p. 125.

76. A. COMTE, *Testament*, p. 132.

77. A. COMTE, *Testament*, p. 119.

78 P. LAFFITTE, *Considérations générales à propos des cimetières de Paris*, Paris, 1874, p. 32. Sur la vision « alternative » de la survie qu'offre le positivisme, cf. T. A. KSELMAN, *Death and the afterlife in modern France*, Princeton, 1993, p. 132-143.

79. Cité in P. LAFFITTE, *Considérations générales à propos des cimetières de Paris*, p. 1.

80. Cf. P. ARIÈS, *L'homme devant la mort*, Paris, 1977, t. II, p. 250-256.

81. Sur ce sujet les positivistes font montre, comme souvent, de leur prévention contre les campagnes. Selon Dubuisson, autant les cimetières des villes sont bien entretenus et visités par une population qui respecte les morts, autant dans les cimetières de campagne « l'herbe croît drue sur les tombes désertes » (P. DUBUISSON, « Le culte des morts et les cimetières », *Revue occidentale*, 3, 1880, p. 69).

temple solennellement voué, dès le début de la crise finale, au culte des grands hommes, que j'ai seul systématisé de manière à permettre son essor continu »[82].

Au-delà de l'adoration des tombes, le culte de ceux des morts qui méritent d'être membres du Grand-Être comporte des aspects privés et publics. Le culte privé comporte une série de prières tout au long de la journée et un effort pour se laisser « modifier », pénétrer par les morts. Il consiste en particulier à adorer nos « anges gardiens », « les meilleures personnifications », en particulier féminines, « que nous puissions assigner à l'Humanité, d'après l'ensemble de nos relations privées »[83]. Quant au culte public, il est organisé notamment autour du culte des grands hommes qu'ordonne le « calendrier positiviste » et de tout un « système de commémoration destiné surtout à développer chez tous le désir naturel d'éterniser notre existence par l'unique voie qui nous appartienne réellement »[84]. Ce calendrier s'inspire du calendrier chrétien et du « culte catholique des saints » : « ce sera toujours un usage très social que de célébrer périodiquement la mémoire de nos dignes prédécesseurs, et aussi de prescrire solennellement à chacun de nous l'imitation continue de l'un d'entre eux »[85]. L'année positiviste se terminera par la fête des morts empruntée à la tradition chrétienne : « une touchante fête, que j'ai transportée au dernier jour de notre année, continuera d'inviter tous les occidentaux à pleurer à la fois sur les tombes qu'ils chérissent, en soulageant leurs douleurs respectives par cette commune expansion »[86].

C'est ainsi que la religion positiviste va réveiller, pour un temps, l'intérêt pour les morts. Comme le note P. Muray, « avant Auguste Comte, il faut le reconnaître, les morts n'étaient plus très bien traités et cela depuis fort longtemps [...]. On n'en attendait plus rien comme vérité »[87]. C'est cet héritage du positivisme qui sera particulièrement recueilli au début du XXe siècle par des penseurs de l'Action française, comme Maurras ou Barrès. Maurras, bon connaisseur de la religion comtienne, se félicite de constater que, depuis Comte, « c'est un fait que le culte des morts se développe dans les grandes villes du monde occidental »[88]. Désormais les morts vont réapparaître dans les consciences occidentales, mais ils ne reviendront pas seuls. En effet, pour cette tradition nationaliste, la terre doit s'ajouter aux morts. Barrès est celui qui popularisera ce nouveau culte déterministe de la Terre et des Morts, inspiré de Comte, qu'il connaît bien à travers celui qui fut son maître, Jules Soury. C'est notamment l'enseignement de la fameuse conférence de Barrès de 1899 sur « La terre et les morts ». Barrès explique que « Comte a fort

---

82. A. COMTE, Appel aux conservateurs, in A. COMTE, Du pouvoir spirituel, p. 483.
83. A. COMTE, Catéchisme, p. 172.
84. A. COMTE, Système, t. I, 346.
85. A. COMTE, Lettre philosophique sur la commémoration sociale du 2 juin 1845, Correspondance générale et confessions, t. III, avril 1845-avril 1846, Paris, 1977, p. 28.
86. A. COMTE, Système, t. I, p. 345.
87. P. MURAY, Le 19ème siècle à travers les âges, p. 144.
88. C. MAURRAS, L'avenir de l'intelligence, 2e éd., Paris, 1916, p. 136.

bien saisi les culte des morts, des héros qui nous permettraient de nous passer de ces religions, tout en nous donnant le lien social religieux »[89].

Cependant il convient de noter que les morts de Comte n'étaient quant à eux fixés à aucun sol particulier, à aucune racine : ils n'étaient liés, d'une manière très abstraite, qu'à la Terre-mère dans son ensemble, au « Grand-Fétiche », dans la mesure où ils sont membres du Grand-Être qu'est l'Humanité. L'éloge continu des villes par Comte, de Paris en particulier, est très caractéristique de ce refus de la France des villages et des campagnes, des régions et des "collines inspirées". D'ailleurs si Paris doit devenir selon Comte la capitale de l'Occident régénéré, c'est aussi parce qu'elle est « la seule capitale dont la plupart des habitants soient nés ailleurs »[90]. Il est donc difficile de faire de Comte un précurseur de Barrès.

Les morts de Comte, plus encore que les habitants des cimetières, sont ceux qui vivent parmi nous, qui pensent ou aiment à travers nous, comme le faisaient les morts des religions fétichiques. Ces morts que le « néo-fétichisme » comtien se propose d'accueillir avec enthousiasme sont en fait d'authentiques morts-vivants. Le refus comtien d'accepter la réalité de la mort, son absence radicale de sens, est pour une part lié à sa tentative de surmonter la mort de Clotilde. Comme l'a noté R. Capurro, « endeuillé, Comte va inventer un style de vie où, de maintes manières, il essaiera de congédier la perte que la mort lui impose »[91]. Cette volonté de nier de toute force la mort n'est sans doute pas non plus sans lien avec le difficile combat de Comte contre la folie. Mais ce culte enthousiaste des morts a sans doute autant à voir avec cette nécrophilie généralisée, qui est la véritable « maladie occidentale » du XIXᵉ siècle finissant.

Université de Paris I
Panthéon-Sorbonne
80, rue de Grenelle
75007 Paris

---

89. M. Barrès, *Mes cahiers*, t. I, Paris, 1929, p. 129.
90. A. Comte, *Système*, t. II, p. 463.
91. R. Capurro, *Le positivisme est un culte des morts*, Paris, 2001, p. 90.

RÉSUMÉ DE L'ARTICLE. — La religion des morts-vivants. Le culte des morts chez Auguste Comte. Par Jean-François BRAUNSTEIN.

La religion de l'Humanité que fonde Auguste Comte vise à développer le lien social entre les hommes actuellement existants, mais surtout à renforcer leurs liens avec ceux des hommes des générations antérieures qui ont fait progresser l'Humanité. En affirmant que « les vivants sont toujours, et de plus en plus, gouvernés nécessairement par les morts », Comte réagit contre « l'insurrection continue des vivants contre les morts » qu'il qualifie de « maladie occidentale ». Les morts qui le méritent accèdent à un équivalent de l'immortalité chrétienne, puisque leurs pensées et surtout leurs sentiments survivent dans les cerveaux de leurs successeurs. Comte ne se contente pas de justifier la mort d'un point de vue scientifique et sociologique, il en vient même à la chérir à travers l'amour qu'il éprouve pour Clotilde morte. La religion positiviste est ainsi à l'origine d'un culte nécrophile des tombes et des cimetières.

SUMMARY. — The Religion of the Living-dead. Auguste Comte's cult of the dead. By Jean-François BRAUNSTEIN.

The religion of Humanity founded by Auguste Comte aims to develop the social bonds between people presently existing, yet above all to reinforce their bonds with those of past generations who have advanced Humanity. By affirming that « the living are always, and ever increasingly, governed necessarily by the dead », Comte reacts to the « continuous insurrection of the living against the dead », which he describes as the « Western disease ». The dead who are deserving arrive at an equivalent of Christian immortality because their thoughts and especially their feelings survive in the brains of their successors. Not contenting himself with the justification of death from a scientific and sociological point of view, Comte comes even to cherish it through the love he experiences for the dead Clotilde. The Positivist religion is thus at the origin of a necrophilic cult of tombs and cemeteries.

Rev. Sc. ph. th. 87 (2003) 75-100

LES DISCIPLES
DE LA RELIGION POSITIVISTE

par Annie PETIT

En fondant la Religion positiviste de l'Humanité, Comte prétend retrouver le sens originel du mot re-ligion, et lui donne pour programme « relier et rallier ». Or le déploiement du « positivisme » en religion l'a, de fait, divisé et dispersé. J. S. Mill, enthousiaste au départ, s'inquiète très vite du dogmatisme doctrinal de Comte : il s'en éloigne avant même que les tournures religieuses soient déclarées[1]. Émile Littré, qui a sans doute le plus contribué à la propagande de la philosophie positive[2], prend aussi ses distances à partir de 1852. Comte le stigmatise alors comme disciple « incomplet », trop purement intellectuel, dénué du sens religieux... C'est pourtant Littré et ses amis qui assurent le plus efficacement la notoriété du positivisme, et mieux encore avec la fondation en 1867 de la revue *La Philosophie positive*, très largement diffusée jusqu'en 1883[3]. Les disciples « complets », qui avaient reconnu en Comte le Grand-Prêtre de la religion positive, sont pris de court à la mort prématurée de leur Maître, celui-ci n'ayant intronisé aucun successeur. Il avait cependant désigné des « exécuteurs testamentaires » qui prennent le relais. À leur tête Pierre Laffitte devient « directeur du

---

1. La correspondance de Mill avec Comte, engagée en novembre 1841, cesse en 1846. Voir notre thèse *Heurs et malheurs du positivisme comtien*, Paris-I, 1993, 3 vol., IIIe partie, chap. 7.

2. En consacrant six gros articles du *National* à l'œuvre de Comte en 1844, Littré lui assure une publicité médiatique. Il le soutient très activement, publie ses articles en brochure, en fournit d'autres, adhère à la Société positiviste dès 1848 et il y a un rôle déterminant. Littré participe même aux premières cérémonies de l'Église positiviste, acceptant d'être « parrain » lors du premier « baptême » conféré par Comte et défendant l'« Idéal ou religion » et l'« Idée religieuse de l'Humanité » (articles au *National* du 10 septembre 1849 et du 10 mars 1851, repris avec d'autres dans *Conservation, révolution, positivisme*, 1852). Mais les relations se gâtent fin 1851, les réactions aux événements politiques y étant pour beaucoup. Littré quitte la Société positiviste et il fait en 1879 une nouvelle édition du livre de 1852 avec autocritiques. Littré s'explique sur ses constances et ses divergences dans *Auguste Comte et la philosophie positive* de 1863.

3. Sur ces relations complexes, voir notre thèse citée *supra*, surtout IIIe partie, chap. 8.

positivisme » et regroupe les fidèles en essayant de développer les différents aspects du programme comtien.

On essaiera ici de présenter les heurs et malheurs de cette lourde
succession. On rappellera d'abord les traits principaux de la Religion de
l'Humanité instaurée par Comte, afin d'évaluer à quel point Pierre Laffitte fut un disciple appliqué. On analysera ensuite comment Laffitte,
réussissant à s'allier aux pouvoirs temporels républicains, prêche le
positivisme en Sorbonne et même au Collège de France, et prend en
quelque sorte, après la mort de Littré, la place de philosophe patenté de
la IIIe République. On montrera aussi combien, malgré et peut-être
même à cause de ces reconnaissances officielles, l'apparent éclat du
positivisme est un éclatement : d'une part, des disciples que l'on peut
dire intégristes créent des dissidences accentuant les engagements religieux ; d'autre part, le terme positivisme est pour ainsi dire banalisé et
prend des sens dilués, parfois même fort éloignés voire contradictoires
avec ce que voulait son fondateur.

L'ORTHODOXIE POSITIVISTE.

L'institution de la Religion de l'Humanité

Après avoir développé la « philosophie positive », Auguste Comte a
jugé bon de fonder le « positivisme » qui, sur la base de la première,
l'élargit en un vaste programme politico-social et religieux. En 1848 le
Discours sur l'ensemble du positivisme conclut en établissant le « Culte de
l'humanité », qui bientôt devient « Religion »[4]. Car Comte, qui dans son
premier grand traité s'est appliqué à montrer combien l'esprit « théologique » et son prolongement « métaphysique » sont dépassés par
l'esprit « positif », juge que les temps sont enfin venus pour une religion
« positive » : déclarant « l'irrévocable élimination de Dieu », refusant
tout surnaturel et toute dogmatique prétendument révélée, il propose
une religion « démontrée » par laquelle seront reconstruites scientifi-
quement les relations sociales, politiques et morales. Alors les hommes,
communiant dans et pour l'Humanité, mettront fin aux guerres saintes
et conflits plus ou moins métaphysiques qui, à cause des relations
concurrentielles entre religions, ont jusqu'ici marqué l'histoire. Cette
nouvelle religion de l'Humanité est ainsi d'après son fondateur la seule
« véritable religion » intégrant et dépassant toutes les autres[5]. Comte la
précise bientôt sous trois aspects : le « Dogme » qui est tiré des sciences ; le « Culte » qui déploie multiples formes rituelles et festives et le
« Régime » qui en complète l'institutionnalisation[6].

Les étapes suivies par Comte pour cette élaboration religieuse méritent des analyses précises que nous ne pouvons faire ici. Disons seule-

4. Cf. mon introduction à l'édition du *Discours sur l'ensemble du positivisme*, Paris,
Flammarion, GF, 1998. – cité dorénavant *D.Ens.P.*
5. Cf. *Catéchisme positiviste*, 1852 — cité dorénavant *Cat.* — Préface.
6. Cette tripartition organise le *Catéchisme* ; dans le dernier tome du *Système de
politique positive* — 4 vol. cité dorénavant *S.* et tomaison, d'après l'édition Anthropos,
réimpression anastatique, Paris, 1970 — Comte insiste sur la priorité à accorder au
Culte.

ment que le philosophe, devenu sociologue, a été conduit au cours de ses études de l'histoire de l'Occident à analyser l'importance des facteurs religieux dans le déroulement des coalitions ou des luttes de pouvoirs, tout comme dans les résistances ou les stimulations à la progression des savoirs[7]. Rappelons aussi que le philosophe, devenu amoureux, a éprouvé dans son histoire personnelle la portée de l'affectif, et découvert les insuffisances d'une philosophie strictement spéculative[8]. Comte lui-même donne plusieurs dates pour la naissance du positivisme religieux : il aurait commencé en 1845[9]; la décision de passer à la « construction religieuse » serait de 1847[10]; et la première prédication publique serait de 1849[11]. En tout cas en 1851 le positivisme est expressément devenu religion, ce que proclame le sous-titre donné au *Système*[12], et ses formes cultuelles et institutionnelles spécifiques se précisent. Comte l'a ainsi doté d'un nouveau « Calendrier » qui, tout au long des treize mois censés reproduire les étapes essentielles de l'histoire de l'Humanité, ordonne hiérarchiquement le nom des

7. Cf. nos articles « Le rôle du protestantisme dans la révolution occidentale selon Auguste Comte » dans *Images de la Réforme au XIXe siècle*, Actes du Colloque de Clermont-Ferrand, 9-10 novembre 1990, *Annales littéraires de Besançon*, 1992, vol. 459, p. 131-150 et « Positivisme et Catholicisme » dans *Revue Philosophique Internationale*, Bruxelles, 1/1998 n° 203, p. 127-155.

8. Cf. nos articles : « Auguste Comte et Clotilde de Vaux : La correspondance de "l'année sans pareille" », Actes du Colloque *Difficulté d'être et mal du siècle dans les Correspondances et Journaux intimes romantiques de la première moitié du XIXe siècle*, dans *Cahier d'Études sur les Correspondances du XIXe siècle*, n° 8, Librairie Nizet, Paris, 1998, p. 303-327 et « Un ange inspirateur : Clotilde de Vaux », dans *Construire les sciences de l'homme : quelle place pour les femmes?* Colloque de l'European Science Foundation org. par J. Carroy, N. Edelman, A. Ohayon, N. Richard, avec soutien de la SFHSH, du Centre Alexandre Koyré, de l'EHESS, du CNRS et du Muséum National d'Histoire Naturelle, Paris, MNHN, 13-14-15 juin 2001, sous presse.

9. Comte en rend hommage à son amour pour Clotilde de Vaux : « Le positivisme religieux commença réellement, dans notre précieuse entrevue initiale du vendredi 16 mai 1845, quand mon cœur proclama inopinément, devant ta famille émerveillée, la sentence caractéristique (*on ne peut pas toujours penser, mais on peut toujours aimer*) qui, complétée, devint la devise spéciale de notre grande composition » – Quatrième Confession, 31 Mai 1849, dans *Correspondance générale et Confessions*, Paris, Vrin, Coll. « Archives Positivistes », 8 vol. publiés de 1973 à 1990 — cité ici *Cor.*, et tomaison. — *Cor.*, V, p. 30. Rappelons que du vivant de Clotilde de Vaux, Comte s'exprimait dans sa correspondance avec un vocabulaire de plus en plus religieux, et qu'il avait déjà ritualisé certains comportements : lectures de lettres conçues comme « prières », fauteuil où s'est assise l'aimée promu en « autel » etc., Comte attribue souvent à Clotilde un rôle déterminant : cf. la phrase qui signe la Dédicace du *Système* (octobre 46) et plusieurs « Confessions » : « La pierre de ton cercueil est ton premier autel » (Elisa Mercœur), cf. Deuxième, cf. Huitième, *Cor.*, VII, p. 91 ; Neuvième, VII, p. 253-255. Voir aussi la confirmation du rôle de Clotilde dans l'« Invocation finale » par laquelle Comte juge bon de terminer son traité, *S.*, IV, p. 546 et sv.

10. Cf. *S.*, IV, « Conclusion totale » p. 529 et sv. où Comte fait l'historique de sa construction religieuse.

11. « Le positivisme est ouvertement prêché comme religion de l'*Humanité* » — cf. Quatrième Confession, 31 Mai 1849, *Cor.*, V, p. 22.

12. *Système de politique positive ou Traité de sociologie instituant la religion de l'Humanité*; la page-titre porte la devise tripartite « L'Amour pour principe; l'Ordre pour base Et le Progrès pour but ».

« héros » qui l'ont faite et tout un système de fêtes pour honorer les liens sociaux fondamentaux [13]. Le *Catéchisme positiviste* publié en 1852 [14] expose en détail la nouvelle « foi », les nouveaux rites et les réorganisations des pouvoirs spirituels et temporels. De fait bien des traits de cette religion positiviste sont démarqués du catholicisme : prières [15], sacrements [16], symboles [17], festivités [18], hiérarchie sacerdotale [19] et mission primordiale d'éducation, ordre moral fondé sur une stricte gestion des devoirs [20]. Comte espérait d'ailleurs que les proximités des rituels

13. La première édition du *Calendrier positiviste* est d'avril 1849, reproduite en Annexe de *Cor.*, V p. 292-314 ; mais la « Conclusion générale » du *Discours sur l'ensemble du positivisme* tel qu'il est publié en 1848 en donnait une première esquisse : lorsque Comte reprend son texte comme « Discours préliminaire » du *Système* en 1851, il élimine les passages concernés pour renvoyer au *Calendrier* alors publié — cf. l'introduction et les notes de notre édition du *D.Ens.P.*. À partir de 1849, Comte date sa correspondance d'après le nouveau calendrier.

14. La publication du *Catéchisme positiviste*, sous-titré « Sommaire exposition de la religion universelle », est faite au beau milieu de la rédaction du *Système*, car Comte voulait donner au plus vite des informations essentielles sur la nouvelle religion et en déclencher la propagation militante.

15. Les prières ou « effusions », qui sont privées ou publiques, sont toujours liées selon Comte à la commémoration ; il prend soin aussi de préciser qu'elles ne doivent point tomber dans le fétichisme ou dans le mysticisme — cf. *Cat.*, Cinquième entretien. En fait Comte pratiquait ce genre d'« effusion » à partir de la relecture des lettres de Clotilde de Vaux et de son vivant même. Les « Confessions annuelles » pratiquées pour la sainte Clotilde, sont aussi des prières où Comte présente à sa sainte amie un bilan de son itinéraire spirituel

16. En 1849 Comte établit sept « sacrements » comme « consécrations publiques de la vie privée » : la *présentation* correspond au baptême catholique et garde la tradition du parrainage ; l'*admission* marque, à la majorité, l'éducation terminée et l'entrée dans la vie pratique ; la *destination* est conférée quand la carrière a été définitivement choisie ; le *mariage* est assorti d'un engagement au « veuvage éternel » ; la *retraite* ; la *séparation* donne à la mort selon Comte « un vrai caractère social » ; et l'*incorporation* est prononcée trois ans au moins après la mort devrait être liée au transport du corps dans un « champ de l'incorporation » ou dans un « champ de l'exclusion » — cf. à Laffitte, 20 août 1849, *Cor.*, V, p. 54 et sv. En 1850 Comte ajoute deux autres sacrements : l'initiation entre la présentation et l'admission, et la maturité entre le mariage et la retraite ; et il préfère le terme « transformation » à celui de « séparation » — cf. à de Tholouze, 13 juillet 1850, *Cor.*, V, p. 171. Ces neuf sacrements sont exposés dans *Cat.*, Sixième entretien, et repris dans *S.*, IV, p. 123-130.

17. Comte précise les formes des « temples », leur situation, leur orientation, les drapeaux et bannières — cf. *Cat.*, Septième entretien. À rappeler aussi la transposition symbolique des femmes en « anges gardiens ».

18. Le système des fêtes est instauré avec le Calendrier dès 1849 ; le *Catéchisme* le reprend en lui donnant une forme plus claire de tableaux et en le complétant — surtout pour le Culte abstrait ou idéalisation systématique de la sociabilité finale », tableau qui est encore complété en 1854 pour *S.*, IV. p. 159.

19. Cf. *Cat.*, Huitième entretien où Comte précise les ordres successifs — aspirants, vicaires prêtres et grand prêtre — et leurs conditions d'exercice : âge minimum, salaires et renonciation à toute richesse, mariage obligatoire, composition et distribution des presbytères sur le territoire.

20. Cf. *Cat.*, Neuvième et Dixième entretien où Comte reprend sa critique des « droits » pour leur substituer la notion des « devoirs » et où sont longuement commentées les deux principales devises : « Vivre pour autrui » et « Vivre au grand jour ».

catholiques et positivistes faciliteraient le ralliement des chrétiens, au moins des populations de l'Europe méridionale et plus généralement des femmes réputées naturellement sensibles aux stimulations de l'affectivité. En tout cas Comte a toujours insisté sur l'aspect œcuménique de la religion positiviste que soulignent les choix cultuels. Le culte abstrait rend hommage à toutes les formes de religion : fétichisme, astrolatrique ou autre; polythéismes conservateur ou progressif, intellectuel ou militaire, esthétique ou scientifique; monothéismes déclinés en théocratique, dont le juif, le catholicisme, l'islamisme, le métaphysique qui regroupe les réformés et les déistes de tout bord. Le culte concret, lui aussi, fait place aux fondateurs religieux les plus importants — à quelques exceptions près comme celles de Jésus, supplanté par saint Paul, et des grands artisans de la Réforme [21]. Avec la *Synthèse subjective ou Système universel des conceptions propres à l'état normal de l'Humanité*, Comte voulait préciser « la grande construction du culte positiviste ». Ce nouveau traité surprend car, par la promotion de ce que Comte appelle le « fétichisme systématique », il réintroduit d'une certaine manière des sortes de dieux : au Grand-Être Humanité, sont associés la Terre érigée en Grand-Fétiche et l'Espace devenu Grand-Milieu en une nouvelle « trinité »; mais Comte a soin de souligner la différence entre l'adoration demandée aux positivistes, qui doit rester abstraite « dépourvue d'objet » et la soumission exigée par/pour les dieux de « toutes les religions locales et temporelles qui préparèrent la religion universelle et perpétuelle » [22]. Comte n'eut le temps de rédiger qu'un seul tome de sa nouvelle synthèse où il voulait développer les « sept degrés de l'adoration » [23].

Il est important de rappeler aussi que le positivisme religieux s'est d'emblée donné comme « école » et comme « club politique » autant que comme « église ». Dès ses premiers textes Comte a inscrit clairement la visée socio-politique de sa philosophie et confié au « pouvoir spirituel » la fonction de l'éducation [24]; lui-même a consacré à l'ensei-

21. Comte voit en saint Paul le véritable organisateur de la religion chrétienne, dont il préfère souligner le désir d'universalité par sa désignation comme « catholique ». Bien des héros des mythologies antiques ont place dans le calendrier : Prométhée, Hercule, Orphée, Ulysse, Lycurgue, Romulus, Numa — qui a droit à un dimanche. Les religions orientales sont illustrées par Belus, Sesostris, Menou, Cyrus, Zoroastre, Fo-Ili, Lao-Tseu, Meng-Tseu, « les théocrates du Tibet », « les théocrates du Japon », ainsi que par Bouddha et Confucius qui ont droit à un dimanche. De la Bible sont retenus Moïse, qui patronne un mois, Abraham, Samuel, Salomon, Isaïe. L'Islam est vénéré par Haroun-al-Rashid, Abdéramane III et Mahomet qui patronne un dimanche. D'autres religions, avec Les Druides et Ossian, avec Manco-Capac et Tuméhaméa ont aussi leurs consécrations commémoratives.

22. Cf. *Synthèse Subjective*, t. I, Système de Logique positive, « Introduction », p. 8-23.

23. Explication donnée à Audiffrent, 7 décembre 1856, *Cor.* VIII, p. 345 : dans les deux tomes suivants « les trois principaux dieux seront normalement assistés de leurs intermédiaires, en intercalant d'abord le Ciel, puis la double enveloppe fluide entre l'Espace et la Terre, comme la Végétalité suivie de l'Animalité lie la Terre à l'Humanité ». Voir aussi les explications à A. Sabatier, 23 juin 1857, VIII, p. 489-490.

24. Cf. « Plan des travaux scientifiques nécessaires pour réorganiser la société », 1822-1824; « Considérations sur le pouvoir spirituel », 1826. L'importance de la

gnement le plus gros de son temps[25]; c'est une « Association pour l'instruction positive du peuple » qui fut la première mouture de la « Société positiviste » dont l'un des premiers travaux fut de programmer une École positive[26]. Et Comte s'est très tôt soucié d'établir la liste des lectures nécessaires à la culture positiviste en une conséquente Bibliothèque[27]. Lorsqu'il s'autodésigne explicitement comme « Prêtre », c'est pour instruire sa catéchumène ; et une fois accepté le titre de « Grand-Prêtre », il conçoit toujours ses prêches et ses épîtres comme des leçons[28]. Ainsi Comte a-t-il toujours souligné les « trois caractères connexes d'école, de parti et de secte »[29] du positivisme.

Mention spéciale doit être faite aussi de l'institution du « Libre-subside ». En fait, il fut créé par Littré en 1848, lorsque Comte a perdu coup sur coup ses places d'examinateur à l'École polytechnique et de répétiteur dans une pension privée : il s'agissait donc d'assurer à « M. Comte » « les besoins de son existence et de ses travaux », et la contribution était demandée « aux amis de la science, aux ennemis de l'injustice »[30]. La situation financière de Comte ne s'arrangeant pas, Littré renouvelle l'appel à souscription « aux amis de la vraie science, de la vraie philosophie et de la vraie politique » et toujours afin de « préserver M. Comte des suites de l'injustice qu'il avait subie »[31].

vocation politique et éducative est soulignée aussi dans les premières leçons du *Cours*.

25. En sus des cours donnés à l'École polytechnique ou à des élèves particuliers, Comte a professé gratuitement le Cours de philosophie positive de 1829 à 1842, il a donné le Cours d'astronomie populaire pendant dix-sept ans et il a donné plusieurs années aussi un Cours philosophique sur l'histoire générale de l'Humanité.

26. Voir les textes fondateurs de 1848 dans *Cor.*, IV, annexes, p. 263-273 et le rapport de 1849 programmant l'École positive *Cor.*, V, annexes, p. 273-292. Dans le *D.Ens.P.*, d'importants passages consacrés à la mission éducative des savants-prêtres et aux programmes d'éducation pour les prolétaires (3ᵉ partie) et pour les femmes (4ᵉ partie).

27. La première liste est publiée en octobre 1851 et comprend 150 volumes qui regroupent souvent plusieurs ouvrages. Une édition améliorée est jointe au *Catéchisme* et une autre version est donnée en 1854 à la fin du *Système*.

28. À signaler que si Comte parle assez tôt de « clergé positif » ou de « sacerdoce positif », il met plus longtemps à désigner leurs membres comme « prêtres » : dans le *D.Ens.P.*, Comte parle des « prêtresses » de l'humanité avant d'en envisager des « prêtres ». C'est en 1853 que, suivant l'initiative du « disciple enthousiaste » (cf. Huitième Confession, 14 août 1853, *Cor.*, VII, p. 92 et 98), Comte accepte le titre de Grand-Prêtre auquel il se montre par la suite très attaché et même assez jaloux : cf. *Cor.*, VIII, p. 483-484 485, 493 et sv. ; à Hadery, 25 novembre 1853 ; *ibid.*, VII, p. 144 ; VIII. Par la suite Comte se déclare même Pontife, *S.*, IV, 255 ; *Cor.*, VIII p. 488, 507, 510, 520.

29. *Cor.*, VI, p. 212.

30. Cf. Circulaire initiale du 12 novembre 1848, *Cor.*, IV, Annexes, p. 304-305. À souligner que l'argumentaire de la demande est entièrement fondé sur « M. Auguste Comte, auteur du système de philosophie positive » présenté comme « œuvre capitale si féconde au point de vue de la science pure, (et qui) ne l'est pas moins au point de vue social et politique ».

31. Circulaire du 20 janvier 1850, *Cor.*, V, Annexes, p. 316-317.

Comte interprète bientôt ce « protectorat volontaire » comme « devoir social » et en souligne le sens religieux[32] :

> « Ayant voué toute ma vie à fonder enfin, sur l'ensemble des sciences, la saine philosophie, et par suite, la vraie religion, je devais accepter l'appui de tous ceux qui regardent la foi positive comme la seule issue de l'anarchie actuelle. [...] Une telle mesure inaugure déjà les mœurs qui conviennent à l'avènement graduel du nouveau pouvoir spirituel. Comme le clergé catholique, le sacerdoce de l'humanité doit longtemps subsister de libres cotisations privées »

La participation au subside prend donc le sens d'une adhésion religieuse. Signification renforcée du fait que Comte accepte même des contributions symboliques « d'un centime quotidien ». Un autre pas est fait lorsque Comte voit les refus de coopération comme signe de « positivisme incomplet »[33]; un autre encore lorsqu'il dépersonnalise la destination du libre-subside en l'appelant « subside sacerdotal »[34].

Un lourd héritage

Du vivant même de son Grand-Prêtre la religion positiviste s'installe avec bien des difficultés. Comte célèbre assez vite quelques-uns des sacrements, surtout des « mariages »[35] et des « présentations » : pour le premier baptême, celui de l'enfant issu du premier mariage positiviste, qui a lieu en 1851, Littré est « parrain »[36]. Mais celui-ci n'aime guère les allures cléricales que prend le positivisme ni l'opportunisme de Comte qui espère l'appui du Prince-président et va jusqu'à voir en lui un utile « dictateur ». Le départ de Littré et de ses amis en 1852 pèse lourd sur la jeune Société : il y a du « relâchement », et une « tiédeur croissante de la plupart de(s) confrères »[37]. Comte fulmine et doit remotiver ses disciples. Il le fait avec autorité : il les rappelle très sévèrement à l'ordre[38]; il est très strict sur ses fonctions sacerdotales, ne tolère guère

---

32. Cf. Première circulaire du 14 mars 1850 — datée selon le Calendrier positiviste du 17 Aristote 62 et présentée sous en-tête « République Occidentale » avec les devises « Ordre et Progrès » et « Vivre pour autrui », *Cor.*, V, p. 133-135.

33. Cf. Deuxième circulaire annuelle, 24 mars 1851, *Cor.*, VI, p. 46-50.

34. Première apparition de l'expression dans la comptabilité donnée en fin de circulaire – cf. Quatrième circulaire p. 35; puis cela se fait dans le titre des circulaires : la cinquième est adressée par « l'auteur du Système de philosophie positive à chaque coopérateur du libre subside *exceptionnellement* institué *pour lui*»; mais la dixième est adressée « par l'auteur du Système de philosophie positive et du Système de politique positive à chaque coopérateur du libre subside *spontanément* institué *pour le sacerdoce de l'Humanité* » (cf. 15 Moïse 67 = 15 janvier 1855, *Cor.*, VIII, p. 11 (nous soulignons).

35. Le premier mariage positiviste a lieu en juillet 1848, le second en 1850, cf. *Cor.*, VI, p. 9.

36. Cf. *Cor.*, VI, p. 18.

37. Cf. à Audiffrent, 6 mai 1852, et 18 mai 1852, *Cor.*, VI, p. 269, 274 où Comte avoue que les réunions ne comptent pas plus de 9 disciples...

38. Voir, par exemple, la sévérité avec laquelle il juge la « grave infraction » de disciples lyonnais qui avaient d'eux-mêmes célébré quelques sacrements – cf. *Cor.*, VI, p. 366, et VII, p. 144. Voir aussi comment il s'attache à détourner de Tholouze de la magistrature et Erdan du journalisme, 23 avril 1853, *Cor.*, VII, p. 64-66, et 22 décembre 1853, *Cor.*, VII, p. 152-154; comment il critique Robinet pour sa « rechute

d'écarts ou d'aménagements[39]; les processus d'admission dans la Société positiviste sont complexes et lents[40]; les « remontrances » et « paternelles appréciations » vont jusqu'à l'excommunication[41]. De fait, nombreux disciples ne supportent guère l'autoritarisme grandissant du « pontife ». En plus de ceux qui ont suivi Littré, certains autres s'éloignent : ainsi Jacquemin se « refroidit » en 1854 et donne sa démission en 1855[42], Dix-Hutton garde selon Comte trop de « dispositions radicalement protestantes »[43], et les Britanniques déçoivent décidément Comte, puisque, après le précoce éloignement de Mill, Comte se dit fort mécontent de Lewes, puis de Williamson, et puis même de Fischer[44].

Bon an mal an, et bien que Comte stigmatise un constant manque de zèle prosélyte[45], le positivisme religieux recrute des adeptes en France, en Europe (Grande-Bretagne, Hollande) et sous de plus lointains horizons (Amériques du nord et latine)[46]. Mais Comte ne se décide pas à désigner un successeur; il ne se décide même pas à admettre de nouveaux « prêtres »; il faut dire qu'il en exige beaucoup : rien de moins que sept thèses successives[47]. Aucun des « pressentis » ne lui paraît digne d'être élu : les disciples les plus proches sont bien jeunes, d'autres sont trop éloignés ou déjà engagés dans des activités patriciennes...

révolutionnaire » *Cor.*, VII, p. 280; ou encore comment il retire à Lefort son titre d'aspirant au sacerdoce de l'Humanité, 30 août 1855, *Cor.*, VIII, p. 108.

39. Voir le refus des propositions d'aménagements d'un « culte civique » pour la naissance et la mort, à Laffitte, 3 septembre 1854, *Cor.*, VII, p. 259.

40. L'admission dans la Société positiviste se fait par étapes : cf. le cas Henry Dix-Hutton, 24 août 1854, *Cor.*, VII, p. 258.

41. Voir par exemple l'exclusion de Fortuné Lapierre, « prétendu disciple » de l'Hérault, admis en novembre 1853 et exclu en avril 1854 – cf. Neuvième Confession, 1854, *Cor.*, VII, p. 250 et 252, et *Cor.*, VIII, p. 108; ou en 1857 celle de C. de Blignières, *Cor.*, VIII, p. 493-498. Comte n'est pas tendre avec ses ex-disciples et leur réserve généralement des jugements abrupts : ainsi Littré qui n'est bientôt plus qu'un « habile écrivain », un « vieil érudit » et un « rhéteur usé » cf. *Cor.*, VII, p. 19, VIII, p. 497, 502; Robin comme Williamson sont dits atteints de « dégradation par les positions officielles », VII, p. 110; Lewes n'est plus qu'un « écrivain dépourvu de toute conviction solide » VII, p. 147; Etex est décrété atteint « d'orgueillo-vanitite chronique avec accès d'acuité », 18 août 1853, *Cor.*, VII, p. 103; Belpaume, qui avait en mai 1848 co-rédigé le premier Rapport de la Société positiviste sur la Question du travail, puis a rallié Littré, est qualifié d'« ignoble », VII, p. 18...

42. Cf. les analyses et citations d'Angèle KREMER-MARIETTI dans l'Introduction de *Cor.*, VII, p. XXII-XXIII. Jacquemin avait eu aussi un rôle important dans la rédaction des premiers rapports de la Société.

43. Cf. 26 septembre 1855, *Cor.*, VIII, p. 122.

44. Cf. à Fischer, 24 septembre 1855, *Cor.*, VIII, p. 118-122; et à Foleÿ, 13 août 1857, *Ibid.*, p. 543.

45. Cf. 6 juillet 1855, *Cor.*, VIII, p. 69-70, et Dixième confession, *Cor.*, VIII, p. 96.

46. Les chiffres de souscriptions au libre subside montrent aussi les hauts et bas du recrutement : ainsi en 1852, 70 souscriptions; en 1853 il y en a eu 91; en 1854, 79; en 1855, 75; en 1856, 73. Pourtant Comte estime en décembre 1856 « qu'il existe déjà quatre ou cinq cents positivistes sur la planète, même en écartant les adhérents, beaucoup plus multipliés, qui se bornent à (s)on traité fondamental » – cf. *Cor.*, VIII, p. 345.

47. Cf. *Cor.*, VIII, p. 113, 197.

Parmi les jeunes prosélytes du positivisme religieux Pierre Laffitte et Georges Audiffrent tiennent une place des plus importantes. Laffitte est professeur de mathématiques. Jeune homme il a voulu entrer à Polytechnique, mais y a été refusé, par l'examinateur Auguste Comte entre autres. Il lit le *Cours* en 1842, s'enthousiasme[48], et les relations plus personnelles avec Auguste Comte se nouent au cours de l'année 1844. À Paris les entrevues sont régulières, et Laffitte prend note de ces conversations fructueuses[49]. La *Correspondance* est riche de longues lettres échangées l'été quand Laffitte retourne dans sa famille; et le maître tance son « jeune ami » lorsqu'il les trouve trop peu fréquentes. C'est en 1849 que Comte a commencé à penser à Laffitte comme « digne successeur futur », « vrai continuateur de (s)on œuvre principale »[50]; il ne cesse pourtant de lui reprocher un certain manque d'« énergie », et de l'inciter à plus de fermeté[51]. Avec Georges Audiffrent les relations épistolaires commencent fin 1850. Le nouvel adepte manifeste une telle ferveur que Comte lui réserve très vite les premières rédactions de ses théories[52]. L'éloignement géographique (Marseille) entraîne une correspondance régulière et particulièrement importante pour comprendre comment Comte entend la direction spirituelle. On y traite tout à la fois du privé et du public, de théories philosophiques et surtout religieuses et de décisions pratiques : pour le choix de la carrière à embrasser et pour l'action apostolique. Avec Audiffrent Comte reprend amplement aussi la question des relations entre positivisme et catholicisme[53] et celle de la prédication plus spécifiquement tournée vers les femmes[54],

---

48. Cf. Introduction du *Cours de philosophie première*, Paris, 1889, p. I-IV. P. Laffitte parle de son « accession au positivisme » comme d'un événement à valeur de révélation : « La lecture en 1842 du cinquième volume du *Cours de philosophie positive* fut pour moi un véritable coup de foudre, d'illumination, qui décida de toute ma carrière philosophique et sociale. Sans doute, beaucoup de choses me choquaient dans les énoncés précis d'Auguste Comte; mais je compris néanmoins que là était la véritable source de l'équilibre cérébral réel qui devait lier, par un véritable système, des études et des méditations si diverses poursuivies avec une extrême activité ».

49. Laffitte les publie en grande partie plus tard, dans la *Revue Occidentale*, comme « matériaux pour mieux faire connaître la vie et la pensée » de son maître.

50. À Laffitte, 12 sept. 1849, et 19 sept 1849, *Cor.*, IV, p. 71, 82-83.

51. Cf. *Cor.*, V, p. 341.

52. Cf. la seconde lettre à Audiffrent, 29 janvier 1851, contient la théorie des sacrements « plusieurs fois exposée publiquement mais non encore écrite *Cor.*, V, p. 14-18.

53. Cf. 6 mai 1851, *Cor.*, VI p. 68-69, 7 juin 1851, VI, p. 106-107; VIII, p. 23, 28; c'est avec Audiffrent aussi que Comte envisage le rapprochement avec les « ignaciens » et la constitution d'une Ligue religieuse : cf. VIII, p. 282, 347, 459-460, 479, Des « négociations » avec les ignaciens ont d'ailleurs été entreprises en 1857 menées par Alfred Sabatier.

54. Cf. *Cor.*, V, p. p. 69, 106- 110, 115, VIII, p. 5-6...

celle de l'intervention sociale[55] et celles de biologie ou de médecine vers quoi il pousse très vite son disciple[56].

En fait, Comte, fondateur de la religion de l'Humanité et son premier Grand-Prêtre, en reste aussi le seul prêtre. Mais il choisit parmi ses « apôtres » treize « exécuteurs testamentaires » : Georges Audiffrent, Eugène Deullin, Édouard Foleÿ, Auguste Hadery, Fabien Magnin, Pierre Laffitte désigné comme « président perpétuel », Joseph Lonchampt, Papot, Eugène Robinet, et de Capellen, le baron Willem de Constant-Rebecque, le comte de Stirum et Don José Florès. Ils sont chargés de poursuivre le développement religieux du positivisme et surtout d'en étendre le culte, de préserver aussi ce que Comte lui-même appelle le « domicile sacré »[57], de publier la « sainte correspondance »[58] et d'assurer la continuité de la Société positiviste, en tâchant d'élever enfin suffisamment le subside pour entretenir un véritable « sacerdoce » et pour constituer réellement le « fonds typographique » pour servir la propagande[59].

En 1857, le subside positiviste est, pour la première fois, déclaré suffisant[60]. Mais c'est l'année où Comte meurt. Pierre Laffitte, à 34 ans et malgré sa relative jeunesse, devient « Directeur du positivisme »; il le restera jusqu'en 1901, date à laquelle la maladie le contraint à s'effacer. Dès octobre 1857 Laffitte reprend donc la rédaction des « Circulaires » qui chaque année présentent les bilans moraux et financiers, commentent l'actualité et indiquent les orientations programmées : il s'agit d'assurer l'« interrègne dans le sacerdoce de l'Humanité »[61]. Les « exécuteurs testamentaires » l'organisent en désignant un « premier noyau du nouveau pouvoir spirituel » sous le nom de « Comité positiviste »[62]. Par ailleurs la présidence de la Société positiviste est, selon les vœux de Comte, conférée à Fabien Magnin. Ainsi s'entrelacent trois structures : l'Exécution testamentaire, vite engagée dans les tractations et les procès avec Mme Comte qui ne veut pas céder les droits sur les objets mobiliers de son mari, ni sur la propriété de ses œuvres; le Comité positi-

---

55. C'est Audiffrent par exemple qui en 1852 renseigne Comte sur Reschid-Pacha et l'opportunité de lui écrire, et qui lui transmet la lettre : cf. *Cor.*, V, p. 401, VI, p. 44; c'est aussi à Audiffrent que Comte en 1854 fait part pour la première fois de son projet d'écrire un *Appel aux conservateurs*, VII, p. 268.

56. Cf. les conseils des premières lettres par exemple *Cor.*, V, p. 30-31; l'approbation de son choix de la carrière médicale, VII, p. 234; échanges nombreux sur ces questions ensuite à partir de 1854.

57. Cf. Quatrième circulaire, *Cor* ., VII, 1853, p. 33-34 : « ces saintes murailles, à jamais empreintes de l'image adorée, m'aidèrent à développer journellement le culte intime de la meilleure personnification du vrai Grand-Être »; Comte avait très tôt sacralisé les lieux : au « saint domicile » devenu « temple initial », il y a « le siège sacré » (Quatrième confession, *Cor.*, V, p. 30).

58. Décidée en mars 1854 à la fin du *Système* .

59. Comte envisageait l'abandon par les auteurs de toute recette à un « fonds typographique » qui devait permettre le financement des publications.

60. Cf. Neuvième circulaire annuelle, *Cor.*, VIII, p. 371-382.

61. Neuvième circulaire, du 23 Descartes 69 = 30 octobre 1857, p. 2. Les Circulaires sont dorénavant citées Circ. et données avec leur date traditionnelle

62. Il comprend : Audiffrent, Balzaguette, Congrève, Fisher, Folley, Edger, Laffitte, Papot, Robinet et Sabatier, et Laffitte le préside.

viste, plus strictement occupé du spirituel et bientôt rebaptisé « Conseil positiviste »[63] ; la Société positiviste est, quant à elle, plus soucieuse du temporel et certains de ses membres s'engagent même dans l'action politique directe.

LES FIDÈLES APPLIQUÉS

Comte laisse ses disciples sans avoir pu remplir tout le programme fondateur qu'il s'était fixé, car, outre la *Synthèse*, il avait prévu et annoncé plusieurs fois un traité de morale[64] et un traité sur l'industrie[65] ; il avait prévu aussi d'autres « Appels » — aux médecins, aux Ignaciens... Le *Testament* de Comte est par ailleurs impérieux, la gestion de la succession est difficile. La première circulaire de Laffitte — la neuvième du positivisme — donne les orientations communes :

> « Les fonctions du président consistent à centraliser autant que possible tous les efforts de propagation et d'installation de la nouvelle école. Enseigner, conseiller, consacrer et juger, telles sont dans l'ordre naturel de développement, les fonctions de tout pouvoir spirituel quelconque. L'enseignement et le conseil, auxquels doivent participer à un certain degré tous les positivistes, seront coordonnés dans la mesure de notre pouvoir par des cours, des publications, des correspondances. Quant à la consécration et au jugement, au successeur seul d'Auguste Comte ils peuvent appartenir. Cependant le président du comité recevra, devant nos frères assemblés au siège de la nouvelle foi, les engagements moraux qu'inspirent les actes principaux de la vie privée, et les inscrivant sur les registres positivistes, il leur donnera ainsi la seule consécration que comporte la situation actuelle »[66].

En ordonnant ainsi les fonctions, Laffitte établit les urgences et donne clairement les limites de la présidence qu'il a acceptée.

Enseigner, conseiller...

Laffitte s'investit aussitôt dans la reprise des Cours publics et gratuits qu'assurait Comte : le 15 Bichat 70 = 17 décembre 1858, il ouvre son propre « Cours philosophique sur l'histoire générale de l'Humanité », et puis il multiplie les enseignements oraux sur des sujets divers, en commençant bien sûr par les mathématiques[67]. Le cours d'« histoire générale de l'humanité », fait pendant onze ans consécutifs[68], est relayé

---

63. Cf. Onzième circulaire « Le comité positiviste a décidé qu'il prendrait désormais le titre de Conseil positiviste comme indiquant mieux le caractère strictement consultatif d'une telle réunion » d'autant que « le mot comité rappelle des idées de vote et de régime parlementaire »...

64. Comte prévoyait au moins un *Traité de l'éducation universelle* dès 1842, promesse renouvelée en 1851.

65. *Système d'industrie positive ou Traité de l'action totale de l'Humanité sur sa planète*.

66. Neuvième circulaire de 1857, p. 3.

67. Cours de mathématiques, inauguré en novembre 1862, Logique positive, de 1864-1865 à 1870 ; Géométrie algébrique, 1877-1878 et 1878-1879 ; Géométrie différentielle, 1879-1880 et 1880-1882.

68. Des extraits de ce Cours ont été publiés : *Discours d'ouverture*, Paris, V. Dalmont et Dunod, 1859, 1 vol. 183 p. ; *Considérations générales sur l'ensemble de la civilisation chinoise et sur les relations de l'Occident avec l'Orient*, Paris, Dunod, 1861, 1 vol. 158 p. ; *Le Positivisme et l'économie politique*, Paris, Dunod, 1867

à partir de 1874 par un cours sur « Les grands types de l'Humanité »[69]. L'élaboration systématique de la « Philosophie première » préoccupe très tôt Laffitte, mais il ne se lance dans son exposition publique qu'à partir de 1869[70]. Un Cours de Sociologie est aussi plusieurs fois donné[71]. Un Cours de morale de même[72]. Et des Cours de « philosophie troisième ou encyclopédie concrète » sur les théories de la Terre, de l'Humanité et de l'Industrie sont entrepris à partir de 1886[73]. Ces Cours sont dans l'ensemble très fidèles aux programmes du Maître et leurs compléments respectent les annonces rapidement formulées par Comte dans ses dernières œuvres. Nous ne reprenons pas ici l'analyse de ces enseignements que nous avons faite ailleurs[74]. Il y a bien sûr quelques changements dans la continuité, des accents déplacés dans les fidélités les plus hautement déclarées. Pour le dire rapidement, Laffitte exploite le positivisme théorique, mais il en déploie surtout les aspects plus pratiques, plus concrets[75]. C'est un disciple appliqué, qui s'applique à développer ce qui ouvre aux applications. Un autre trait propre aux travaux de Laffitte tient à ses efforts d'ouverture et à la précision de sa documentation. Plus que son maître il fait appel à l'érudition et il s'attache aux analyses de l'événementiel; il fouille aussi volontiers les mondes non-occidentaux. Les choix de ses cours historiques sur les « Grands types de l'Humanité ou Appréciation systématique des principaux agents de l'évolution humaine » traduisent ses préférences moins généralisantes et plus « orientalistes », très œcuméniques en tout cas[76].

69. En 1874-1875, Laffitte traite de « Moïse, Manou, Bouddha, Mahomet »; en 1875-1876 : de « Homère, Aristote, Archimède, César » — ces cours ont été publiés : *Les Grands types de l'Humanité*, leçons rédigées par le Dr P. Dubuisson, Paris, E. Leroux, 1875-1876. 2 vol.; en 1880-1881, Laffitte s'intéresse aux « Moyen âge, Catholicisme, Féodalité » — des extraits de ce Cours ont été publiés sous le titre *Le Catholicisme*, Paris, au siège de la Société positiviste, 1897, 692 p.; en 1889-1890, le cours traite de « La philosophie moderne »; en 1890-1891, du « Drame moderne ».

70. Ce cours est complété et développé dans les versions de 1873-1874, puis 1877-1878; il est publié en 1889 — le premier tome du moins, le second en 1894 seulement. La maturation du *Cours de Philosophie première* de Laffitte dure donc environ quarante ans, au terme desquels ce que Comte évoquait dans un seul chapitre du *Système*, fait l'objet de deux gros tomes.

71. En 1871-1872, 1876-1877; puis développé en Statique sociale, 1882-1883, et Dynamique sociale, 1883-1884 (cf. Trente-sixième Circ. de 1884, p. 4).

72. Cf. Cours de morale positive, en 1872-1873 — des extraits en sont aussitôt publiés dans la *Revue La Politique positive*; nouveaux cours de Morale Théorique, 1878-1879, et de Morale Pratique, 1879-1880, et un autre en 1885-1886. Voir aussi l'importante conférence faite au Havre en décembre 1878, *La morale positive*, Conférence publiée, rédigée par Émile Antoine.

73 Voir explications dans Trente-neuvième Circ. de 1887, p. 2. La Théorie de la Terre est faite en 1886-1887; puis la Théorie de l'Humanité, 1887-1888, et la Théorie de l'Industrie, 1888-1889 – cf. Quarante et unième Circ. de 1889.

74. Cf. Annie PETIT, *Heurs et malheurs du positivisme*, Thèse de doctorat d'État, Paris, I, 1993, t. 1. chap. 9.

75. P. Laffitte fait un travail considérable pour la « Philosophie troisième », qui bouleverse assez nettement les esquisses comtiennes.

76. À rappeler aussi l'ouvrage sur la Chine, en 1861 et des Conférences sur l'Islamisme en 1882 – cf. Trente-cinquième Circ. de 1883, p. 3. L'intérêt pour l'islamisme est marqué aussi dans la Trentième Circ. de 1878, p. 7-8.

La mission d'enseignement que reprennent les positivistes religieux regroupés autour de Laffitte est conçue comme primordiale [77]. Elle est stimulée aussi par la nouvelle législation sur l'enseignement libre de 1876. Laffitte s'empresse d'officialiser un enseignement qui existait déjà en fondant aussitôt une « Société positiviste d'enseignement populaire supérieur » [78]. D'autres positivistes se chargent alors de cours parmi lesquels Lonchampt [79], C. Monier [80], C. Jeannolle, O. d'Araujo, F. Magnin. Les cours d'astronomie, de physique et chimie sont assez vite mis en place. Pour la biologie, il a fallu attendre la rentrée 1883 et c'est Émile Corra qui s'en charge [81].

De plus, les positivistes interviennent dans d'autres cadres — à l'association philotechnique, à l'association polytechnique [82] — où ils donnent de véritables enseignements suivis. Ce prosélytisme enseignant est couronné de succès, si bien que Laffitte demande une salle de la Sorbonne et l'obtient [83]. Mieux, Laffitte demande même que l'enseignement positiviste soit accueilli au Collège de France, et il réclame la grande salle pour ses cours libres du dimanche, dont les intitulés affichent clairement le prosélytisme positiviste ; l'autorisation est donnée en 1888. Mieux encore, une chaire au Collège de France est créée pour Laffitte en 1892 [84]. Bref, avec ces positions fort officielles Laffitte réalise presque les espérances de Comte qui voulait que le positivisme soit prêché à Notre-Dame ou au Panthéon.

Une autre trait marquant des cours donnés par les positivistes, c'est un certain caractère collectif. D'une part, pour l'Enseignement positi-

77. L'enseignement positiviste est institué en 1862 : cf. la Quatorzième Circ. p. 5-6. Y participent aussi Lonchampt, ancien polytechnicien, le Dr Balzaguette. Sur l'importance donnée à cet enseignement, cf. Vingtième Circ. de 1868 qui le donne comme premier objectif, p. 1-2 ; cf. aussi Vingt-quatrième Circ. de 1872 p. 1 : il s'agit de « constituer un système d'enseignement propre à remplacer l'organisation métaphysique de l'Université ou l'organisation théologique du clergé ».

78. Voir l'Annonce de cet enseignement et de son ambitieux programme de 378 leçons aux archives de « La Maison d'Auguste Comte ». Voir aussi la *Circulaire demandant des souscriptions permettant d'organiser un enseignement positiviste*, 1876, reproduite, avec le programme dans Isidore Finance, *Le Positivisme au congrès ouvrier*, Paris, 1877.

79. Lonchampt a fait des cours d'astronomie dès 1872 cf. Douzième circulaire.

80. C. Monier avait d'abord été répétiteur des cours de Laffitte cf. Vingt-huitième Circ. de 1876, p. 3.

81. Cf. Trente-sixième Circ. de 1884, p. 2-3. Le plan est établi par Laffitte. Corra a déjà donné, de mars à juillet rue Monsieur le Prince, un cours de physiologie et le Dr Dubuisson avait fait un cours de « physiologie du cerveau » en 1881 – cf. Trente-troisième Circ. de 1881, p. 3.

82. Cf. Trentième Circ. de 1878, p. 4. C'est d'abord Gabriel Robinet qui intervient surtout à la Société philomathique ; mais d'autres positivistes y enseignent bientôt, dont Pierre Laffitte lui-même en 1892, quand Jules Ferry est alors Président de cette Société cf. Quarante-cinquième Circ. de 1892, p. 4. À l'Association polytechnique les enseignements sont d'abord donnés par Dubuisson, Monier, Longchampt, Mahy, Velly... puis d'autres les relaient.

83. La salle Gerson est demandée en novembre 79 à Jules Ferry cf. Trente-deuxième Circ., 1880, p. 3, et Trente-troisième Circ. p. 3.

84. Cf. notre article : « La création de la chaire d'"Histoire générale des sciences" au Collège de France en 1892 : un héritage du positivisme – P. Laffitte et G. Wyrouboff » dans *Revue Française d'Histoire des Sciences*, 1995, XLVIII/4, p. 521-556.

viste au moins, c'est Laffitte qui décide du Plan des cours pour en assurer l'orthodoxie, puis les professeurs choisis remplissent les cadres prédéterminés[85]; d'autre part, la rédaction des cours publiés de Laffitte est le plus souvent assurée par des disciples-auditeurs[86].

Les positivistes accomplissent aussi leur mission d'enseignement par d'autres voies que celles de cours réguliers. Ils se soucient très vite des bibliothèques. Il s'agit d'abord de réaliser la Bibliothèque positiviste telle que Comte l'a programmée, ce qui est entrepris en 1864[87]; d'autres Bibliothèques positivistes sont bientôt fondées et deviennent le cadre de « fraternelles réunions » ou d'« expositions systématiques »[88]; et dans bien des Bibliothèques populaires de différents arrondissements ou de la périphérie de Paris, les positivistes mènent une politique d'intervention que Laffitte dit d'ailleurs de « pénétration »[89]. Même prosélytisme déployé dans les Mairies, qui s'étend bien vite en Province[90]. Laffitte parle alors de « missions » positivistes[91]. La liste des conférences données ici ou là par Laffitte et par ses disciples est impressionnante[92].

Dans toutes ces actions militantes, Laffitte et ses amis prennent bien soin d'adapter leurs enseignements et conseils aux auditoires, et, comme leur maître, ils se soucient tout particulièrement de toucher les couches populaires. D'où l'abondant usage qui est fait des formules et devises, celles de Comte et d'autres remodelées[93]. Le souci de toucher tous les publics est frappant lorsque Laffitte, lors même qu'il publie la partie la plus abstraite du positivisme, la "philosophie première", dit l'urgence d'une rédaction d'un nouveau *Catéchisme* :

> « Il s'agit d'un *Catéchisme* par demandes et réponses extrêmement courtes, et contenant des formules susceptibles d'être apprises par cœur par les enfants et d'être rappelées aux jeunes gens comme aux personnes d'âge mûr. [...] Sans doute, Auguste Comte a publié un *Catéchisme positiviste*, mais cette œuvre si éminente, et que lui seul pouvait écrire, ne satisfait pas aux besoins que j'ai indiqués. Outre sa haute forme abstraite, qui le rend impropre à être

85. Procédé nettement avoué à propos des cours de biologie de Corra. D'où les Plans de cours non datés que l'on retrouve dans les Archives de la Maison d'Auguste Comte, qui sont les cadres-types.

86. Le *Cours de Philosophie première* est même le seul cours de Laffitte dont on a une rédaction complète par lui-même

87. Cf. Seizième Circ. de 1864 p. 5 ; c'est J-B. Foucart qui en est chargé.

88. Magnin en fonde une en 1867 à Puteaux – cf. Dix-neuvième Circ., p. 2 ;Vingt et unième Circ., p. 1. La société positiviste de Londres s'empresse aussi de se donner une Bibliothèque canonique cf. appel pour dons de livres Vingt-deuxième Circ., p. 6. Une autre Bibliothèque positiviste est créée en 1880 au 58 rue de Réaumur – cf. Trente-troisième Circ. de 1881, p. 4 et p. 5 ; Trente-quatrième Circ. de 1882, p. 6-7.

89. Cf. par exemple Trentième Circ., p. 4, Trente-deuxième Circ., p. 4, 5, etc.

90. Cf. par exemple Trente-deuxième Circ., p. 5 – 13 ; Trente-quatrième Circ., p. 5, 6, 14 ; 36ᵉ Circ., p. 4-5 ...

91. Cf. en 1881, Trente-cinquième Circ., p. 2 ; Trente-sixième Circ., p. 6 ...

92. Cf. par exemple, conférences de 1886, cf. Trente-neuvième Circ., p. 3 ; de 1887 cf. Quarantième Circ., p. 4 ; de 1889, Quarante et unième Circ. p. 4 ; de 1894, Quarante-huitième Circ., p. 6 ...

93. Laffitte use par exemple volontiers de la formule « Les morts gouvernent les vivants », ou encore de « Revivre en autrui, voilà la récompense »...

mis entre les mains des enfants et qui l'empêche aussi de satisfaire aux besoins populaires, il ne contient point ces formules courtes et précises, susceptibles d'être apprises par cœur »[94].

C'est ajouter de nouvelles exigences aux programmes de l'enseignement comtien : non seulement toutes les classes sociales et tous les sexes, mais aussi tous les âges. Laffitte maximise la portée de la mission positiviste.

La mission de conseil que se donnent les positivistes regroupés autour de Laffitte s'exerce aussi dans les domaines politico-sociaux. Ils la mènent alors plutôt par la publication d'ouvrages, brochures et opuscules dont la publicité est faite dans les Circulaires ; ou encore par « Appels » et lettres publiques, adressées aux responsables, sur des thèmes généraux[95] ou circonstanciels[96] ; ou encore par des méditations interprétations de l'histoire[97]. Brochures et opuscules sont publiés souvent par le Fonds typographique. Par contre les positivistes religieux, comme leur maître, se méfient plutôt de la presse[98] ; Laffitte arrive cependant, à fonder la *Revue occidentale* en 1878 — non sans mal, car il ne trouve pas tout de suite les aides[99]. Alors la *Revue Occidentale* devient l'organe principal de la propagande, tant par les articles de fond, que par les informations transmises sur les progrès du positivisme en France et à l'Étranger (plans de Cours, publications de discours, etc.) et par les notices consacrées aux membres, à leurs actions, leurs publications et leur nécrologie.

94. Introduction du tome II du *Cours de philosophie première*, 1894, p. VI-VII. Laffitte donne comme modèles le catéchisme publié par Erasme en 1531, et ceux du XVIIIᵉ siècle, surtout celui de d'Holbach de 1768, publié en 1790. Laffitte renvoie aussi au spécimen de ce travail qu'il a déjà publié dans la *Revue Occidentale*, en mai 1885, p. 312.

95. Cf. par exemple en 1860, la. lettre au secrétaire de la conférence des états du bâtiment associés, Douzième Circ., p. 3 ; cf. aussi l'*Appel aux médecins* par G. Audiffrent, 1862 ; et de nombreux textes de Magnin adressés aux prolétaires.

96. Cf. brochures ou opuscules ou Adresses à propos de la guerre de 70 : Vingt-quatrième Circ., p. 3 ; adresse à Midhat-Pacha sur *Question d'Orient*, librairie P. Ritti, 1877, cf. Trentième Circ., p. 7 ; ou encore études sur le droit d'association, cf. Trente-troisième Circ., p. 7 (J-B. Foucart)...

97. Le Dr. E. Robinet est particulièrement prolixe aussi bien pour les analyses particulières – cf. par exemple *La France et la guerre*, 1866, ou *Paris sans cimetières*, 1869, ou « Lettre de la Société et du Club positivistes de Paris au général Trochu, Gouverneur de Paris, président du Gouvernement de défense nationale », 1871, sur la *Question de loyers*, 1882 — que pour des gros ouvrages historiques — cf. sur Danton ou Condorcet.

98. Cf. mon article « La presse et la littérature positivistes : conflits et alliances » dans Colloque international *Presse et littérature au XIXᵉ siècle*, organisé par le CERD de l'Université Paul-Valéry de Montpellier III et l'URM LIRE (CNRS-Lyon II-Grenoble III) à Montpellier, 5-7 décembre 2001. Actes en cours.

99. Cf. Trentième Circ., p. 8, Trente et unième Circ., p. 3. Sémerie refuse d'en être administrateur, pour cause de différends politiques ; Robinet refuse aussi, pour cause de surcharge de responsabilités ; Dubuisson accepte alors d'être le Secrétaire général de la rédaction, aidé de Boudeau qui devient administrateur, et de Laporte.

Enfin, le militantisme positiviste prend d'autres formes : création de Cercles, surtout de prolétaires[100], qui permettent d'organiser la participation active à des Congrès — congrès ouvriers, nationaux et internationaux. Les positivistes entretiennent aussi des rapports avec la Libre pensée, certains ayant la double appartenance, et participent aux congrès[101].

... Consacrer, juger

L'importance du culte est aussi essentielle pour les positivistes religieux. Dès 1858 Laffitte rappelle d'ailleurs que Comte avait souhaité dans son dernier traité placer le « culte » avant le « dogme »[102] pour une prochaine édition du *Catéchisme*; Laffitte et ses fidèles s'occupent de cette réédition réordonnée[103].

Instaurer les fêtes est une des premières préoccupations des positivistes : dès 1858, ils veulent célébrer la naissance et la mort de « l'incomparable fondateur »[104]. Divers fidèles étant venus à Paris pour ces occasions, il est décidé dans la foulée d'établir le « pèlerinage que tout vrai croyant doit accomplir au moins une fois dans sa vie à la métropole religieuse de l'Humanité »[105]. En 1862 Lonchampt plaide pour la fête des morts. Mais ces fêtes n'ont d'abord qu'un très relatif succès : la célébration de la naissance d'Auguste Comte (19 janvier) est bientôt supprimée au profit du 1er janvier/Moïse, fête de l'Humanité[106]. Jusqu'en 1878, il n'y a guère que cette fête et la commémoration de la mort de Comte, le 5 septembre[107] qui sont réellement instituées. Puis les fêtes prolifèrent : en 1880 Laffitte instaure la fête de Mahomet[108]; d'autres célébrations festives de héros sont organisées[109], et la fête

100. D'abord le Cercle parisien de prolétaires positivistes, autour de Mollin, en 1870 – cf. Vingt-deuxième Circ., p. 8-9. Puis le Cercle d'Études sociales des prolétaires positivistes est fondé en 1878, présidé par Isidore Finance et par Auguste Keûfer (Trente et unième Circ. de 1879, p. 6); ce Cercle est hébergé Rue Monsieur-le-Prince lorsque les positivistes ont pu faire l'acquisition du « domicile sacré » en 1892. Voir aussi la création en 1879 du Cercle de cuisiniers – Trente-deuxième Circ. de 1880, p. 7.
101. Cf. par exemple leurs participations aux Congrès de septembre 1884, *Revue Occidentale*, 8e année n° 1 de janvier 1895 et n° 2 de mars 1895. Cf. aussi Quarante-neuvième Circ. de 1896, p. 4. Sur ce point voir Jacqueline LALOUETTE, « Pour une approche des rapports entre Libre Pensée et Positivisme, dans *Trajectoires du positivisme, 1798-1998*, Actes des colloques du bicentenaire d'Auguste Comte, Paris, L'Harmattan, 2003.
102. Cf. Dixième Circ., p. 7.
103. En 1874, cf. Vingt-septième Circ., p. 2.
104. Cf. Dixième Circ. de 1858, p. 6.
105. Cf. Onzième Circ. de 1859, p. 2
106. Cf. Dix-septième Circ. de 1865, p. 2.
107. Cf. Trentième Circ. p. 13 — cf. 1Quatrième Circ., p. 3.
108. Cf. Trente-troisième Circ., p. 18.
109. Par exemple pour Jeanne d'Arc, dont la fête est organisée d'abord à Rouen, par le groupe positiviste du Havre, sous la direction d'Émile Antoine, cf. Trente-troisième Circ. de 1881, p. 11, puis en 1882 elle est proposée comme fête annuelle, (cf. Trente-cinquième Circ. p. 5); et généralisée – ainsi les positivistes de Paris organisent la procession à la statue de Jeanne d'Arc, place des Pyramides (cf. Quarante-cinquième Circ. de 1892, p. 7, Quarante-septième Circ. de 1894, p. 3). Autre exemple :

d'anniversaire de la naissance de Comte réintroduite par E. Pelletan devient « soirée familiale »[110]. Au cours de ses fêtes il y a des discours, mais aussi des lectures, de la poésie, de la musique, des chants et repas en commun. On dépose des couronnes de fleurs, on distribue des souvenirs... Laffitte organise aussi des fêtes du culte abstrait : ainsi des fêtes de l'Union communale et de l'Union nationale, liées à la fête de la Terre et à celle l'Espace; et des fêtes du fétichisme[111]. Mais les fêtes concrètes sont plus accessibles et plus nombreuses.

Quant aux « pèlerinages », Laffitte souligne à plusieurs reprises leur importance. Il en rappelle la généralité dans les traditions religieuses, ce qui est une manière d'accentuer une fois encore l'œcuménisme du positivisme — antiques théocraties, islamisme étant convoqués à l'appui.

« Cette institution religieuse remonte aux premiers âges de la théocratie, comme nous en voyons des exemples en Égypte d'après Hérodote »[112] — « De tout temps, les hommes se sont assujettis au devoir d'aller visiter certains lieux, caractérisés, soit par des événements mémorables, soit par la naissance ou la mort d'hommes illustres, soit enfin par des institutions cultuelles. Toutes les Religions ont sanctionné et coordonné cette disposition spontanée de la nature humaine, source de nos émotions et moyen de perfectionnement moral et mental, surtout lorsque de tels déplacements affectent dans certains cas un caractère collectif. Le grand Mahomet a apporté un perfectionnement capital à cette conception par l'obligation imposée à tout vrai croyant d'un pèlerinage à La Mecque »[113].

Ainsi, par-delà leurs significations culturelles, Laffitte ancre les pèlerinages sur la « nature humaine » :

« Il est certain que l'institution des pèlerinages tient à une disposition fondamentale de la nature humaine, que les Religions théologiques ont sanctionnée et plus ou moins perfectionnée, mais sans en faire la théorie qui ne pouvait émaner que de la science, complètement développée et systématisée, c'est-à-dire du Positivisme. – Le culte repose en effet sur trois lois de notre nature : 1° *L'expression du sentiment le développe*, et toute émotion *collectivement* exprimée acquiert par cela même une intensité exceptionnelle; 2° Le choix d'un endroit unique, *déterminé et constant* pour une telle manifestation concourt nécessairement à la *pureté* comme à l'*intensité* de l'*émotion*; 3° L'élévation morale de l'émotion augmente avec la diversité des êtres qui y concourent. Le pèlerinage réunit au plus haut degré ces trois caractères. Le Positivisme, en vertu du caractère réel et complet de sa doctrine, saura remplacer le vague et banal déplacement moderne par une coordination systématique qui satisfera à l'ensemble des traductions honorables, et qui, même

la fête de Condorcet, avec pèlerinage à Bourg-la-Reine; inaugurée en 1881, elle est très régulièrement célébrée à partir de 1888 (cf. Quarante-cinquième Circ. de 1892, p. 5). D'autres festivités sont plus occasionnelles : par exemple pour le centenaire de Diderot (cf. Trente-sixième Circ. de 1884, p. 7) une commission ad hoc est créée pour coordonner les fêtes; pour le centenaire de Frédéric II (Trente-neuvième Circ. de 1887, p. 5)...

110. Cf. Quarante et unième Circ. de 1888 p. 2.
111. Cf. Trente-troisième Circ. de 1881, p. 19; Trente-quatrième Circ. de 1882, p. 2-3; et Trente-sixième Circ. de 1883, p. 3-4.
112. Cf. Trente-troisième Circ. de 1881, p. 5.
113. Cf. Vingt-septième Circ. de 1875, p. 7.

lorsque le pèlerinage sera individuel, lui donnera une haute élévation morale par la conception nette de la participation au moins morale de tous les autres à un tel déplacement. Dès lors les relations des peuples entre eux, outre celles qui résultent des occupations actives, acquerront ainsi une noble sanction morale, qui les rendra plus douces et plus efficaces pour notre perfectionnement. La Religion qui apprécie toutes les traditions pouvait seule coordonner définitivement pour notre amélioration ce besoin essentiel de notre nature »[114].

Laffitte, systématise donc la « théorie des pèlerinages », en insistant sur la combinaison des bienfaits culturels et moraux qui définit le style propre des pèlerinages positivistes.

> « Une conférence a toujours eu lieu, avant chaque pèlerinage, sur l'objet auquel il s'appliquait. Je ne saurais trop appeler l'attention sur la grande importance d'une pareille organisation pour l'éducation intellectuelle et morale. On développe ainsi la connaissance du passé, toujours liée, par le positivisme, à la conception de l'avenir et à la direction du présent. La comparaison des pèlerinages positivistes avec ceux organisés par les religions théologiques en décadence, montre l'immense supériorité de la doctrine régénératrice. Les pèlerinages théologiques ne sont malheureusement, le plus souvent, qu'un concours d'individus qui vont chercher non un grand perfectionnement mental et moral, mais une ressource purement thérapeutique, habituellement empruntée à un fétichisme grossier et à des formules arriérées, dont la peur de la mort peut seule faire accepter la réalité objective »[115].

Les pèlerinages, fort divers, remportent un vif succès[116]. E. Corra s'en fait une sorte de spécialité à partir de 1890; il en organise rien de moins qu'une dizaine dans l'été 1903[117].

Les positivistes se mobilisent aussi pour laisser des traces matérielles de leur culte : ils prennent l'initiative de souscriptions pour des statues ou monuments — statues à Spinoza[118], à Danton[119], à Condorcet en 1894[120]; souscription pour l'érection d'une mosquée[121]; monument d'Auguste Comte sur la place de la Sorbonne[122].

114. Cf. Vingt-septième Circ. de 1875, p. 7. C'est Laffitte qui souligne.
115. Quarante-troisième Circ. de 1890, p. 2.
116. Il y en a à Epinay, La Chevrette et l'Ermitage, en honneur du salon de Mme d'Epinay (cf. Trente-troisième Circ. de 1880, p. 4), aux environs de Ville d'Avray, aux Jardies, en honneur à Gambetta, lieu où est mort « le grand patriote » (Trente-sixième Circ. de 1884, p. 5); en divers lieux symboliques de la Révolution française : aux Tuileries, aux Feuillants, au Palais-Royal, à Versailles, à la Conciergerie, au Musée Carnavalet (cf. Quarante et unième Circ. de 1889, p. 3; Quarante-quatrième Circ. de 1891, p. 2-3); à la forêt de Carnelle pour y honorer l'âge de la pierre polie, (cf. Quarante-neuvième Circ. de 1896, p. 4); à Yerres patrie de Guillaume Budé, au Muséum d'histoire naturelle, galerie paléontologie (cf. Cinquante et unième Circ. de 1899, p. 2)...
117. Cinquante-troisième Circ., p. 5.
118. Cf. Vingt-neuvième Circ. de 1877, p. 15
119. Cf. Trente-cinquième Circ. de 1883, p. 2; Quarante-quatrième Circ. de 1891 p. 2.
120. Cf. Quarante-septième Circ. de 1894, p. 3.
121. Cf. Quarante-huitième Circ. de 1894 p. 7.
122. Cf. Cinquante-deuxième Circ. de 1903, p. 1.

Commémorer et vénérer sont ainsi les traits dominants du culte cultivé par les positivistes. Il traduit aussi quelque prédilection pour le funèbre[123], pour ce culte des morts cher à Comte[124].

Le culte positiviste est fait aussi de « sacrements » que Laffitte prodigue largement, en dépit des réserves faites sur sa « direction » dans la Neuvième circulaire. De fait, Laffitte consacre de nombreux baptêmes-« présentations », des mariages positivistes et même des « destinations » dès 1860[125], une « initiation » dès 1863[126]... Et il codifie les formules par lesquelles les sacrements sont conférés. En 1867, celui qui disait ne jamais vouloir juger annonce son intention de conférer l'« incorporation » qui exige le jugement[127], et il proclame la première en 1869[128]. De son côté R. Congreve, le chef du positivisme anglais, baptise et marie, et F. Harrison aussi[129].

Ainsi, tout en n'ayant jamais été intronisé « prêtre », Laffitte en exerce toutes les fonctions.

ÉVOLUTION : LA DISPERSION

Sous la « direction » de Laffitte, le positivisme religieux se relève lentement de la disparition du fondateur. L'évolution du nombre de souscriptions au subside est significative. En 1858, le nombre des souscriptions descend de 73 à 37 ; jusqu'en 1871, il oscille entre 55 et 66. Puis commence une nette ascension : en 1872, il y a 80 souscriptions ; en 1873, 109 et 134 en 1874 ; en 1877, 157. Dans les années 80 sont atteints les meilleurs scores : 231 en 1881, 260 en 1882. Le nombre d'adeptes-cotisants faiblit dans les années 90, mais reste à plus de 200. Il y a une nette diminution en 1902 où ne souscrivent que 162 membres : Laffitte est malade et il n'y a pas eu de circulaire pour 1897 et 1898 ; Charles Jeannolle rédige celle de juin 1899 ; mais il n'y en a plus ni pour 1900, ni pour en 1901, et celle pour 1902 est restreinte. Les deux dernières circulaires de 1903 et de 1904 font état de 189 et 196 souscriptions. Cependant le mouvement s'essouffle.

---

123. Cf. l'importance que revêt pour les positivistes l'entretien des tombes, et pas seulement celles d'Auguste Comte ou de Clotilde de Vaux. Ils se soucient de remettre les sépultures de « héros » en état, en inaugurent d'autres — cf. par exemple pour Sophie Germain, Trente-cinquième Circ. de 1883, p. 2, ou pour Mme Helvétius, Quarante-cinquième Circ. de 1892, p. 6.

124. Cf. Raquel CAPURRO, Le positivisme est un culte des morts : Auguste Comte, Paris, EPEL, 2001.

125. La première « destination est accordée à A. Hadery comme « patricien » – cf. Douzième Circ. Dès 1865 Laffitte s'autorise à prononcer une destination pour un « aspirant au sacerdoce », il s'agit de Henry Bridges – cf. Dix-septième Circ. ; en 1880 lorsqu'il confère la destination sacerdotale à Miguel Lemos, Laffitte rappelle qu'il en a déjà conféré quatre – cf. Trente-troisième Circ., p. 6.

126. Cf. Seizième Circ.

127. Cf. Dix-neuvième Circ., p. 1 : il s'agit de Martin Thomas, mari de la « fille adoptive » de Comte.

128. Cf. Vingt-deuxième Circ. p. 11 : il s'agit d'« incorporer » W. de Constant-Rebecque.

129. Cf. Vingt-quatrième Circ. de 1872, p. 5 ; Quarantième Circ. de 1888, p. 7.

En fait, le positivisme religieux se disperse : il est affaibli par des schismes ; et l'exportation internationale incite de multiples églises à adopter leur propre style.

Tensions et scissions

C'est au moment où Laffitte fait des circulaires de plus en plus satisfaites sur les progrès du positivisme et sur la constitution de noyaux à l'étranger, que la révolte gronde et éclate dans l'Église.

Des signes de tensions apparaissent dans le compte-rendu de l'année 1877, car Laffitte éprouve le besoin de justifier son action et l'importance accordée à l'enseignement. Tout en montrant qu'il s'est soucié du culte, il assume la priorité donnée à celui-là sur celui-ci :

> « Néanmoins, la considération du culte m'a toujours été présente, et j'en ai préparé, lentement mais solidement, la réalisation. [...] Le culte doit porter essentiellement sur le calendrier concret, c'est-à-dire sur la glorification des Grands Types de l'Humanité. Mais cette glorification suppose une appréciation : car comment convoquer le public, en admettant que cela fut possible, à des manifestations esthétiques et d'effusion morale envers Richelieu et Confucius, si l'un reste toujours un type du prétendu égoïsme de l'homme d'État, et l'autre le représentant d'une civilisation que la superficialité occidentale qualifie de ridicule. De telles manifestations seraient alors puériles et purement verbales. Il faut au culte de l'Occident des bases plus viriles et moins enfantines » [130]

Cela indique qu'on lui a reproché sa relative discrétion cultuelle. Pourtant, et sans doute est-ce aussi très significatif, c'est dans cette même Trentième circulaire que Laffitte se fait l'écho des manifestations liturgiques en place dans la *Positivist School* : « Je crois devoir donner ici la traduction intégrale de la courte notice où M. Congreve donne l'ensemble de la liturgie dont il a fondé et adopté l'emploi ». Suit la description du service du dimanche matin ouvert par une Invocation, puis suivent la méditation des « formules sacrées », et la lecture de l'*Imitation du Christ* de Thomas A' Kempis, à la manière dont Comte en avait recommandé l'usage, c'est-à-dire en substituant l'Humanité à Dieu, « le type social au type personnel de Jésus » ; puis les Prières à l'Humanité, scandées par des « Amen » [131]. Reconnaissant donc l'Anglais comme « ayant fondé » la liturgie et lui en rendant publiquement hommage, P. Laffitte essaie de se faire un allié de celui qui très bientôt se présente comme concurrent. Mais la manœuvre unifiante échoue.

Les dissensions sont en effet clairement reconnues par P. Laffitte dans la circulaire de 1879 [132]. En septembre 1878, R. Congreve adresse une circulaire déclarant sa séparation de la direction centrale du positivisme. Pierre Laffitte essaie encore de minimiser l'affaire. Pour maintenir l'unité de la religion positiviste et de son Église toujours proclamée universelle, il souligne que le différend porte sur le caractère donné à « l'action politique ». Et il relève ce qui dans les propos même de Congreve peut encore confirmer une union fondamentale, et donc une désunion toute provisoire. Ce ne serait que questions de forme et non

---

130. Cf. Trentième Circ. du 2 Moïse 90 (2 janvier 1878), p. 13-14.
131. Trentième Circ., p. 9-10.
132. Cf. Trente et unième Circ., p. 2 et 8-13.

de fond. Et de citer Congreve lui-même : « Il n'existe aucune divergence, quant à la doctrine prise dans son ensemble ; c'est uniquement sur la manière de présenter cet ensemble que nous sommes en désaccord » ; et de commenter à la baisse : « C'est donc un schisme et nullement une hérésie ». L'hérétique reste Littré qui, lui, refusait le positivisme religieux se contentant du positivisme intellectuel. Laffitte minimise encore le « schisme » en soulignant les fidélités qui lui restent acquises au sein même du groupe britannique [133].

Il n'empêche que la crise est grave, et Laffitte doit bien reconnaître que le positivisme français en est affecté. Les contestataires principaux sont Sémerie [134] — celui-là même auquel Laffitte propose en 1878 l'administration de la naissante *Revue Occidentale* et qui la refuse — et le toujours bouillant Dr Audiffrent, qui fonde le Groupe de l'Apostolat [135]. Les schismatiques protestent contre les décisions de l'Exécution testamentaire [136], et réclament plus fort encore lorsque Laffitte juge en 1892 que l'achat de la Maison d'Auguste Comte détermine la clôture de l'Exécution testamentaire [137]. Ils rédigent un manifeste auquel Laffitte s'efforce de répondre point par point [138]. Mais il attaque à son tour ces prétendus intégristes dont il fustige la religiosité déplacée :

> « Quant à la séparation de ceux qui ont trouvé plus commode de réduire le positivisme à quelques cérémonies faciles — qui ne sont, du reste, que la reproduction identique des fêtes que j'ai instituées, sauf quelques détails de costumes que j'ai, je l'avoue, négligés comme prématurés — il fallait s'y attendre. Le désir d'être quelque chose, joint à l'incapacité fondamentale d'être quelqu'un, que l'on voit si bien dans quelques Brésiliens exubérants d'amour-propre, devait faire surgir de ces vanités impuissantes qui ont abouti à une grotesque imitation de Grégoire VII, par un usage extravagant de l'excommunication. Ce ne sont que choses ridicules et qui rendraient en effet le positivisme peu digne de l'attention du public, s'il n'y avait pas un groupement d'hommes sérieux dont l'intervention philosophique et sociale ne laisse pas que d'avoir une réelle action » [139].

Le différend, surtout cultuel donc, touche cependant aussi d'autres points fondamentaux de la doctrine du maître : dans la contestation de la direction prise après la mort de Comte, Laffitte décèle aussi une méconnaissance du « principe de la division des deux pouvoirs », de même qu'à l'importance de l'unité de direction. Contre Audiffrent qui aurait

---

133. Bridges, Beesly, Ellis, Lushington, Morrisson, Harrison restent liés à Laffitte. Bridges est président du Comité créé pour faire face à la crise ; c'est à Beesly qu'est confiée la direction de la Positivist Society. Il y eut donc alors deux groupes positivistes anglais : celui de Chapel Street, autour de Congreve, très soucieux de liturgie ; celui de Newton Hall dont Harrison prend la direction spirituelle. Ces positivistes fidèles en rajoutent même sur leur militantisme, puisque Mme Harrison fonde le premier « salon positiviste ». *Ibid.*, p. 12.
134. Cf. Trente-deuxième Circ., p. 2.
135. Audiffrent s'est d'abord allié avec Congreve, mais il s'en sépara en 1881.
136. Désaccord sur la communication des papiers d'Auguste Comte mentionné par Laffitte en 1880 cf. Trente-troisième Circ., p. 2.
137. Cf. Quarante-sixième Circ. de 1893, p. 2-5.
138. Cf. Quarante-huitième Circ. de 1895, p. 2-5.
139. Cf. Quarante-huitième Circ., p. 2.

voulu combiner la Société positiviste de Paris avec le corps des exécuteurs testamentaires, Laffitte invoque et l'autorité du maître et le modèle catholique. Pour lui, les Sociétés positivistes comme les couvents
du moyen âge constituent « un intermédiaire entre le sacerdoce et la
masse disponible pour servir à former la direction de l'opinion publique » :

> « Sans cet intermédiaire, la distance serait trop grande entre ce sacer-
> doce toujours très peu nombreux et une foule toujours dispersée; sans cet
> intermédiaire, en un mot, l'organisation de l'opinion publique, base du ré-
> gime final, serait vraiment illusoire et cette opinion ne se manifesterait que
> par des entraînements, souvent utiles, souvent nuisibles, mais toujours for-
> midables. Il faut à son organisation un mécanisme délicat qui lui permette
> de suivre, sans trop tendre les ressorts, les oscillations du mouvement social.
> Cette organisation permettra à des natures souvent merveilleusement
> douées, mais qu'une personnalité insuffisante ou des difficultés matérielles
> n'ont pu conduire ni au sacerdoce ni au pouvoir temporel, de jouer un rôle
> social digne d'elles, pourvu qu'elles acceptent une convenable subordination
> par rapport à la puissance spirituelle. Dans le prolétariat surtout, que de na-
> tures délicates que la brutalité d'un siècle aussi étroit et aussi bas que le nô-
> tre n'a su ni comprendre ni utiliser ! » [140]

Laffitte joue donc ici encore la médiation : il veut aller lentement,
par étapes, et accueillir la collaboration du plus grand nombre. En face,
l'impétueux Audiffrent argumente plutôt sur l'élitisme et prêche
l'intégrisme. À la mort de Laffitte en 1903, Audiffrent publie même un
bilan très critique de la direction exercée par Laffitte [141]. Il lui reproche
de s'être trop aisément contenté de faire des cours et d'avoir trop négli-
gé la mission religieuse :

> « Le chef qu'on s'était donné se contentait de promener sa vaste érudi-
> tion sur divers sujets où manquait toujours l'imposante allure de la grande
> doctrine. C'est ainsi qu'il arriva à éteindre peu à peu autour de lui l'ardeur
> révolutionnaire sans éveiller l'enthousiasme religieux » [142].

Même les initiatives plus directement cultuelles de Laffitte sont sévèrement jugées : ainsi de la commémoration des grands types historiques dans laquelle Audiffrent trouve plus d'érudition que de formation
religieuse :

> « L'apôtre, le prêtre, n'existait pas sous le professeur, qu'on entendit ce-
> pendant avec grand intérêt. [...] L'allure académique du professeur l'emporta
> sur les exigences religieuses. Pendant cet interrègne spirituel, d'autres be-
> soins se faisaient sentir, surtout en France. La situation politique s'aggravait,
> un parlementarisme, à la fois oppressif et désorganisateur, était devenu
> compromettant pour les plus recommandables intérêts. [...] La guerre qui
> avait livré le pays à la tourbe des discoureurs, y ramenait. »

---

140. Cf. Trente-quatrième Circ. de 1882, p. 18
141. M. Laffitte et l'exécution testamentaire d'Auguste comte, Paris, Librairie Blan-
chard, 1903, p. 13.
142. Op cit., p. 13. Voir aussi par exemple à propos des événements de 1870 : « Au
domicile sacré, M. Laffitte faisait des cours bien intéressants, bien instructifs sans
doute. A-t-on pensé dans le groupe qu'il présidait qu'il y avait autre chose à faire ? »
(Op.cit., p. 19).

Audiffrent trouve ainsi que Laffitte ne sut se comporter qu'en "dilettante ». Il lui reproche aussi ses amitiés politiques, ce qu'il appelle son « ministérialisme », et trouve qu'il en usa plus pour sa promotion personnelle que pour la propagande positiviste; et il y voit une perte d'indépendance, des compromis douteux avec un parlementarisme dangereux et une officialisation du Positivisme qui dans les excès d'honneur perd sa dignité [143]. Bref, Laffitte n'eut aucun sens de sa « mission », et ne fit qu'une gestion déviationniste. En fait on retrouve sous la plume d'Audiffrent contre Laffitte la reprise des reproches adressés par Comte à Littré : l'intellectualisme qui se perd dans l'érudition, l'incomplétude par manque de sens religieux, le glissement politique ...

La dispersion internationale

Charles Jeannolle succède à P. Laffitte à la tête du groupe de la Rue Monsieur-le-Prince à partir de 1903. De fait, il rédige les circulaires à partir de 1897, car Laffitte est très malade.

Mais ces dernières circulaires scandent l'évident délitement du mouvement. D'abord elles deviennent plus rares : la Cinquantième ne paraît qu'en 1899 et vaut pour 1897 et 1898 à la fois; la Cinquante et unième n'est publiée qu'en 1902 et elle est sommaire, de l'aveu même de son rédacteur qui publiant la Cinquante-deuxième en 1903, la donne pour 1899, 1900, 1901 et 1902; la Cinquante-troisième est datée de juillet 1904; la Cinquante-quatrième de novembre 1905, donc l'intervalle est encore de plus d'une année, et dans cette ultime circulaire le rapport sur le Comité positiviste anglais est somme toute plus long que celui du centre français.; les Cinquante-cinquième et Cinquante-sixième circulaires de 1906 et 1907 sont squelettiques. Et Jeannolle ne cache pas les difficultés rencontrées : il fait état des contestations de positivistes qui veulent le voir quitter l'appartement d'Auguste Comte; en avouant la crise, il essaie d'en dire la « solution » « heureuse », mais enfin on voit bien que l'appel réitéré à l'union répond à la désunion réelle :

> « La solution, survenue à la fin de l'année 1903 et au commencement de 1904, de la crise produite par le conflit des deux théories relatives à la direction, me paraît très heureuse en ce qu'elle fait deux parts bien distinctes de la tâche vraiment excessive qui m'incombait [...]. Ces deux ordres de travaux sont, en réalité, complémentaires l'un de l'autre; ils doivent donc être poursuivis de manière à ne pas se gêner mutuellement et même avec le désir de s'entr'aider. J'adjure à ce sujet mes amis comme ceux qu'un malentendu a rendus momentanément mes adversaires, de ne pas se regarder d'un œil méfiant et jaloux, et de travailler de concert et sans arrière-pensée à l'œuvre commune qui est avant tout une œuvre de paix, de bienveillance et d'abnégation. » [144].

Jeannolle essaie aussi de constituer le Comité positif occidental pour réunir et remotiver ses troupes, mais cela n'apaise pas les divisions [145]. Contrairement à ses prédécesseurs qui, face aux crises renfor-

143. *Op.cit.*, p. 24-29, 38-39.
144. Cf. Cinquante-troisième Circ. de 1904, p. 1-2 puis 4.
145. Cf. Cinquante-troisième Circ. de 1904, p. 3; Cinquante-quatrième Circ. de 1905, p. 2

çaient plutôt leur autorité, Jeannolle réagit par l'effacement; il affaiblit son rôle directeur, le renvoie même à plus tard :

> « Pendant longtemps et même toujours on devra se garder de vouloir faire du directeur un oracle infaillible, prescrivant ce qu'il faut croire et ce qu'il faut faire à l'exemple du pape catholique. Ce serait absurde et le directeur devra s'opposer de toutes ses forces à ce qu'on lui fasse jouer un tel rôle qui ne conviendrait pas, en régime positiviste, au grand-prêtre lui-même. [...] Il ne faut voir aujourd'hui dans l'institution de la direction, assistée du Comité positif occidental, qu'un appareil de liaison de plus en plus intime entre les positivistes de tous pays et de convergence de plus en plus grande de leurs libres efforts particuliers; ce qui suppose qu'on se contentera d'insister sur ce qu'ils ont de commun en écartant, sans raideur, par voie d'ajournement, ce qui peut les diviser » [146].

Une telle attitude minimaliste est bien loin de la fermeté du premier pontife. Une telle tolérance à la particularité et à la dispersion des positions, un tel souci de consensus de compromis entraînent la désagrégation de plus en plus grande du mouvement.

La prudence de Charles Jeannolle paraît d'une timidité militante tellement désastreuse qu'un autre schisme partage les positivistes en 1906, entraînant autour d'Émile Corra la constitution de la *Société positiviste internationale* qui se donne aussitôt une revue [147].

En 1907 Jeannolle entreprend de refaire l'historique du positivisme à sa manière et s'efforce de justifier son action dans la lignée de celle de son prédécesseur [148],

> « Il faut se défier des improvisations soudaines. La transformation que nous souhaitons sera incontestablement très longue et s'opérera d'une manière à chaque instant insensible. La sagesse nous commande de n'aller que lentement et à coup sûr, afin de n'être pas forcé de rétrograder. Plusieurs des schismes qui se sont produits ont tenu à ce que certains positivistes voulaient aller plus vite que ne le comportait la situation. D'autres au contraire, sont dus à ce que les disciples n'étaient pas capables de suivre leur chef, qui a dû continuer sa route en les laissant derrière lui. [...] On peut constater que le défaut commun des schismatiques consiste dans leur impuissance à passer rationnellement de l'abstrait au concret » [149].

Mais les disciples se font de plus en plus rares.

La *Revue occidentale* survit jusqu'en 1914. Les articles de fond sont exceptionnels; les bulletins d'informations sur les diverses sociétés, les reproductions des discours aux cérémonies, des indications bibliographiques, des archives exhumées... et de nombreuses notices nécrologiques ... occupent l'essentiel des pages de moins en moins nombreuses. L'apostolat n'a plus d'apôtres.

---

146. Cf. Cinquante-quatrième Circ. de 1905, p. 2.

147. Voir la circulaire reprise dans le premier numéro de la *Revue Positiviste internationale*, 1er Juillet 1906, ainsi que le procès-verbal de la réunion du *Comité positif occidental* où la scission eut lieu.

148. Discours pour la commémoration de la mort d'Auguste Comte, le 5 septembre 1907, *Revue Occidentale.*, 30- VI, p. 298-339.

149. « Discours pour la Fête de l'Humanité », 1er janvier 1908, *Revue Occidentale*, p. 79-80.

Bien des disciples de Comte ont donc vraiment eu le souci d'affirmer le positivisme religieux comme positivisme complet, en le démarquant ainsi nettement de l'orientation hérétique de Littré qui, lui, n'a pas hésité à « scinder M. Comte » pour sauver la philosophie positive[150]. Les positivistes religieux ont continué, non sans âpreté d'ailleurs, à défendre leur Maître contre celui qui persistait pourtant à s'en dire disciple[151]. Pourtant, ce n'est guère qu'après la disparition de Littré que Laffitte est arrivé à donner quelque éclat au positivisme orthodoxe[152]. Laffitte était appliqué, systématique dans l'application qu'il fit des leçons du maître, mais lui-même est resté assez peu charismatique. Plutôt modéré, il s'est efforcé de développer un positivisme « planétaire » — mot qui revient souvent dans ses programmes — et œcuménique — le mot n'est pas employé mais l'intention est manifeste dans les intérêts portés aux divers courants spirituels et religieux. Il voulait convaincre pour convertir. De plus l'institutionnalisation du mouvement l'ont alourdi et les enjeux matériels, disons temporels, ont facilité les concurrences et les conflits. Les schismes apparus furent le fait d'« ultras », d'« intégristes » pour qui le rituel liturgique dominait et la propagande devait être croisade. Et paradoxalement, le positivisme se délite, se désagrège lors même qu'il s'universalise.

Université Paul-Valéry
Montpellier III
Route de Mende
34199 Montpellier cedex 5

150. Cf. LITTRÉ, *Auguste Comte et la philosophie positive*, 1863.

151. Cf. *M. Littré et le positivisme* par E. ROBINET, 1871 ; André POËY, *M. Littré et Auguste Comte* 1879, a été partisan de Littré puis passé au groupe Laffitte – cf. Trente-deuxième Circ. p. 11,

152. Littré meurt en 1881, et la revue qu'il avait fondée avec Grégoire Wyrouboff, *La Philosophie positive* qui avait précédé d'une dizaine d'années la revue de la mouvance laffittienne s'arrête en 1883. Et c'est Wyrouboff qui devient le successeur de Laffitte au Collège de France en 1904.

RÉSUMÉ DE L'ARTICLE. — Les disciples de la religion positiviste. Par Annie PETIT.

En fondant la Religion de l'Humanité Comte prétendait retrouver le sens du mot religion : « relier et rallier ». Or le déploiement religieux du positivisme l'a plutôt divisé et dispersé. Après avoir rappelé les caractères principaux voulus par le fondateur, on analyse ici les difficultés de ses successeurs. Sous la direction de Pierre Laffitte qui s'applique à remplir le programme « Enseigner, conseiller, consacrer, juger », le positivisme se développe et il prend même en France certaines allures de philosophie officielle; mais les apôtres se querellent, les scissions se multiplient et le mouvement s'essouffle. Paradoxalement le positivisme se délite, se désagrège lors même qu'il s'universalise.

SUMMARY. — The Disciples of the Positivist Religion. By Annie PETIT.

In establishing the Religion of Humanity Comte claimed to have found the meaning of the word religion : « rejoining and rallying ». And yet Positivism's religious expansion rather divided and dispersed it. After having recalled the principal characteristics intended by the founder, we examine here the difficulties of his successors. Under the direction of Pierre Laffitte who applies himself to the program, « Teach, counsel, consecrate, judge », Positivism develops and here in France even takes on a few of the looks of official philosophy. But the apostles quarrel, the rifts multiply, and the movement runs out of steam. Paradoxically, Positivism falls apart, crumbles, even as it becomes pervasive.

Rev. Sc. ph. th. 87 (2003) 101-126

L'APOLOGÉTIQUE DE FERDINAND BRUNETIÈRE ET LE POSITIVISME : UN BRICOLAGE IDÉOLOGIQUE « *GÉNÉREUX ET ACCUEILLANT* »

par Thomas LOUÉ

> « D'une façon plus générale, la grande affaire pour votre génération aura été le passage de l'absolu au relatif... »
>
> Rœmerspacher à Taine [1]

Les années 1893-1895 marquèrent une inflexion majeure dans la trajectoire individuelle de Ferdinand Brunetière. D'un point de vue institutionnel, il accédait à la consécration littéraire par son élection à l'Académie française et la prise de direction de la *Revue des Deux Mondes*. Intellectuellement, il amorçait son rapprochement avec le combat des catholiques français contre la République laïque. Il convient de ne pas dissocier les deux logiques, institutionnelle et intellectuelle, car elles s'entrecroisent fortement. C'est en effet une *Revue des Deux Mondes* en pleine crise dont hérite Brunetière dans des conditions difficiles : les abonnements déclinaient rapidement depuis le milieu des années 1880 mais, en même temps, jamais un intellectuel n'avait eu à sa disposition un tel instrument de communication [2]. Critique littéraire à la revue depuis 1875, il s'y était forgé une solide réputation, notamment en

---

1. Maurice BARRÈS, *Les Déracinés* (1887), réédition Paris, UGE, 1986, avec une préface d'Hubert Juin.
2. Thomas LOUÉ, *La Revue des Deux Mondes de Buloz à Brunetière. De la belle époque de la revue à la revue de la Belle Époque*, décembre 1998, Université de Paris I, sous la direction d'Alain Corbin, 3 volumes, 1998, 1277 p. On peut estimer que la revue sert alors autour de 18.000 abonnés.

éreintant le roman naturaliste et principalement son chef de file, Émile Zola chez lequel il attaquait la prétention à construire un « *roman expérimental* »[3].

Mais c'est du fameux article « Après une visite au Vatican » paru dans la *Revue des Deux Mondes* le 1er janvier 1895 que date le compagnonnage de route de Ferdinand Brunetière avec l'Église catholique. Généralement, c'est au prisme des processus de conversion que les historiens interrogent les itinéraires d'intellectuels qui, à partir des années 1880, se rallièrent au catholicisme[4]. Au-delà de la psychologie individuelle – ou collective – qui motivent souvent les analyses en terme de conversion, les facteurs sociaux et idéologiques sont souvent délaissés alors qu'ils furent essentiels[5]. La concordance de temps entre l'accession à la direction de la *Revue des Deux Mondes* et le rapprochement avec le catholicisme peut en effet s'expliquer par une stratégie de compensation investissant dans la visibilité du combat idéologique afin de maintenir une audience mise à mal par la position déclinante de la *Revue des Deux Mondes* dans l'espace public. De ce point de vue, la singularité des modalités de la défense catholique par Brunetière doivent tenir compte de son propre positionnement.

Si l'on fait abstraction de la question de la conversion, entre 1895 et 1906, date de sa mort, une large part de l'activité intellectuelle de Brunetière fut consacrée à la défense du catholicisme : elle emprunta des voies et des formes extrêmement variées : défense du catholicisme social, soutien des associations de la jeunesse catholique (l'ACJF notamment), dialogue avec la démocratie chrétienne, défense de l'enseignement libre (Ligue pour la liberté de l'enseignement), etc.[6] Ferdinand Brunetière privilégia deux formes d'intervention : les conférences publiques et les articles de fond publiés dans la *Revue des Deux Mondes*. La fonction des premières, qui formèrent la matière des trois séries des *Discours de combat*, était essentiellement d'investir l'espace public, et transforma de fait l'intellectuel en commis voyageur de la défense catholique. Tous les témoins s'accordent pour reconnaître à Brunetière des qualités d'orateur exceptionnelles, et lui-même n'était pas sans en connaître la force. Quant aux articles, ils avaient une fonction différente : destinés à construire les bases d'une réflexion théorique qui

---

3. Les articles de Brunetière sont repris en volume dans *Le Roman naturaliste*, Paris, Calmann Lévy, 1882. Alain PAGES, *La Bataille littéraire. Essai sur la réception du naturalisme à l'époque de* Germinal. Paris, Librairie Séguier, 1989.

4. Frédéric GUGELOT, *La Conversion des intellectuels au catholicisme en France. 1885-1935*, Paris, Éditions du CNRS, 1998, Henriette PSICHARI, *Les Convertis de la Belle Époque*, Paris, Éditions rationalistes, 1971 ; sur l'itinéraire personnel de Brunetière, cf. Pierre FORTIN, *Brunetière et Besançon. Les étapes de son évolution religieuse*, Besançon, Librairie Marion, 1912.

5. Hervé SERRY, « Déclin social et revendications identitaires : la "renaissance littéraire catholique" de la première moitié du XXe siècle » in *Sociétés Contemporaines*, 44, 2002, p. 91-109.

6. Johannes VAN DER LUGT, *L'Action religieuse de Ferdinand Brunetière (1895-1906)*, Paris, Desclée de Brouwer, 1936. L'ouvrage est ancien et sans être exempte de parti-pris, il constitue une source d'information qui demeure utilisable.

devait soutenir l'action intellectuelle dans l'espace public, ils étaient une modalité intermédiaire de celle-ci. Ils n'avaient pas vocation à être rassemblés dans les volumes des *Discours de Combat*, mais devaient fournir la matière à une trilogie apologétique dont Brunetière envisagea l'élaboration vers 1901-1902 et dont seulement le premier volume a paru en 1904[7]. C'est surtout dans le cadre de cette construction théorique de l'œuvre apologétique de Brunetière que le positivisme fut mis à contribution, comme l'indique le sous-titre de l'ouvrage. Deux éléments sont à relever d'emblée : d'une part, l'utilisation d'une théorie philosophique élaborée dans le champ philosophique avait déjà été pratiquée par Brunetière. En effet, son cours professé à l'École Normale Supérieure en 1889 sur l'évolution des genres opérait un transfert conceptuel de la philosophie évolutionniste vers la critique littéraire[8]. Plus que de transfert conceptuel au sens strict, il faudrait mieux parler ici de raisonnement analogique, mais il n'en demeure pas moins que Brunetière « utilisa » les théories évolutionnistes dans le domaine de la critique littéraire. Du reste, lorsqu'il emprunte à l'œuvre d'Auguste Comte, il s'agit aussi pour lui de voir « *sortir* [...] *le contraire du semblable* ». Aussi, lorsqu'à partir de 1898 et plus encore après 1902, Brunetière se décida à « utiliser » le positivisme, il le fit sur un mode de raisonnement dont il était familier. Mais, d'autre part, il ne fait guère là œuvre originale et s'inscrit dans un courant plus large de rapprochement entre le positivisme et le catholicisme. Alors que la version littréenne en avait été consacrée par la République[9] – notamment avec les lois scolaires des années 1880[10] –, le retour à la lecture d'Auguste Comte s'opéra, dans les années 1890-1900, avec les prémisses de la remise en cause du scientisme triomphant incarné alors par Marcelin Berthelot[11]. Si la

7. Ferdinand BRUNETIÈRE, *Sur les chemins de la croyance. Première étape. L'Utilisation du positivisme*, Paris, Perrin, 1905 qui regroupe les articles parus dans la *Revue des Deux Mondes* en 1902-1903 : 1. Vue générale du sujet, largement tiré de « Pour le centenaire d'Auguste Comte », RDM, juin 1902; 2. « L'erreur du XVIIIᵉ siècle », RDM, août 1902; 3. « La Métaphysique positiviste » RDM, octobre 1902, 4. « La religion comme sociologie », RDM, février 1903; 5. « L'équation fondamentale », RDM, septembre 1903.

8. Ferdinand BRUNETIÈRE, *L'Évolution des genres dans l'histoire de la littérature*, Paris, 1890, réédition Pocket, Agora, 2000, notamment la première leçon, p. 27-54, p. 34 : « [...] trouvons-nous ici [dans la littérature] quelque chose d'analogue à cette différenciation progressive qui, dans la nature vivante, fait passer la matière de l'homogène à l'hétérogène, et sortir constamment, si j'ose ainsi parler, le contraire du semblable? [...] je pense que vous voyez assez l'analogie avec le problème général de l'évolution ».

9. Claude NICOLET, *L'idée républicaine en France (1789-1924). Essai d'histoire critique*, Paris, Gallimard, 1982, p. 193-225.

10. Louis LEGRAND, *L'Influence du positivisme dans l'œuvre scolaire de Jules Ferry. Les origines de la laïcité*, Paris, Rivière, 1961.

11. Jean JACQUES, *Berthelot (1827-1907). Autopsie d'un mythe*, Paris, Belin, 1987. Marcelin Berthelot fut du reste l'un des principaux protagonistes de la querelle de 1895 après la proclamation des « *faillites partielles de la science* » par Brunetière, et l'une des grandes figures du banquet de Saint-Mandé en l'honneur de la science, qui se tint en avril 1895, cf. Jacqueline LALOUETTE, « La querelle de la foi et de la science

connexion entre catholicisme et positivisme est aujourd'hui essentiellement connue sous l'angle des théories maurrassiennes et du discours
développé par Léon de Montesquiou au sein de l'Institut d'Action Française [12], ce mouvement de convergence ne fut pourtant pas limité à la
seule mouvance royaliste. Provenant à la fois de catholiques, généralement fraîchement convertis, ainsi que de certains milieux positivistes
eux-mêmes, il prit un tour multiforme dont l'apologétique de Ferdinand
Brunetière incarna l'une des expériences les plus éclatantes – parce que
les plus discutées – du moins à l'époque [13].

Plus largement encore, l'action apologétique de Brunetière se situait
nettement dans la réaction offensive du catholicisme, initiée par Léon
XIII dans les années 1880. La publication en août 1879 de l'encyclique
Æterni Patris marqua le point de départ du renouveau intellectuel de
l'Église et la volonté de repartir à la conquête des esprits, suivie en
1891 par l'encyclique *Rerum Novarum* qui offrait aux catholiques les
outils officiels de la reconquête d'une société travaillée par la modernisation et l'influence grandissante de la social-démocratie [14]. Ainsi que l'a
souligné avec force Pierre Thibault, le dessein pontifical se situait dans
la lignée du *Syllabus* et tendait avant tout vers la restauration d'un ordre social chrétien. Si un « *esprit nouveau* » tendait à émerger dans les
années 1890, il demeure ambigu d'y voir, à l'instar d'Eugène Spuller,
une période d'apaisement. Le renouveau intellectuel consécutif à la
restauration thomiste caractérisait plutôt le retour en force du catholicisme dans le champ politico-idéologique et dans le champ social, marquant

> « la réinsertion dans l'histoire de cet immense et puissant appareil de
> contrôle de l'opinion publique qu'était devenu l'Église [qui] allait être
> l'œuvre de Léon XIII » [15].

C'est ainsi qu'il faut comprendre l'entreprise du ralliement, avec la
publication de l'encyclique *Inter Sollicitudines* (1892), comme la pour-
suite de ce repositionnement dans le siècle, qui sans concession idéologique et dans la continuité de Pie IX, explorait les voies politiques nouvelles de la reconquête catholique [16]. La proximité de Brunetière avec

et le banquet Berthelot » in *Revue Historique*, 8, 1998, p. 825-843 repris in *La République anticléricale XIXᵉ-XXᵉ siècles*, Paris, Seuil, 2002.

12. Michael SUTTON, *Charles Maurras et les catholiques français 1890-1914. Nationalisme et positivisme*, Paris, Beauchesne, 1994.

13. Soulignons que l'exégèse biblique telle qu'elle est pratiquée par Alfred Loisy
par exemple s'intègre aussi dans ce positivisme catholique. Voir André GODARD, *Le
Positivisme chrétien*, Paris, Bloud et Barral, 1901.

14. Yves MARCHASSON, « Le contexte français au moment de la publication de
l'encyclique *Rerum Novarum* » in Yves LEDURE éd., *Rerum Novarum en France. Le Père
Dehon et l'engagement social de l'Église*, Paris, Éditions Universitaires, 1991, p. 11-17.

15. Pierre THIBAULT, *Savoir et pouvoir. Philosophie thomiste et politique cléricale au
XIXᵉ siècle*, Montréal, Presses de l'Université Laval, 1972.

16. Xavier de MONTCLOS, « Le Ralliement : intentions de Léon XIII et réactions
françaises » in Claude BRESSOLETTE éd, *Monseigneur d'Hulst, fondateur de l'Institut
Catholique de Paris*, Paris, Beauchesne, 1998, p. 211-220.

certains cercles du Vatican, et ses rapports privilégiés avec Léon XIII lui-même, en firent l'une des figures marquantes de la défense catholique entre 1895 et 1906. Il bénéficia toujours de l'appui du Saint-Père et du secrétaire d'État, le cardinal Rampolla ,qui voyaient en lui un porte-voix de première importance, « un sûr garant du retentissement » du discours romain en France[17]. Là encore, logique institutionnelle et logique intellectuelle sont inséparables pour comprendre le sens du discours de Brunetière.

Par ailleurs, on l'a déjà souligné, les commentateurs insistent généralement sur le lent cheminement de la conversion de Brunetière, qui, même après la conférence de Lille du 18 novembre 1900 demeure encore inachevée. Mais, de l'article de janvier 1895 au discours de Lille, qui ponctuèrent fortement l'itinéraire religieux de Brunetière, on oublie souvent des dimensions essentielles : du premier on ne retient souvent que la proclamation des « *faillites partielles de la science* »[18] et du second, que l'acte de soumission à l'institution catholique romaine, au détriment de la double dimension sociologique et épistémologique qui s'y esquisse et fonde pour une bonne part les bases de son apologétique future : on oublie en effet bien souvent que l'article de 1895 est pour l'essentiel une défense de *Rerum Novarum* qui soulignait la dimension sociale et autoritaire du catholicisme, tandis que le passage si souvent cité du discours de Lille était immédiatement suivi d'une argumentation reposant sur l'Inconnaissable d'Herbert Spencer à partir duquel Brunetière tenta de résoudre l'antagonisme religion-science[19].

Entre le conférencier et le directeur de revue et entre ce dernier et l'intellectuel, il y a donc une complémentarité des trois rôles qui, sans se recouvrir, se complètent : le premier avance les arguments que le dernier systématise grâce à l'outil médiatique du second.

La lecture d'Auguste Comte – mais aussi celle de Spencer ou d'autres – avait donc pour objet dans l'apologétique de Brunetière, d'abord de fonder une théorie de la connaissance qui résolve le lieu commun récurrent de la fracture entre religion et science et, ensuite, de

17. Bibliothèque Nationale, Manuscrits, *N. A. Fr. 25046*, fol. 51 lettre de Henri de Navenne à Ferdinand Brunetière du 6 août 1896 : « Le Pape, qui a conservé le meilleur souvenir de votre première visite, sera enchanté d'en recevoir une seconde, et l'article que vous avez publié en revenant de Rome lui est un sûr garant du retentissement réservé à celui que vous vous proposez de consacrer à la question sociale, après en avoir causé avec lui ». Voir aussi les offres de services médiatiques de Brunetière in Ferdinand BRUNETIÈRE, « Lettres au Cardinal Mathieu (1895-1906) » in *Revue des Deux Mondes*, 1ᵉʳ août 1920, p. 465.

18. , Harry W. PAUL, « The Debate over the Bankruptcy of science in 1895 » in *French Historical Studies*, 3, 1968.

19. Il est nécessaire de citer ici *in-extenso* le passage souvent tronqué : « Ce que *je crois*, – et j'appuie énergiquement sur ce mot, – ce que *je crois*, non ce que *je suppose* ou ce que *j'imagine*, et non ce que *je sais* ou ce que *je comprends*, mais ce que *je crois*... allez le demander à Rome ! En matière de dogme et de morale, je ne suis tenu que de prouver l'autorité de l'Église. La révélation n'a pas eu pour objet de mettre l'intelligence humaine en possession de l'*Inconnaissable*, et s'il n'y avait pas de mystère dans la religion, je n'aurais pas besoin de croire : je saurais ! », *Discours de Combat*, nouvelle séries, Paris, Perrin, réed. 1909, p. 43.

démontrer que le catholicisme est seul capable d'assumer avec force la cohésion du lien social, c'est-à-dire de faire tenir debout une société moderne. Mais, au-delà de la construction apologétique elle-même, il faut s'interroger sur le sens de cet effort intellectuel qui, entre 1898 et 1904 notamment, a suscité de vives réactions, en particulier au sein de l'Église. À cet égard, le positivisme catholique de Brunetière n'était pas une tentative isolée, mais elle apparaît surtout comme un moyen de se placer au cœur des débats contemporains. En ce sens aussi, Brunetière était proche des mouvances modernistes qui, comme le souligne Pierre Colin, recherchaient une position forte dans l'espace public aux antipodes d'une sorte de *splendid isolment* intellectuel[20].

Le 19 novembre 1898, Brunetière terminait son premier discours de Besançon en en appelant à Auguste Comte : celui-ci aurait parfaitement saisi la portée historique du christianisme dont l'unicité apparaît comme « une certitude objective positive ou positiviste »[21]. Il ne s'agissait évidemment pas d'une profession de foi positiviste, mais plutôt de fixer les lignes d'un programme à venir : tirer ses propres forces des arguments de l'adversaire :

> « Nous ne savons pas toujours nous servir de nos adversaires; nous ne savons pas dégager de ce que nous appelons leurs erreurs la part de vérité qu'elles contiennent; et, en disant cela, je songe à l'espèce d'acharnement que nous avons déployé quelquefois contre le positivisme »[22]

Dès 1898, Brunetière esquissait les sillons qu'il devait labourer ensuite : utiliser le positivisme pour défendre le catholicisme. L'abbé Loisy qui venait de lire la conférence, écrivit à Brunetière pour lui dire que :

> « [...] votre conférence m'a beaucoup plu et que votre idée d'une démonstration positive, presque positiviste de la religion est de celles que je cultive le plus volontiers dans ma solitude ».

mais aussi pour le mettre en garde contre les résistances que l'éminent critique risquait de rencontrer en s'engageant dans cette voie :

> « Je ne sais si tous les théologiens catholiques, même en France, même ceux qui vous louent, voient clairement la nécessité d'orienter l'apologétique dans le sens que vous dites. J'en doute un peu »[23].

---

20. Pierre COLIN, *op. cit.*, analyse qui rejoint celle de Georges WEILL, *Histoire du Catholicisme libéral en France, 1828-1908* [1909], Genève, Slatkine Reprints, Présentation de René Rémond, 1979.

21. BRUNETIÈRE, Ferdinand, « Le Besoin de croire » in *Discours de Combat*, 1ère série, Paris, Perrin, 1900, p. 336.

22. *Idem*, p. 331.

23. Bibliothèque Nationale, Mss, Fonds Brunetière, *N. A. Fr. 25043*, fol. 208. Alfred Loisy reprend quelque temps plus tard l'expression de Brunetière : dans la *Revue du Clergé Français* du 15 mars 1900 : « L'apologétique des derniers siècles a vu surtout dans la vérité de la religion une thèse à défendre par des raisonnements bien déduits, comme ses adversaires y voyaient une thèse à renverser par le même procédé. Le positivisme contemporain exige qu'on la lui propose comme un fait à constater. Pour admettre le caractère unique et extraordinaire du christianisme catholique, il veut que la divinité du catholicisme lui apparaisse, "non point en vertu d'une idée

Malgré l'avertissement d'un homme qui connaissait bien ces enjeux intellectuels au regard des rapports de forces qui dessinaient les contours d'une crise moderniste prenant alors de l'ampleur, les références et les emprunts de Brunetière à Comte prirent de plus en plus de consistance et de précision pour aboutir à leur formalisation et à leur systématisation dans les articles de la *Revue des Deux Mondes* de 1902 et 1903.

En 1898, Brunetière n'en était pas là et surtout les logiques intellectuelles qui sous-tendaient son action étaient différentes : l'affaire Dreyfus et la question de l'américanisme étaient alors au cœur de ses préoccupations.

Dans la première, il assumait une posture polémique au centre de laquelle figurait la question des « intellectuels », c'est-à-dire de la légitimité des savants à intervenir dans le champ politique, à sortir de leur laboratoire [24]. Au-delà des savants eux-mêmes, stigmatisés au nom de l'anti-individualisme, et en reprenant quelques arguments de 1895, Brunetière dénonçait les prétentions de la science à s'ériger en vérité absolue. Il essayait d'en montrer quelques-uns des méfaits, et notamment la traduction qui s'en formait dans la vague d'antisémitisme si importante à l'époque [25]. Question qui, en fait, faisait rejouer de vieux débats qui avaient déjà largement agité Brunetière lors de la polémique qu'il avaient entretenue avec Anatole France lors de la publication du roman de Paul Bourget *Le Disciple* en 1889 et qui, en même temps, avait contribué à asseoir sa théorie de la responsabilité intellectuelle [26]. Lors d'une conférence qu'il prononça à Bruxelles le 20 mars 1899, Brunetière développa longuement cette question du statut de la science pour aboutir à l'idée que le grand épanouissement de la science au XVII⁰ siècle avait eu pour effet bénéfique d'en fixer une méthode et d'établir « *un critérium de certitude* ». Elle constituait alors un système de rapports « *entre l'esprit humain et la nature extérieure* » [27]. Au contraire, au XVIII⁰ siècle, prolongé en cela par le XIX⁰ siècle, la « *méthode [fut] transformée en Doctrine* », la « *Pratique [est] devenue Théorie* ». Ainsi, « *La Science s'était proposé de remplacer la religion, et elle est devenue soudure des sciences naturelles et morales* » avec pour conséquence que

« Depuis cinquante ou soixante ans, on a pour elle un culte. Elle est une idole. Lisez Auguste Comte, Littré, Taine et Renan. Ils la montrent expliquant

---

préconçue, mais vraiment d'une certitude objective et positive ou positiviste". (Brunetière) » cité par Pierre COLIN, *L'Audace et le soupçon. La Crise moderniste dans le catholicisme français 1893-1914*, Paris, Desclée de Brouwer, 1997, p. 304.

24. Ferdinand BRUNETIÈRE, *Après le Procès. Réponse à quelques « intellectuels »*, Paris, Perrin, 1898.

25. *Idem.*, p. 3-11, ce qui lui permet au passage d'atténuer l'antisémitisme catholique dont on sait alors la virulence.

26. Thomas LOUÉ, « Les Fils de Taine entre science et morale. À propos du Disciple de Paul Bourget (1889) » in *Cahiers d'histoire. revue d'histoire critique*, 65, 1996.

27. Ferdinand BRUNETIÈRE, « L'évolution du concept de science », conférences prononcées à Bruxelles le 20 mars 1899, in *Discours de Combat*, dernière série, Paris, Perrin, 1907, p. 251.

ce que la religion chrétienne n'avait pu expliquer, et, par conséquent, supplantant la religion chrétienne et se substituant à elle »[28].

Ce n'était là encore que redire, sous une autre forme, – mais surtout dans un autre contexte – ce qui avait été écrit dans l'article de 1895.

Cette problématique développée par Brunetière trouvait donc son ressort essentiel dans la polémique, au moment de l'Affaire Dreyfus. Mais elle se compliqua de ce que Brunetière l'enrichit de considérations religieuses. En effet, après son séjour aux États-Unis à l'automne 1897, il développpa dans un article de la *Revue des Deux Mondes* des considérations sur l'américanisme, question qui secoue alors l'Église romaine[29] et dont la revue qu'il dirigeait s'était déjà fait l'écho[30]. Brunetière voyait alors dans le développement de l'Église américaine une expérience singulièrement intéressante[31]. Le développement du catholicisme aux États-Unis tient à ce que :

> « [...] avec un sens infiniment pratique des besoins d'une démocratie, la thèse que les catholiques américains ont reprise contre les protestans n'est autre que la thèse essentielle de Bossuet dans *l'Histoire des Variations*; et leur principal effort a été d'établir, en matière de morale et de dogme, la nécessité d'une autorité qui décide »[32].

C'est donc une erreur de juger positivement le catholicisme américain à l'aune d'une nouveauté doctrinale. Au contraire, pour le critique, les évêques américains ne cherchaient qu'à resserrer leurs liens avec Rome :

> « Les catholiques d'Amérique diffèrent tellement de l'idée qu'on s'en fait souvent, qu'au contraire, ils sont parmi ceux qui ont le plus ardemment sollicité du Saint-Siège la définition des deux dogmes de l'Immaculée conception et de l'Infaillibilité pontificale »[33].

En conséquence, c'est par l'étroite fidélité au dogme, à la thèse, à l'absolu en dernière instance que la liberté de l'Église américaine a été si profitable à l'expansion de la religion catholique au cœur d'une société protestante; plus la soumission au dogme, dans l'ordre de l'absolu, est complète et plus le rajeunissement de la tradition, dans l'ordre du relatif, est possible[34]. Mais surtout, dans une conférence prononcée à

---

28. *Idem.*, p. 246

29. Claude FOLHEN, « Catholicisme américain et catholicisme européen : la convergence de l'américanisme » in *Revue d'Histoire Moderne et contemporaine*, mars-avril, 1987.

30. Paolo BLASINA, « La *Revue des Deux Mondes* e l'americanismo » in *Cristianesimo Storia*, 8, 1987.

31. Ferdinand BRUNETIÈRE, « Le catholicisme aux États-Unis » in *Revue des Deux Mondes*, novembre 1898.

32. *Idem.*

33. *Idem.*

34. Cette thèse à été critiquée, cf. notamment Jules TARDIVEL, *La Situation religieuse aux États-Unis*, Paris, Desclée de Brouwer, 1900 pour qui le développement du

Gand, quelques temps après celle de Bruxelles et traitant du même sujet, il établissait le lien entre la réception de l'américanisme en Europe et l'évolution du concept de science. Il opéra clairement une translation en établissant un parallèle entre l'évolutionnisme et l'américanisme :

> « Comment avons-nous, tout récemment, Français, Belges, Italiens, compromis [la] cause de l'Américanisme? [...] C'est en faisant de l'absolu avec du relatif »[35].

En clair, dit Brunetière, ce qui n'était qu'une question de tactique, de pratique, a été érigé en système constitué. La comparaison avec l'évolutionnisme est simple et le processus est le même : la science qui, en tant que « méthode » est de l'ordre du « relatif » devient l'« absolu » en se transformant en « doctrine ». Suit la réitération de la thèse de 1895 : la science a échoué dans sa tentative de s'ériger en religion. On voit ici comment s'appuie, dans un transfert conceptuel osé, une question religieuse sur une question épistémologique ; cet élément est fondamental à plusieurs titres dans la réflexion critique de Brunetière. En premier lieu parce qu'il fixait le mode d'un raisonnement construit sur une dialectique du relatif et de l'absolu que Brunetière employa par ailleurs à de nombreuses reprises. En deuxième lieu, avec ce type de raisonnement, il demeurait fidèle à la théologie politique de Léon XIII distinguant la thèse et l'hypothèse comme mode général de penser[36]. Enfin, en troisième lieu, et justement parce qu'il s'adressait à un large public, l'audace de ces transferts conceptuels ne gênait pas sérieusement le directeur de la *Revue des Deux Mondes* : il s'agissait avant tout de convaincre et de ce point de vue, il privilégiait clairement l'éloquence à la logique.

Ainsi, avec l'affaire Dreyfus et la crise de l'américanisme, l'année 1898 fut importante parce qu'elle obligea Ferdinand Brunetière à développer une argumentation nécessaire à l'occupation de l'espace polémique en produisant une logique singulière mais complexe, puisqu'elle entremêlait deux espaces intellectuels distincts, un espace politico-philosophique (l'affaire Dreyfus) et un idéologico-religieux (l'américanisme). La question épistémologique et la question sociologique se clarifièrent dans l'articulation de quelques points centraux qui devinrent dans les années suivantes, les contreforts de l'apologétique de Brunetière. Et c'est chez Auguste Comte, qu'il trouva un ensemble d'outils théoriques capables d'éclaircir et de résoudre cette complexité[37].

Les prolongements politiques de l'affaire Dreyfus dans la mise en place du Bloc des Gauches soutinrent l'activité polémique de Brunetière. Dans la logique du Ralliement initiée par Léon XIII en 1892, le

catholicisme américain tient surtout à l'immigration massive des Irlandais et des Italiens.

35. Ferdinand BRUNETIÈRE, « L'évolution du concept de science » *op. cit.*, p. 255.

36. Louis de VAUCELLES, « La théologie politique de Léon XIII » in Bernard PLONGERON éd, *Catholiques entre monarchie et république. Monseigneur Freppel en son temps*, Paris, Letouzey et Ané, 1995, p. 189-201.

37. Cf. annexe 1 : note de Brunetière sur Comte.

directeur de la *Revue des Deux Mondes* se tint en retrait du champ politique pour mieux gérer sa publicité dans le champ idéologique et religieux. C'est vraisemblablement à cette époque qu'il opéra une relecture à la source de l'œuvre d'Auguste Comte, à moins que cette lecture n'ait été faite dès 1896, après que Brunetière eut opéré l'inflexion majeure dans son œuvre publique [38].

On peut dire de Brunetière ce que Michael Sutton dit de Maurras : qu'il chercha d'abord chez Auguste Comte « *une estimation négative de l'individualisme* » [39]. Chez Brunetière la violente critique de l'individualisme sert de fondement tant à l'axe épistémologique qu'à l'axe sociologique, à la fois dans la critique de la légitimité de la science à établir une morale que dans celle de l'individualisme libéral hérité de la philosophie politique du XVIIIe siècle et que les Républicains au pouvoir érigèrent en dogme, notamment à partir du concept de laïcité [40]. C'est donc la conception individualiste et libérale de la croyance, hérité des Lumières, qui est en fait rejetée par Brunetière, au profit de la restauration d'un ordre social chrétien, solidariste [41] et organiciste, dans la lignée directe de *Rerum Novarum*. De ce point de vue, Comte constitue, avec sa critique de la philosophie du XVIIIe siècle, un allié de poids, tandis que son épistémologie relativiste de la science offre la possibilité, avec l'aide de la théorie de l'Inconnaissable de Spencer, de réduire l'antagonisme entre science et religion.

L'axe sociologique de l'apologétique de Brunetière aboutit à une formule aux allures mathématiques :

$$\begin{array}{l} \text{« Sociologie = Morale} \\ \text{Morale = Religion} \\ \hline \text{d'où : Sociologie = Religion » [42]} \end{array}$$

La transitivité de la relation fonde l'intérêt du propos. Dans la préface de l'édition en volume de 1904, Brunetière explicita sa démarche et son appropriation des écrits d'Auguste Comte, reprenant le programme énoncé en novembre 1898 à Besançon :

38. Bibliothèque Nationale, Manuscrits, *N. A. Fr. 25060* « Notes et pensées ». En effet, dans les notes de Brunetière sur la *Politique positiviste* conservées, la note de la page 49, fol. 16 tendrait à montrer que la lecture de Comte date de 1896 : « Loin de compter sur l'appui des athées actuels – 1896 – Le positivisme n'y doit trouver que des adversaires naturels – [considérations sur l'athéisme] ».

39. Michael SUTTON, *op. cit.*, p. 24.

40. Claude NICOLET, Claude, *op. cit.*, notamment p. 311-324.

41. Il faut ici distinguer le solidarisme comme l'entend Brunetière, c'est-à-dire une extension de la notion de charité à celle de fraternité, et la doctrine solidariste élaborée par les milieux radicaux, autour de Léon Bourgeois, théorie contractualiste qui repose avant tout sur l'individualisme libéral. Voir Ferdinand BRUNETIÈRE, « L'idée de solidarité (conférence de Toulouse du 16 décembre 1900) » in *Discours de Combats*, nouvelle série, Paris, Perrin, rééd. 1909 et Léon BOURGEOIS, La Solidarité, Paris, Armand Colin, 1896.

42. « L'Équation fondamentale » in Ferdinand BRUNETIÈRE, *Sur les chemin de la croyance, op. cit.*

« Ce que j'ai demandé au positivisme, ou, si l'on le veut, à Auguste Comte, c'est d'établir en fait que la morale ne pouvait se constituer, se justifier ni se maintenir, indépendamment d'une religion ; c'est en second lieu, que cette religion, quelle qu'elle soit, ne pouvait être ni "naturelle" ni "individuelle", mais sociale et fondée sur l'affirmation du surnaturel ; et en troisième lieu, mais accessoirement, c'est d'établir qu'à ces exigences posées et définies par la science, le catholicisme avait répondu dans l'histoire »[43].

D'emblée, le critique dénonce dans ce qui était devenu un lieu commun de sa pensée et qu'il explicita longuement dans « L'erreur du XVIIIᵉ siècle », le renversement des termes de la relation société-moralité dont la philosophie des Lumières fut, selon lui et en s'appuyant sur Comte, la grande responsable. Pour reprendre le sens de ses formules, l'erreur du XVIIIᵉ siècle tient en ce qu'il affirme que les questions morales sont des questions sociales, alors que c'est l'inverse qui est vrai, à savoir que les questions sociales sont des questions morales. Pour Brunetière, cette inversion des termes de la relation construit deux visions du monde antithétiques et antagonistes. Il dénonce explicitement dans le XVIIIᵉ siècle, sous le couvert du subjectivisme, la naissance d'une conception pernicieuse de l'homme. Les corollaires destructeurs des principes de la société qui en découlent ; l'individualisme et l'irresponsabilité, sont ainsi :

« la pire erreur que peut-être on ait jamais commise en matière sociale, puisque la conclusion dernière en est l'autonomie de l'individu, ou moins pompeusement, et en meilleur français, mais surtout plus clair – son entière irresponsabilité »[44].

Mais, et peut-être surtout, faire de la question morale une question sociale apparaît particulièrement dangereux, car c'est prêter à la loi la capacité de réformer la société en modifiant les mœurs. La dénonciation de cette législation volontariste trouve un écho beaucoup plus contemporain : dans la construction de la République. De la mise en place d'un espace public imprimé libéré (loi du 29 juillet 1881) à la législation scolaire des lois Ferry et plus immédiatement encore avec les réformes de 1902, la philosophie d'Auguste Comte fut utilisée, au moins implicitement, dans la dénonciation de la politique républicaine.

L'axe épistémologique de l'apologétique de Brunetière reposait, lui, sur la dialectique relatif-absolu et s'inspirait autant sinon plus sur les théories spencériennes que sur celles de Comte. La théorie de l'Inconnaissable de Spencer était alors très en vogue et surtout dépassait – et de loin – les strictes frontières du champ philosophique[45]. La théorie

43. *Idem*, Préface.
44. *Idem*.
45. Voir Daniel BECQUEMONT et Laurent MUCCIELLI, *Le Cas Spencer. Religion, science et politique au XIXᵉ siècle*, Paris, PUF, 1998, p. 112 et suivantes pour la théorie de l'inconnaissable. Malheureusement les auteurs n'étudient la réception du philosophe anglais que dans le champ philosophique et sociologique français, au détriment d'une analyse du champ littéraire qui ne manquerait pas d'intérêt. C'est ainsi que Paul Bourget en fait dans le *Disciple*, l'une des pierres angulaires, de la philoso-

spencérienne est présentée, dès son introduction en France, par Émile Cazelle, son traducteur, comme une brillante tentative de réconcilier science et religion en départageant deux domaines de vérité[46]. Pour asseoir sa théorie de l'absolu, Brunetière utilisa aussi la théorie spencérienne de l'inconnaissable selon laquelle, si le réel relatif implique le réel non-relatif, alors le relatif devient absolu, et cette contradiction ne peut se résoudre que dans l'affirmation d'un absolu en-dehors du réel, c'est-à-dire d'un Inconnaissable qui devient, chez Brunetière, la condition nécessaire de la science[47]. En conséquence de quoi, il n'y a pas contradiction dans le couple infernal science-religion, mais au contraire une complémentarité certaine, à condition de séparer totalement les sphères du scientifique et du religieux, c'est-à-dire les deux régimes de vérité l'un relatif-scientifique, l'autre absolu-religieux, qui ne peuvent interférer :

> « À l'extrémité du domaine où la "Science" est souveraine, la théorie de l'Inconnaissable a dressé la borne qu'on pourra déplacer, mais qu'on ne renversera pas, ou à laquelle, quand on croira l'avoir renversée, on ne continuera pas moins de se heurter toujours. Elle a posé ainsi la borne qui sépare le domaine de la science de celui de la morale ou de la religion »[48].

Théorie de l'inconnaissable de Spencer et relativité de la connaissance de Comte deviennent ainsi les fondements de la théorie de la connaissance que Brunetière expose de manière complète en 1902, mais en prolongeant ses analyses antérieures[49] : anti-scientisme et anti-individualisme se rejoignent alors dans la lecture que Brunetière fait de l'œuvre de Comte :

> « [...] on peut soutenir que sa théorie de la connaissance est dirigée tout entière contre le subjectivisme »[50].

Le critique prolongeait ainsi d'autres problématiques auxquelles il a déjà longuement réfléchi dans les années 1880-1890, notamment dans l'exercice de la critique littéraire qui, selon lui, souffrait de l'impressionnisme des critiques et que la recherche de critère objectifs de ju-

---

phie d'Adrien Sixte qui la combat énergiquement et construit en partie son travail sur cette critique, cf. Paul BOURGET, Le Disciple, [1889], Paris, réédition Nelson, 1910, p. 31.

46. Herbert SPENCER, Premiers principes, traduction et introduction par E. Cazelle, Paris, Germer Baillière, 1871.

47. L'inconnaissable est ici une traduction du mystère sans lequel il n'y a pas de religion.

48. Cette argumentation est reprise à de nombreuses reprises par Brunetière, notamment dans Ferdinand BRUNETIÈRE, « Pour le centenaire d'Auguste Comte » in Revue des Deux Mondes, 1ᵉʳ juin 1902.

49. Ferdinand BRUNETIÈRE, « Vue générale du positivisme » in Sur les chemins de la croyance, op. cit., p. 5-21 notamment qui s'inspire très largement de « Pour le centenaire d'auguste Comte » in Revue des Deux Mondes, juin 1902.

50. Idem., p. 10.

gement doit éliminer[51]. À l'évidence, et même si cet aspect serait trop long à développer ici, il existe dans la trajectoire de Brunetière de fortes lignes de continuité entre l'activité critique et l'activité apologétique, au-delà de l'inflexion apparente et majeure de 1894-1895.

La théorie de la connaissance de Brunetière est loin de faire l'unanimité, et des philosophes engagent la polémique. Ainsi, le P. Hermann Grüber, directement mis en cause par Brunetière dans l'article de juin 1902[52], lui répond dans la *Revue de philosophie* et explique que la théorie de l'inconnaissable est parfaitement inadaptée pour résoudre l'antagonisme science-religion et plus encore qu'elle puisse être le cadre de possibilité d'un absolu, duquel il n'est qu'un pas à franchir pour aboutir à Dieu[53]. Une autre attaque fuse contre Brunetière, venant cette fois de l'Université libre de Louvain à travers la *Revue Néo-scolastique*[54]. Là encore, la théorie de la relativité de la connaissance est visée mais dans une autre perspective, celle de la philosophie thomiste :

> « Nous pouvons, nous semble-t-il, conclure à juste titre que l'apologétique de M. Brunetière est impuissante à fonder la croyance. Posant la relativité de la connaissance, elle ne peut baser l'acte de foi sur des motifs d'ordre historique, social, moral ou sentimental, dont la raison doit juger en dernier ressort »[55].

Pour le collaborateur de la *Revue néo-scolastique*, l'épistémologie de Brunetière relève avant tout du « *phénoménisme kantien* », ce qui permet d'en positionner précisément l'auteur dans le camp de « *l'apologétique nouvelle* » qui

> « [...] se rattache, à coup sûr, à l'apologétique dite de l'immanence, dont M. Blondel, l'abbé Jules Martin, l'abbé Charles Denis, le Père Laberthonnière, pour ne citer que les noms principaux, se sont constitués les protagonistes, dont une revue, les *Annales de Philosophie Chrétienne*, est l'organe attitré »[56].

On se souvient qu'Alfred Loisy avait mis en garde Brunetière, cinq ans auparavant, mais, en 1903, alors que la crise moderniste a pris une nouvelle dimension au sein du catholicisme français[57], cette attaque est

---

51. Robert J. BERG, *La Querelle des critiques en France à la fin du XIXᵉ siècle*, New York, Bern, Frankfurt am Main, Paris, Peter Lang, American University Studies, Ser. II, Romance languages and Literature, vol. 151, 1990.

52. Ferdinand BRUNETIÈRE, « Pour le centenaire d'Auguste Comte », *art. cit.*, p. 691-692 : « [...] ce que je ne comprends pas, c'est qu'un savant allemand, le P. Grüber, dans un gros livre qu'il a consacré à Auguste Comte et au positivisme, ce soit acharné à "démontrer", sans y réussir, que l'inconnaissable de Spencer, n'était, ce sont ses mots, qu'une pure monstruosité ».

53. GRÜBER, Hermann, « M. Brunetière et l'*inconnaissable* de Spencer et de Comte » in *Revue de Philosophie*, 2, 1903 suivi d'une « Réponse de M. Brunetière ».

54. JANSSENS, Edgar, « L'Apologétique de M. Brunetière » in *Revue néo-scolastique*, 1903, p. 264-297.

55. *Idem*, p. 286.

56. *Idem*, p. 264.

57. C'est en 1902, que les ouvrages de Loisy sont mis à l'index.

une manière de fragiliser la position de Brunetière en le plaçant du côté des modernistes. Or, on sait que les relations de Brunetière avec Blondel ou Laberthonnière furent inexistantes[58]. Mais les *Annales de Philosophie Chrétienne* et le remuant abbé Charles Denis, prirent la défense de Brunetière[59] et prolongèrent la polémique en offrant à Brunetière un droit de réponse à Edgar Janssens[60].

Il est assez frappant que la polémique de 1903 se soit focalisée sur la question épistémologique tandis que l'ensemble de la démonstration de Brunetière concernant la sociologie de la religion en soit restée totalement étrangère. Lors de la publication du volume regroupant les divers articles de la *Revue des Deux Mondes* en 1904, c'est encore et essentiellement sur cette même question que furent formulées les prin-

58. Marie-Thérèse PERRIN éd, *Laberthonnière et ses amis*, Paris, Beauchesne, 1975. Le seul lien de Brunetière avec les modernistes est assuré par Léon Ollé-Laprune, son collègue à l'École Normale Supérieure. Maître de conférences en philosophie, il était catholique, élève d'Elme-Marie Caro et avait eu lui-même pour élève Maurice Blondel. Ollé-Laprune joua vraisemblablement un rôle dans la découverte par Brunetière de l'œuvre du Cardinal Newman qui, plus que l'évolutionnisme darwinien, joua un rôle important dans le développement de sa théorie du progrès religieux, voir annexe 2.

59. Charles DENIS, « Apologie et terminologie. À propos d'une critique contre M. Brunetière » in *Annales de Philosophie chrétienne*, 3ᵉ ser., t. III, n. 2, novembre 1903, p. 121-136. Les conclusions du directeur de la revue religieuse sont les suivantes :

« 1° M. Janssens n'a pas compris M. Brunetière.

2° Il confond couramment l'objectivité ontologique avec l'objectivité physique.

3° Il confond la relativité de la connaissance physique qui consiste à admettre qu'une loi ou une invention peut être modifier dans le sens de la vérité plus explicite ou de la nature mieux connue avec une relativité ontologique qui prétendrait supprimer les formes immuables des catégories, de la déduction, de l'induction. Personne n'admettra jamais que les mathématiques tributaires des catégories de l'unité, d'identité et de quantité, soient des conventions purement verbales.

4° Il confond le subjectivisme de Berkeley dont la formule est *esse est percipi*, que personne n'admet, avec la subjectivité. Celle-ci consiste dans ce qu'il y a de normal, d'universel et de commun en chacun de nous et dans la part d'activité que nous mettons dans l'assimilation de la connaissance.

5° Il confond le phénoménisme métaphysique qui subordonne la connaissance au subjectivisme et au mouvement physiologique du cerveau avec le phénoménisme physique qui s'oppose au déterminisme fataliste et matérialiste.

6° Il confond la croyance au témoignage et à l'autorité avec la croyance forme générale de notre activité morale et religieuse.

7° Il confond la raison dialectique et ses catégories avec les raisons de fait, les raisons de constatations et de postulats.

8° Il subordonne toute la démonstration catholique à l'unique raison dialectique, ce qui est pratiquement une impossibilité, les hommes sains d'esprit venant au catholicisme par toutes les voies possibles ».

60. Ferdinand BRUNETIÈRE, « À propos d'apologétique », *Annales de Philosophie chrétienne*, 3ᵉ ser., t. III, n. 3, décembre 1903, p. 237-241

cipales critiques : pour la *Revue du Clergé français*, Jean Baylac se disait peu convaincu :

> « Mais si l'idée de Dieu est ainsi le fondement nécessaire de toute sociologie, M. Brunetière ne pourra utiliser le positivisme qu'à la condition de trouver dans l'Inconnaissable, comment dirai-je ? l'équivalent ou le "substitut" de Dieu. Pourra-t-il l'y trouver ? [...] Nous ne croyons donc pas que l'apologétique chrétienne ait rien à gagner à faire une certaine alliance avec le positivisme »[61].

De même, pour Joseph Wilbois :

> « Celui que M. Brunetière a choisi pour en tirer une apologétique ne méritait pas tant d'honneur. Au temps de Comte, mille idées flottaient : Comte les a rassemblées. Il n'était pas créateur et il n'était pas informé. C'est un représentatif »[62].

Pour Émile Faguet aussi, l'utilisation de Comte était problématique :

> « À quoi est-il bon d'extraire d'Auguste Comte du catholicisme comme des classiques le bon Deschanel extrayait un romantisme douteux ? [...] À donner à la thèse catholique quelques arguments nouveaux, avec cela de piquant qu'ils sont tirés d'un adversaire ? Jeu agréable, surtout quand le joueur est de la force de M. Brunetière, mais peu utile, le catholicisme ayant à son actif et à son service des vérités plus fortes que les vérités à caractère ou à apparence catholique que l'on peut faire jaillir des textes d'Auguste Comte »[63].

Edgar Janssens aussi revenait à l'attaque dans la *Revue néoscolastique* en employant des arguments similaires à ceux utilisés en 1903 :

> « Si, pour M. Brunetière, la métaphysique permet d'atténuer le phénomène relativiste de la science positive, elle lui laisse néanmoins la place fort large. De la réalité objective, nous ne savons rien avec certitude, si ce n'est qu'elle existe et que des natures diverses la constituent. Pour le restant, nous n'en atteignons probablement que l'apparence décevante qui nous renseigne, non point sur le réel, mais sur la nature de notre entendement dans l'élaboration qu'il fait subir à la réalité. Le relativisme ainsi posé dans ces termes est singulièrement proche du kantisme, quoi qu'on puisse en dire. [...] Or nous disons que sur ce relativisme phénoméniste, il est impossible d'asseoir solidement l'apologétique que M. Brunetière veut édifier »[64].

Enfin, Maurice de la Taille dans les *Études* résumait mais en les atténuant les attaques :

---

61. J. BAYLAC, L'Apologétique de M. Brunetière et l'utilisation du positivisme, *Revue du Clergé Français*, t. XLII, 250, 1905, p. 337-360, citations, p. 348 et 354.

62. Joseph WILBOIS, « L'Utilisation du positivisme. À propos d'un livre récent », in *La Quinzaine*, t. 65, 1er et 16 juillet 1905, p. 232.

63. Émile FAGUET, « Sur les chemins de la croyance » in *Revue Latine*, 25 novembre 1904, p. 662-663.

64. Edgar JANSSENS, « L'Utilisation du positivisme » in *Revue néo-scolastique*, 1905, p. 100-102.

« Aussi bien, malgré ce qu'il [FB] en pense, n'est-ce peut-être pas tant la glorification du comtisme qui a alarmé les théologiens, que la glorification de l'inconnaissable [...]. L'Absolu érigé en inconnaissable ! Il n'y a pas eu que le docte P. Gruber à s'attaquer à cette conception : il y a eu toute l'École et cela est grave. Nous nous sommes évertués pendant cinquante ans, avec toute la tradition catholique, – est-il besoin de le dire – à maintenir que Dieu est connaissable, même sans la foi. Mais maintenant on nous invite à le dénommer l'inconnaissable »[65].

En occupant douze pages sur les trente-neuf de l'article, Maurice de la Taille concluait cependant en accordant à Ferdinand Brunetière le bénéfice du doute :

« Pour conclure, sauf meilleur avis, il n'apparaît rien de compromettant, ni du point de vue rationnel, ni du point de vue théologique, dans l'épistémologie des Chemins de la croyance; pourvu que l'on réserve ces deux points, à l'encontre desquels M. Brunetière ni n'a écrit une ligne, ni n'a besoin d'en écrire une seule pour le bilan de sa thèse :
1°Nos phénomènes mentaux se voient par identité, et sans intermédiaire ; et l'existence, non seulement des actes, mais du sujet pensant s'aperçoit par conscience directe dans les phénomènes mentaux.
2°Les principes directeurs de la raison speculative et pratique ne sont connus ni dans ni par les relations, bien qu'à l'occasion du relatif. Ils se font voir dans leur absolue nécessité, perçue comme telle.
À ces conditions, il ne semble pas que la relativité de la connaissance, telle que la présente M. Brunetière, m'implique aucun phénoménisme même mitigé, ni aucun subjectivisme même racial.
Quoiqu'il en soit, ce qu'il y a d'intéressant pour le théologien, c'est de se trouver en présence d'une notion de l'inconnaissable, qui a singulièrement perdu de son intransigeance, depuis les beaux jours où inconnaissable voulait simplement dire "impensable" »[66].

Mais surtout, le collaborateur des *Études* avait a peu près tout dit lorsqu'il avait affirmé au début de l'article ne pas vouloir discuter de la seconde partie du livre – c'est à dire l'essentiel – qu'il résumait en quelques mots en lui accordant tout son approbation : « pas de sociologie sans morale, pas de morale sans religion, et pas de religion sans surnaturel »[67].

Pour comprendre ces réactions globalement négatives alors que les mouvances thomistes étaient globalement plutôt bien disposées envers la conjonction du positivisme et du catholicisme[68], il faut saisir la différence de nature des logiques qui animent Ferdinand Brunetière, laïc, intellectuel et homme public considérable et les philosophes catholiques qui raisonnent en fonction d'autres paramètres.

En premier lieu, il faut garder à l'esprit que la pensée de Ferdinand Brunetière n'était pas d'une totale originalité : elle s'abreuve pour

---

65. Maurice DE LA TAILLE, « M. Brunetière et les théologiens sur les rapports de la science avec les faits, l'inconnaissable et la croyance. À propos d'un livre récent » in *Études*, t. 103, 1905, p. 342.
66. *Idem.*, p. 354.
67. *Idem.*, note 1, p. 330.
68. Michael SUTTON, *op. cit.* et Pierre THIBAULT, *op. cit.*

l'essentiel aux lieux communs contemporains et si elle produit *in fine* une certaine singularité, c'est en empruntant très largement les cadres de pensées et les catégories d'analyse du temps. Même s'il ne représente qu'une tendance, fortement minoritaire du catholicisme d'alors, le rapprochement avec le positivisme est bien visible[69]. Antoine Baumann, exécuteur testamentaire de Comte, illustrait bien cette tendance cherchant à rapprocher positivistes et catholiques. Avant d'adhérer formellement et entièrement au programme de l'Action Française à l'été 1906[70], il avait été sur des positions relativement proches de celles de Brunetière (tout en étant déjà en relation étroite avec Charles Maurras[71]), à la fois dans la défense de l'enseignement libre[72], comme le soulignait plus tard Georges Goyau[73], mais aussi dans l'appréciation globalement positive de l'apologétique de Brunetière[74].

En fait, tant que Ferdinand Brunetière faisait œuvre de publiciste et de polémiste, il ne soulevait guère de critique : le rejet des Lumières et la restauration d'une société chrétienne demeuraient au fondement du projet politique de l'Église romaine et à cet égard, Brunetière restait un allié précieux par la place qu'il occupait dans l'espace public. Ceux qu'il gênait le plus, parce qu'il s'imposait sur des positions proches bien que très concurrentes, critiquaient essentiellement le bricolage idéologique du polygraphe à l'instar de Charles Maurras pour qui

> « [...] c'est avant tout un homme d'imagination, d'imagination poétique et constructive : cette faculté, qu'il a prodigieusement, mue par une instabilité presque maladive, peut bien s'exercer dans le champ de l'histoire littéraire, politique ou morale ; les exercices n'en doivent pas moins être jugés, pour l'être justement, comme on juge des autres œuvres de l'imagination, tragédies ou romans, oraisons funèbres ou panégyriques. Il ne faut pas perdre son temps à en discuter la solidité »[75].

De même, pour Émile Faguet, Brunetière faisait autant œuvre de brillant causeur que de philosophe :

> « Le livre, Dieu merci, dépasse, sinon son objet, du moins son programme. Il est souvent une causerie sur tout ce qui occupe les esprits à

---

69. Voyez par exemple Georges LECHARTIER, « De la méthode positive appliquée à la défense du christianisme » in *Annales de Philosophie Chrétienne*, mars 1901, Georges VALERIE, *Positivisme et catholicisme*, Paris, Perrin, 1900 [article paru dans *L'Association catholique*, février et juin 1899].

70. « Un Ralliement à la monarchie – lettre de M. Antoine Baumann au directeur de l'Action Française » in *L'Action Française*, 170, 15 juillet 1906.

71. Michael SUTTON, *op. cit.*

72. Antoine BAUMANN, *Auguste Comte et la liberté de l'enseignement*, (extrait des *Annales de Philosophie Chrétienne*), Paris, Roger et Chernowiz, 1903.

73. Dans la préface de FORTIN (R. P. Pierre), *Brunetière et Besançon. Les étapes de son évolution religieuse*, Besançon, librairie Marion, 1912, p. XVIII.

74. Antoine BAUMANN, « Le Positivisme de M. Brunetière » in *Annales de Philosophie chrétienne*, 3ᵉ ser, t. IV, n°4, p. 341-355.

75. « La décadence de M. Brunetière » in *Charles Maurras et la critique des lettres. Trois études – Verlaine, Brunetière, Barrès*, Paris, Nouvelle librairie Nationale, 1913. [extrait de la *Revue encyclopédique Larousse*, 3 février 1899].

l'heure présente : sur les prétentions de la science, sur le socialisme, sur la question des droits de l'homme, sur l'esclavage depuis ses formes antiques jusqu'à ses formes modernes, qui sont loin, comme on sait, d'avoir disparu ; sur M. Renan et son fils qui s'appelait Frédéric Nietzsche, etc.; et sur tous ces points M. Brunetière dit les choses les plus intéressantes, avec ce ragoût d'ironie âpre et aussi avec cette odeur de poudre à mitrailleuse qu'il mêle à tout ce qui part de sa main »[76].

Au-delà de la causticité du propos, l'analyse n'est pas mal venue en ce que Brunetière était d'abord un personnage public qui s'adressait à un public particulier. Il travaillait pour convaincre un auditoire de gens "cultivés" mais non spécialistes des questions religieuses. Un public pour qui, la caution comtienne pouvait certes jouer, parmi d'autres, comme instance de légitimation du discours (et d'autant plus qu'ils ne connaissent guère pour la plupart l'œuvre de Comte) mais non pas dans la logique philosophique interne de l'œuvre. À cet égard, la manière dont Brunetière construit son livre est tout à fait significative puisqu'il s'agit essentiellement d'ordonner un système de références qui sont opposées les unes aux autres comme le montre le manuscrit conservant les notes et renvois de l'ouvrage publié chez Perrin[77]. La cohérence n'est certes pas totale entre le manuscrit et le système des renvois et notes critiques de l'ouvrage, mais elle montre néanmoins, à l'évidence, l'importance du jeu des références dans lequel Auguste Comte occupe une place essentiel. Au-delà du simple travail de rationalisation des notes infrapaginales, il faut voir là un aspect essentiel du travail d'élaboration du discours théorique de Brunetière. Brunetière lit et synthétise, organise et produit au final une construction théorique originale, en bref, il « bricole », mais, pour être apprécié et surtout compris de ses lecteurs, il se doit de rester accessible dans le système de références lui-même. Ici, la référence à l'œuvre de Comte est importante car connue le plus souvent sans être lue, de la même manière que l'évolutionnisme l'était au temps du cours sur l'évolution des genres, elle appartient à une sorte de domaine public intellectuel qui appartient à tous et dans lequel chacun peut puiser.

Il faut garder à l'esprit que Ferdinand Brunetière était un autodidacte dont l'essentiel de la légitimité intellectuelle s'était construite sur la conquête d'institutions littéraires comme la *Revue des Deux Mondes* où l'Académie française qui, avec le développement de l'Université républicaine, avaient largement perdu de leur autorité scientifique. De surcroît, sa position universitaire venait d'être brisée[78]. Aussi, ce type de construction du discours, basée sur la citation, semble essentiel pour

---

76. Émile FAGUET, *art. cit.*, p. 642.

77. Voir annexe 3.

78. Lors de la réforme de l'ENS en 1903, Brunetière fut le seul enseignant à n'avoir pas été reversé dans le corps des maîtres de conférences de la Sorbonne, ce qui souleva l'indignation de nombre de ses collègues y compris républicains et laïcs comme Ernest Lavisse ou Alphonse Aulard. Cet épisode est suivi par son échec Collège de France qui, en 1904, lui préféra Abel Lefranc. Sur l'évolution de l'université, voir Christophe CHARLE, *La République des universitaires*, 1870-1940, Paris, Seuil, 1994.

assurer auprès d'un public « *lettré de masse* », la légitimité et l'autorité du discours[79]. En revanche, auprès de philosophes professionnels raisonnant selon les logiques de cohérences internes de la construction théorique, cette armature se révèle très largement insuffisante. On comprend dès lors pourquoi les critiques sur l'utilisation du positivisme se sont focalisées sur la partie épistémologique, la moins idéologique certes, mais surtout la plus fragile du point de vue de la cohérence interne. Déjà en 1896, après la publication de « Après une visite au Vatican », Mgr d'Hulst avait pointé du doigt l'insuffisance de la formation philosophique de Brunetière. Dix ans plus tard, Edgar Janssens ne disait guère autre chose lorsqu'il écrivait :

> « Nous ne contestons nullement à M. Brunetière le droit de choisir dans le Positivisme, ou dans n'importe quelle doctrine – les Pensées de Pascal ou la doctrine évolutive, le criticisme kantien ou le fidéisme de M. Balfour, – l'âme de vérité que ces théories recèlent. Mais lorsqu'un éclectisme généreux et accueillant lui fait adopter des doctrines incompatibles avec le but de l'apologétique chrétienne, nous nous croyons autorisé à le faire observer librement »[80].

La critique allait même au-delà puisque selon lui,

> « [...] pour M. Brunetière, la philosophie ne peut être qu'une généralisation des sciences ou bien une laïcisation rationaliste de la religion. Comme telle sa place est dans les deux catégories précédemment déterminées : elle n'est point en droit de réclamer pour elle une catégorie supplémentaire. Aussi la certitude qu'elle peut nous procurer est nulle. Elle n'est point source de connaissance certaine, mais plutôt institutrice de méthodes nouvelles »[81].

Il s'agissait donc, ni plus ni moins que de défendre la légitimité de la philosophie scolastique à constituer la base de l'apologétique chrétienne[82], philosophie dont Brunetière, non philosophe de formation ne voyait guère l'utilité. Pris dans les logiques de la gestion polémique de l'espace public, le polygraphe se trouvait renvoyé à ce qu'il savait faire pourvu qu'il ne s'occupât point de philosophie : être le commis voyageur du sens commun de la défense catholique dans la France républicaine.

---

79. Sur le public de la *Revue des Deux Mondes*, voir Thomas Loué, *thèse citée* et sur la notion de « culture lettrée de masse », voir Philippe Olivera, *La politique lettrée en France. Les essais politiques 1919-1932*, Thèse d'histoire, sous la direction de Christophe Charle, Université Paris I, 2001, p. 709-710.

80. Edgar Janssens, « L'Utilisation du positivisme » *art. cit.*, p. 105

81. Edgar Janssens, « L'Apologétique de M. Brunetière » *art. cit.*, p. 277.

82. Les capacités philosophiques de Brunetière avaient été déjà très contestées lorsqu'il s'en était pris à l'individualisme des savants, notamment par Alphonse Darlu, « Ferdinand Brunetière et l'individualisme » in *Revue de Métaphysique et de Morale*, 1898 et Émile Durkheim, « L'Individualisme et les intellectuels » in *Revue Bleue*, 2 juillet 1898, repris dans *La Science sociale et l'action*, introduction Jean-Claude Filloux, Paris, Presses Universitaires de France, 1987 qui soulignaient tous deux la faiblesse théoriques de son anti-individualisme.

À plusieurs reprises Brunetière apporta la contradiction aux philosophes, mais la plus intéressante est sans conteste celle qu'il lança à l'encontre de Janssens qui avait émis les critiques les plus lourdes. Dans les *Annales de Philosophie Chrétienne* qui prirent sa défense et l'accueillirent, Brunetière montra clairement ses limites. À propos de l'accusation de kantisme, il répondit agacé :

> « Le temps est venu d'en finir avec cette logomachie! Quelque opinion que l'on ait sur la "chose en soi", la crédibilité de l'Évangile et l'autorité de l'Église n'en dépendent point, ni par conséquent la solidité d'une apologétique. Passe pour la théologie! Mais la théologie n'est pas l'apologétique »[83].

C'était implicitement reconnaître son incompétence philosophique[84]. L'habillage positiviste avait donc son utilité dans l'apologétique de Brunetière et notamment par le retentissement qu'il lui donnait. Au fond, c'était bien là l'essentiel. En outre, ce qu'il trouvait d'important chez Comte et qu'il développa dans la seconde partie du livre, c'est-à-dire la contestation de l'individualisme libéral, le fait que « *la question sociale est une question morale* », il le trouvait aussi sans difficulté chez d'autres et n'avait pas besoin de l'armature comtienne pour cela. L'ouvrage du philosophe allemand Théodore Ziegler[85] par exemple lui donnaient suffisamment de grains à moudre pour contester l'idée que l'on pouvait changer la société en en modifiant les lois. De ce point de vue, on n'était sans doute guère inquiet à Rome des envolées positivistes du directeur de la *Revue des Deux Mondes*, d'autant que celui-ci conservait une audience avec laquelle il fallait compter; d'autant aussi qu'il s'était toujours soumis, en fin de compte, à l'autorité; d'autant enfin qu'il était toujours demeuré fidèle à la stratégie pontificale de retrait du champ politique. Ainsi, en 1914, huit ans après la mort de Brunetière, le Père Lémius – l'un des principaux rédacteurs de l'encyclique *Pascendi* (1907) qui avait condamné définitivement le modernisme – avait somme toute assez peu de chance de convaincre lorsqu'il défendait Maurras en faisant remarquer que ce dernier à la différence de Brunetière n'avait pas cherché à introduire le positivisme dans la théologie[86]. Non pas que l'action publique de Brunetière n'eut pas d'échos, bien au contraire, et la réception de *Sur les Chemins de la croyance* est là pour le prouver,

---

83. Ferdinand BRUNETIÈRE, « À propos d'apologétique », *Annales de Philosophie chrétienne*, 3ᵉ ser., t. III, n. 3, décembre 1903, p. 237-241.

84. Pierre Colin a largement mis en valeur combien la question de la « chose en soi » était importante pour la défense de l'orthodoxie philosophique thomiste contre le relativisme kantien et surtout dans la critique de la philosophie de l'immanence de Maurice Blondel. Voir Pierre COLIN, *op. cit.*

85. Théodore ZIEGLER, *La Question sociale est une question morale*, Paris, Alcan, 1893. Écrit en 1890 au lendemain de la levée des lois anti-socialistes et dans le contexte de la renaissance de la Social-démocratie allemande, avec les congrès de Halle et de Erfurt qui renforce le marxisme et la théorie révolutionnaire, Ziegler propose de développer dans les âmes l'esprit social pour lutter contre l'esprit d'individualisme et afin que l'organisation des masses sociales se fasse d'abord en réaction à l'esprit dissolvant de l'individualisme.

86. PREVOTAT, Jacques, *Les Catholiques et l'Action Française. Histoire d'une condamnation 1899-1939*, Paris, Fayard, 2001, p. 177.

mais parce qu'elle était avant tout au service de la stratégie de communication du Saint-Siège, à destination des milieux réceptifs de la bourgeoisie française.

IUFM-Strasbourg II/Université
de Versailles-Saint-Quentin
(Centre d'Histoire Culturelle
des Sociétés Contemporaines)
10, rue Lanne
93200 Saint-Denis

RÉSUMÉ DE L'ARTICLE. — L'apologétique de Ferdinand Brunetière et le positivisme : un bricolage idéologique « généreux et accueillant ». Par Thomas LOUÉ.

En taxant le travail apologétique de Ferdinand Brunetière d'« accueillant et généreux», le théologien Edgar Janssens reprenait, en des termes moins dévalorisants, l'idée développée par Charles Maurras selon laquelle les constructions théoriques du directeur de la Revue des Deux Mondes étaient intellectuellement des plus fragiles. Du reste, la grande majorité des philosophes et théologiens qui évaluèrent l'apologétique de Brunetière restèrent dubitatifs devant cette tentative de convoquer la philosophie d'Auguste Comte pour la défense du catholicisme. Pourtant, Brunetière s'insérait dans un mouvement plus vaste de rapprochement de certains courants intellectuels catholiques avec le positivisme dans les années 1890-1900. Des deux aspects essentiels de cette apologétique, l'un épistémologique et l'autre sociologique, c'est le premier qui suscita pour l'essentiel les réserves des intellectuels catholiques. En effet, en pleine crise moderniste, il était difficile, comme le faisait Brunetière, de mettre en avant une théorie relativiste de la connaissance et de baser les conditions de possibilité de la science sur l'Inconnaissable de Spencer. Mais la logique de Brunetière n'était pas celle des théologiens. Sa stratégie d'occupation de l'espace public, les modalités de sa gestion des polémiques ne pouvaient s'éloigner d'un certain nombre de références communes avec ceux-là mêmes qu'il entendait combattre.

SUMMARY. — The Apologetic of Ferdinand Brunetière and Positivism : a « generous and welcoming » ideological patchwork. By Thomas LOUÉ.

When the theologian Edgar Janssens called Ferdinand Brunetière's work of apologetics « welcoming and generous », he was referring, in less depreciating words, to Charles Maurras' idea that the theoretical constructions of the editor of the «Revue des deux mondes» were intellectually fragile. Besides, the vast majority of philosophers and theologians who assessed Brunetière's apologetics wondered at his attempt to defend Catholicism by calling on Auguste Comte's philosophy. Yet Brunetière was part of a larger movement bringing some catholic intellectual trends closer to the positivism of the years 1890-1900. Between the two essential aspects of this apologetics, one epistemological and the other sociological, the catholic intellectuals had reservations about the former. In the middle of the modernist crisis, it was indeed difficult to put forward, as did Brunetière, a relativist theory of knowledge and to base the conditions of scientific possibility on Spencer's Unknowable. Brunetière's logic was different from that of the theologians'. His strategy of occupation of the public scene and his methods of dealing with controversies were not too far removed from those references he had in common with the very people he opposed.

ANNEXES

Annexe 1 : Notes de Ferdinand Brunetière sur la Politique positiviste d'Auguste Comte (BNF, Mss, *N. A. Fr. 25060*).

fol. 16
Politique positive, I

49   Loin de compter sur l'appui des athées actuels – 1896 – Le positivisme n'y doit trouver que des adversaires naturels
        [*considérations sur l'athéisme*
106   Le positivisme assigne pour but à toute notre existence personnelle et sociale, le perfectionnement universel, d'abord de notre *nature extérieure* et ensuite surtout de notre *nature intérieure.*
108   Il n'y a pas d'amélioration intellectuelle qui put équivaloir à un accroissement réel de bonté ou de courage.
109   Comment le positivisme réalise à la fois les plus vielles tentatives sociales du catholicisme du moyen âge et les plus éminentes [illisible] du grand programme de [illisible]
129   Discipliner les intelligences afin de reconstruire les mœurs
152   Passage capital pour l'article.

fol. 17

155-156 La tendance de l'ordre naturel étant de devenir de plus en plus modifiable à mesure qu'il se complique... et *toutes nos destinées actives reposant sur cette notion*, rien ne peut excuser le blâme doctoral que la métaphysique économique oppose à l'intervention continue de la sagesse humaine dans les diverses parties du mouvement social.
158   Grande erreurs des systèmes socialistes : recourir aux moyens politiques là où devraient prévaloir les moyens moraux
162   Curieuse observation sur les salles d'asile, crèches, etc.
166   Sur l'aptitude du positivisme à résoudre *moralement* les principales difficultés sociales
207   Transformer les « débats politiques » en « transactions sociales », en faisant prévaloir les devoirs sur les droits.
235   Théorie du mariage

fol. 18

240   Il n'y a de vraiment redoutable que les séductions qui s'adressent à nos bons penchans *pour en dénaturer la direction.*
249   rendre l'âme féminine de plus en plus domestique, et la dégager de tout travail extérieur
251   Paragraphe important sur la *coéducation*

Politique positive, II

30	Même en mourant, un animal se dispose pour moins souffrir
47	Le vice de la supériorité intellectuelle est : 1° de développer la personnalité vers l'exaltation de l'orgueil et 2° de comprimer la sociabilité par la concentration solitaire
71	Théorie du salaire
83	La Patrie prépare l'humanité et l'Égoïsme national à l'amour universel
97-98	Belles considération sur le mariage romain.

fol. 19

115	Le catholicisme n'a témoigné d'hostilité qu'envers l'esprit métaphysique, et l'on doit aujourd'hui regretter qu'elle ne l'ai point empêché davantage de troubler l'essor spontané de l'esprit positif, dont il conserva longtemps la tutelle spéciale.

[tirer partie de ce passage]

Annexe 2 : Lettre de Léon Ollé-Laprune à Ferdinand Brunetière (BNF, Mss, *N. A. Fr. 25046*, ff. 192-195, lettre du 13 mars 1894).

« J'avais promis de vous encombrer, mon cher collègue et ami : je vous encombre. Mais ne vous alarmez pas trop vite. De ces deux volumes, je vous donne l'un, celui dont je suis l'auteur. Je vous prête l'autre (qu'on m'a prêté). J'ai le texte anglais : si vous le désirez, je le mettrai à votre disposition mais j'ai pensé que la traduction était plus commode pour des recherches et une rapide lecture. C'est vous faire injure peut-être car si vous lisez couramment l'anglais la précaution de vous fournir une traduction est mal venue. Mais pourquoi vous proposer ce volume de Newman soit dans sa langue, soit dans la nôtre ? Pourquoi ? Vous l'aurez deviné, je pense.

Dans votre si remarquable leçon de mercredi dernier, si nourrie, si forte, vous avez indiqué votre objection protestante : l'Église catholique a varié car elle a évolué. Vous avez dit que vous y reviendriez. Vous aurez raison d'y revenir. Vous me permettrez, n'est-ce pas, mon cher ami, de vous faire part de quelques réflexions.

L'Église a évolué, elle évolue. Elle n'a pas varié, elle ne varie pas. Voilà la vérité. Bossuet en exposant avec toute sa force le caractère d'immubalilité propre à l'Église, n'a point ou n'a guère parlé de l'évolution. Ce n'était pas pas de son temps de voir et de dire cela. Pourtant il y a dans les *Méditations sur l'Évangile* un très curieux chapitre où Bossuet admet dans l'Église naissante, un développement : il la montre se détachant peu à peu de la Synagogue. C'est dans la *dernier semaine du Sauveur*, au CVe jour.

Quoi qu'il en soit, la théorie du développement au sein de l'Église catholique n'a certainement reçu de Bossuet aucune lumière notable. Indiquée dans le même texte de Vincent de Lérins la règle : *quod ubique, quod semper*, etc., elle a trouvé récemment dans un livre très remarquable de Newman (depuis cardinal) un commentaire précis et abondant. Vous connaissez ce livre publié en 1844. Le titre est significatif : *An Essay on development of christian Doctrine*. Et Newman montre excellemment dans un chapitre intitulé du *développement des idées* quelle différence il y a entre développement ou évolution et corruption. Il applique cela ensuite aux dogmes chrétiens. Je me rappelle à ce propos un beau mot d'Aristote dans le [titre grec]; Aristote veut parler de progrès qui ne sont pas des changements : il dit que c'est une sorte d'accroissement de l'être ou de marche vers soi, l'être gagnant en être, si je puis dire, [grec], un développement dans le même sens, une même chose devenant de plus en plus elle-même. Telle est l'évolution dans l'Église qui ne varie pas. Elle vit, et elle vit dans le temps : sa vie est un mouvement, un progrès, « profectus », disait Vincent de Lérins. Cela se concilie avec la fixité immuable du dogme. Elle évolue, elle ne varie pas.

Je n'aime pas à me citer moi-même. Mais cette idée de développement au sein de l'immuable m'a toujours frappé. L'Église a des dogmes immuables, elle n'est pas immobile, elle vit et se développe. J'ai étudié cela quelque part, non dans le dogme même, mais dans la relation de l'Église avec les sociétés, et aussi dans la discipline, dans le culte. Laissez-moi vous indiquer le chapitre VII des *Sources de la paix intellectuelle*.

Je ne vous demande point pardon de vous entretenir si longuement de ces choses. Je sais, mon cher ami, quelle idée vous vous faites de la critique littéraire et comment vous la voulez attentive à tout ce qui intéresse les esprits, les âmes. Vous avez si bien parlé de l'admirable Histoire des Variations que je vous veux armé de tout point pour parler de ce qui vous reste à dire. S'il se trouve que je ne vous dise rien que vous ne sachiez déjà, j'aurai du moins eu le plaisir de causer ainsi avec vous en vous écrivant, et je ne regrette pas de vous avoir adressé cette lettre ».

Annexe 3 : système de références de Brunetière pour *Sur les chemins de la croyance, Première étape. L'utilisation du positivisme*, Paris, Perrin, 1905 (BN, Mss., *N.A.Fr. 25060*, ff. 54-56)..

On a mis à côté des références du manuscrit, les pages correspondantes de l'ouvrage publié par Perrin 1904. Les correspondances sont parfois décalées ou inexistantes, mais dans l'ensemble le système de références du manuscrit et de l'ouvrage publié est juste.

fol. 54ʳ
« Utilisation... »

1. Citation de Comte [référence]	6	11. Renvoi à discours de combat	28
2. Helvétius [référence]	7	12. _____	
3. Exaltation du Moi	9	13. Référence de Comte	30
4. référence Comte [référence]	11	13 bis. " " "	31
5. note sur Sabatier		15. _____	
6. Citation Claude Bernard [...]	12	16. Taine et Fustel de Coulanges	33
7. Sur V. Cousin et Saint Simon	20	17. Référence de Comte	39
[le cas de Comte et Renouvier,		18. référence de Littré [apprécia-	40
Cournot, Ravaisson]		tion de son livre]	
8. Citation Comte [référence]	23	19. Référence de Comte	41
9. Citation de Poincaré		20. Référence de Comte	42
10. Sur la réalité du monde	25	21. Sur Descartes	45
extérieur		22. Référence Comte	45
		23. H. Spencer	47
		24. P. Grüber	48
		25. Citation de Spencer	

Rev. Sc. ph. th. 87 (2003) 127-150

LIEN SOCIAL ET RELIGION POSITIVISTE CHEZ LES PENSEURS DE LA TROISIÈME RÉPUBLIQUE

par Laurent FEDI

On a parfois tendance à exagérer l'ascendant du positivisme comtien sur les acteurs et penseurs de la Troisième République. S'il est vrai que le système de Comte a joué un rôle non négligeable dans l'élaboration de l'idéologie républicaine des années 1870-1880, on doit ajouter que le positivisme a été une composante parmi d'autres de cette idéologie. Il faut rendre justice à d'autres courants de pensée dont le rayonnement n'a pas été moins sensible : le kantisme rénové de Renouvier, celui de Barni, le protestantisme libéral et l'éclectisme cousinien. Il convient d'autre part, lorsqu'on s'interroge sur l'héritage des idées, de préciser à quel héritage positiviste on a affaire. La « philosophie positive » a beaucoup compté dans les milieux politiques et intellectuels, peut-être parce qu'elle allait dans le sens de l'émancipation des esprits à l'égard du dogme et des autorités théologiques ; mais peut-on en dire autant de la « religion positive » ?

Dans un article de 1904 sur les succès du mouvement positiviste, Maurice Ajam, après avoir déclaré avec optimisme : « La plupart des idées que nous défendons sont admises par la grande majorité des esprits émancipés de notre époque », émet cette réserve : « Dans toutes mes études et dans mes causeries, j'ai courageusement, parlant à des libres-penseurs, utilisé le mot "Religion". J'avoue franchement qu'il est presque impossible à faire digérer à des gens intelligents et très sympathiques au Positivisme ; il faut pour cela employer toutes sortes de précautions oratoires ». Le prédicateur de la parole positiviste auprès des universités populaires parle de disciples potentiels « qui sont tout disposés à entrer dans l'Église, justement à cette condition qu'elle n'ait pas l'air d'une Église, qui ont été intéressés à nos doctrines par les récents travaux de M. Lévy-Bruhl, qui admirent sincèrement Auguste Comte,

mais qui ont peur, en venant parmi nous, d'être obligés d'accepter son
œuvre à la manière d'un texte évangélique »[1].

Encore une fois, le positivisme, envisagé dans son contenu, sinon
dans ses principes, était loin d'exercer le magistère intellectuel dont on
a voulu parfois le créditer, et les doctrines rivales combattaient avec
force sa religion. À la suite de John Stuart Mill, Charles Renouvier iro-
nise sur la tendance « extatique » et « mystique » du dernier Comte, sur
les « créations d'un esprit revenu de la raison au fétichisme »[2]. Jean-
Marie Guyau parle, dans des termes analogues, d'un « paganisme manifeste et ridicule »[3]. François Evellin, disciple de Renouvier et Inspec-
teur général, condamne en bloc tout le système, car selon lui « il n'est
pas de philosophie plus orgueilleusement étroite que celle d'Auguste
Comte »[4]. Jules Lachelier met en doute les fondements spéculatifs de
« l'autorité du cœur » dans le champ moral et social[5]. Et Léon Brunschvicg démolit la « synthèse » comtienne dans laquelle il dénonce la
protestation du romantisme contre l'esprit des Lumières et contre le
cartésianisme : « [...] le courant de réaction qui est propre au XIXe siècle
a ramené Comte, comme il avait ramené Fichte et comme il devait ramener Taine, au stade théologique qu'ils s'étaient d'abord flattés de
dépasser. En créant, de son autorité privée, la religion positiviste [...],
Comte reste fidèle à l'impulsion que lui avait communiquée Joseph de
Maistre »[6]. Les uns et les autres jettent en outre un regard suspicieux
sur la petite « secte » des positivistes orthodoxes.

On ne saurait toutefois s'en tenir à ce constat. L'idée d'une religion
démontrée et non révélée, comme système de régulations socio-antho-
pologiques capable d'orienter le savoir, le désir et le travail vers
l'Humanité, croise les interrogations philosophiques rencontrées par les
grands courant de pensée sociale de la Troisième République, qu'ils
s'appellent « humanitarisme », « individualisme », « solidarisme » ou
« personnalisme ». La découverte des lois de la société, en liaison avec
le progrès des sciences naturelles et l'essor de l'évolutionnisme, rend de
plus en plus problématique l'adhésion à un contractualisme de type
rousseauiste, en même temps que s'affirme le besoin d'une « morale
sociale » en lieu et place des croyances religieuses supplantées par la
connaissance scientifique. Si la religion de l'Humanité pouvait bien être
accusée de reproduire structurellement l'organisation du catholicisme,

1. M. AJAM, « L'évolution du positivisme », *Revue Occidentale*, 1904, II, p. 254-262.

2. Cf. Ch. RENOUVIER, *Histoire et solution des problèmes métaphysiques*, Paris, Alcan,
1901, p. 397. Voir aussi *Philosophie analytique de l'histoire*, Paris, E. Leroux, 1896-1897,
t. IV, p. 245 : « La religion positiviste est la partie la plus intéressante de l'ensemble
du positivisme. Elle en compose la seconde phase qui est la plus violente et la plus
extraordinaire négation de la phase première ». Parmi les amis protestants de Renouvier, le plus virulent est J. MILSAND qui voit dans le positivisme « la dictature
d'Innocent III mise au service du matérialisme utilitaire » (« À propos de Comte et du
positivisme », *La Critique philosophique*, 1881, II, p. 172)

3. J.-M. GUYAU, *L'Irréligion de l'avenir* [1887], éd. de 1921, p. 391.

4. F. EVELLIN, *Bulletin de la Société Française de Philosophie*, Séance du 27 novembre 1902, p. 20.

5. J. LACHELIER, *ibid.*, Séance du 27 novembre 1902, p. 17.

6. L. BRUNSCHVICG, *Le progrès de la conscience dans la philosophie occidentale* [1927],
Paris, PUF, 2e édition, 1953, § 256 à 263, cit. § 263.

elle offrait par ses principes un schéma possible pour redéfinir le rapport entre individu et société, elle se prêtait à une réflexion plurielle et constructive sur les fondements théoriques et pratiques du « lien social »[7].

Comte avait lui-même anticipé une telle réception en présentant la religion positive comme l'unité humaine, individuelle et collective, « unité complète », « unité vraiment altruiste », donc au plus haut point sociale[8]. Malgré « l'admirable persévérance du sacerdoce catholique », la synthèse chrétienne ne réalisait qu'un « lien indirect », du fait que le chrétien s'adressait à Dieu, non aux hommes, en vue du salut, d'un salut personnel (la dévotion l'emportait sur le dévouement à la société). Le culte positiviste, lui, « érige directement la sociabilité en principe de la vraie morale » et résout l'antinomie du public et du privé en faisant que « vivre pour autrui » soit le gage du « bonheur suprême »[9]. Le mot même de « religion » était compris par Comte comme l'expression étymologique du « lien ».

Pour qualifier le rapport qu'ont entretenu vis-à-vis de cette religion les penseurs de la Troisième République – ceux qui ont vécu sous ce régime et plus particulièrement ceux qui ont contribué à forger l'esprit public dans la France de cette époque – on peut parler d'un usage ambigu, tantôt inavoué, tantôt repoussé dans les marges, mélange d'hommage et d'aversion. Face à un système jugé à la fois faux et suggestif, ils ont fait le tri, ils ont cherché à distinguer l'esprit et la lettre, les vraies questions et les solutions utopiques, le clos et l'ouvert. Et l'on ne peut qu'être attentif à cette liberté d'interprétation qui, par diverses transactions, féconde une philosophie par-delà son cadre d'origine et donne raison à la formule de René Char selon laquelle « notre héritage n'est précédé d'aucun testament ». En parcourant un spectre qui va de la politique (Ferry, Léon Bourgeois, Jaurès, la libre-pensée) à la philosophie morale et sociale (Jean-Marie Guyau, Alfred Fouillée, Gustave Belot, Émile Boutroux) et de celle-ci à la sociologie (Durkheim) et à l'analyse de la pensée (Alain), le but de cette étude est de mettre au jour les transactions par lesquelles s'est monnayé et dispersé cet héritage sans testament à un moment fondateur des institutions républicaines.

1. UNE RELIGION POUR LA RÉPUBLIQUE LAÏQUE ?

Quels sont les effets pratiques de la philosophie effectivement attestés dans la réalité des institutions? Le cas du positivisme est un exem-

---

7. Claude NICOLET a bien formulé cela : « la société dans son ensemble concret – c'est-à-dire à la limite l'espèce humaine tout entière – le Grand Être comtien tout comme la "sociabilité", c'est-à-dire le support et l'écho de cet ensemble dans chaque individu, sont conçus comme une donnée de base qui doit permettre de reléguer ou de dépasser les fausses querelles du XVIIe siècle » (*L'idée républicaine en France*, Paris, Gallimard, 1982, p. 328).

8. A. COMTE, *SPP*, II, pp. 9, 18. Abréviations : *Cat.* = *Catéchisme positiviste* [1852], Paris, GF, 1966. *Ens* = *Discours sur l'ensemble du positivisme* [1848], Paris, GF, 1998 (éds Annie Petit). SPP = *Système de politique positive* [1851-1854], Paris, Anthropos, 4 vols., 1970 (cité avec le n° du volume, suivi de la page).

9. A. COMTE, *Ens.* p. 375-377.

ple propice à ce genre de réflexion. Il fait surgir un problème de méthode qu'on peut généraliser à toute entreprise de ce type : le mode d'insertion de la philosophie doit être conçu en général non comme l'application de la théorie, mais comme l'adaptation à des conditions historiques contraignantes d'un texte qui n'est pas le texte d'origine mais qui en est déjà une interprétation, et – qui plus est – une interprétation en partie conditionnée elle-même par ces contraintes objectives. Dans l'analyse qui suit, on choisira pour texte de référence le discours le plus fidèle en principe à la seconde carrière de Comte, du côté français : les jugements portés par les rédacteurs de la *Revue Occidentale* sur les hommes politiques de la République des années 1870-1900.

Claude Nicolet a montré à quel paradoxe se heurtent les convictions « positivistes » de Littré, Ferry et Gambetta : « pris à la lettre, le comtisme était en contradiction non seulement avec une certaine tradition révolutionnaire, ou, si l'on veut, jacobine, des républicains français, mais même avec le grand symbole de 1789 – les Droits de l'homme et la devise trinomique Liberté, Égalité, Fraternité – qui était en fait leur point de ralliement »[10]. On sait que le mot « religion » avait provoqué la séparation entre Comte et Littré. Et que dire de l'anti-parlementarisme et de l'anticolonialisme de Comte quand on songe à l'action de Ferry ? On peut certes essayer, avec C. Nicolet, de relativiser les divergences. Littré fait dissidence, mais non sans remords ni hésitations. Ferry institue une école d'État – tandis que Comte veut confier l'éducation de l'enfant à la mère[11] – mais il exige la neutralité des instituteurs. Ferry s'engage dans des entreprises coloniales en Afrique du Nord et au Tonkin, mais la mission civilisatrice de la France, ou de l'Occident progressiste, répond au devoir des forts de protéger les faibles. En bref, ces hommes politiques se représentent la République comme la forme politique qui, par ses mécanismes adaptatifs et son assise dans l'opinion, serait propice à la réalisation graduelle de la devise « Ordre et Progrès ». Les « opportunistes » parient sur le long terme. Mais en attendant, la République enseignante et laïque peut tout autant, et à plus juste titre, se recommander du néo-criticisme. Aussi Renouvier et Pillon ne manquent-ils pas d'observer que Gambetta fait fausse route en citant le nom de Comte dans les banquets républicains, lui qui veut enseigner une morale « procédant de l'observation et de la logique », « une morale éternelle » fondée sur la dignité humaine et sur un contrat d'homme à homme[12].

---

10. C. NICOLET, *L'idée républicaine en France*, p. 188.

11. L'éducation doit surtout « disposer à vivre pour autrui, afin de revivre en autrui par autrui, un être spontanément enclin à vivre pour soi et en soi » (*Cat.* p. 208). Or « les êtres les plus sympathiques [les femmes, qui incarnent l'élément affectif] sont nécessairement les plus propres à développer en autrui les affections qui doivent prévaloir [...] Leur aptitude est telle, à cet égard, que à défaut de la mère, une étrangère bien choisie y conviendrait mieux, d'ordinaire, que le père lui-même, si elle pouvait assez s'incorporer à la famille » (*Ens*, p. 271-272).

12. Cf. Marie-Claude BLAIS, *Au Principe de la République. Le Cas Renouvier*, Paris, Gallimard, 2000, p. 373-374. Ajoutons que Léon Penchinat, le parrain de la revue néo-criticiste *La Critique philosophique*, était gambettiste, comme beaucoup de lecteurs de cette revue, laquelle comptait par ailleurs, parmi ses abonnés, Paul-Casimir Périer et Paul Bert.

Si Robinet soutient Gambetta, malgré quelques réserves sur la ligne doctrinale, c'est parce que sa politique est « plus générale, mieux coordonnée, plus synthétique et davantage émancipée de théologie et de métaphysique que toute autre, parmi celles qui, en dehors du Positivisme, se disputent aujourd'hui l'empire »[13]. On peut être un agent du progrès sans être positiviste, dès lors que l'action menée ne fait pas obstacle au mouvement inéluctable de l'histoire mais crée des conditions qui lui sont favorables. De même, pour Pierre Laffitte, Ferry est l'homme politique idéal dans la situation des années 1880, parce qu'« il a toujours été républicain » et que « son émancipation théologique est complète »[14]. À la mort de Ferry, Laffitte fait l'éloge de son ami[15] en rappelant l'importance des réformes laïques, base essentielle d'un changement positif : « Dieu a cessé d'être d'ordre public; il n'est plus désormais que d'ordre privé »[16]. Et la religion positiviste, dans tout cela? Les positivistes orthodoxes ne peuvent pas ne pas se poser la question, mais ils l'ont résolue par avance dans leur annonce d'ouverture : « Le principal danger que doivent signaler les philosophes au public, comme aux hommes d'État, consiste dans l'individualisme, moins encore au point de vue moral qu'au point de vue mental, puisque l'individualisme méconnaît l'existence sociale et la subordination de l'individu à la société ». Par conséquent, ce que la situation exige, au regard des positivistes qui souhaitent préparer efficacement les conditions du passage à la religion de l'Humanité, c'est une transformation profonde de l'opinion pour enraciner le lien social.

Dans les années 1890, le « solidarisme » de Léon Bourgeois est à son tour salué par les positivistes. Mais dans le cas de Bourgeois[17], les emprunts à la seconde carrière de Comte sont plus nets. Selon lui, l'idée d'un « lien nécessaire de solidarité » est tombée dans le domaine public, et le moment est venu d'en tirer des conséquences théoriques et pratiques. On sait que le vocable « solidarité » désigne dans le positivisme religieux le concours des hommes dans le temps présent, tandis que la continuité renvoie corrélativement au lien historique des générations et à la transmission du patrimoine collectif. Or Bourgeois écrit : « Et il ne

13. Dr Jean-François-Eugène ROBINET, « Bulletin. France. L'ennemi public », *Revue Occidentale*, 1882, I, pp. 281-302, cit. p. 298.

14. P. LAFFITTE, « Bulletin. Ministère de M. Jules Ferry », *ibid.*, 1889, I, pp. 136-141, cit. p. 138.

15. En 1882, Ferry ouvre la salle Gerson pour le cours privé de Laffitte. En 1885, il lui demande d'intervenir dans sa campagne électorale en lui procurant l'appui d'Isidore Finance. En 1892, il soutient le projet de création d'une chaire d'histoire des sciences au Collège de France pour Laffitte, à qui revient ainsi le poste que Comte avait réclamé en vain pour lui-même.

16. P. LAFFITTE, « Jules Ferry », *Revue Occidentale*, 1893, I, pp. 291-309, cit. p. 294.

17. Léon Bourgeois (1851-1925) est un homme politique de la Troisième République. Docteur en droit, sous-préfet de divers départements, puis préfet de police en 1887, et député radical en 1888, il est plusieurs fois ministre, à la Justice, à l'Intérieur, aux Affaires étrangères, et, de 1890 à 1892, puis en 1898, à l'Instruction publique. Il succède à Ribot à la Présidence du Conseil en 1895-1896. Il mène une lutte contre la tuberculose en créant des dispensaires et fait voter d'importantes lois sociales. En 1907, au Congrès de La Haye, il avait fait accepter l'idée d'un arbitrage des conflits internationaux. Il devient en 1919 Président de la SDN, et reçoit le prix Nobel de la paix en 1920.

suffit pas de considérer le lien de solidarité qui unit l'homme au reste du monde à chaque moment de son existence. Ce lien ne réunit pas seulement toutes les parties de ce qui coexiste à une heure donnée ; il réunit également ce qui est aujourd'hui et ce qui était hier, tout le présent et tout le passé, comme il réunira tout le présent et tout l'avenir. L'humanité a-t-on dit justement, est composée de plus de morts que de vivants » [18]. L'allusion est évidente [19]. Et ailleurs : « La connaissance des lois de solidarité des êtres vivants n'a pas seulement détruit l'isolement de l'homme dans le milieu où il vit ; elle a détruit du même coup son isolement dans la durée ; elle a établi que, pour déterminer complètement sa situation matérielle et morale, il était indispensable de tenir compte du lien qui le rattache à ses ancêtres et à ses descendants » [20]. La « solidarité » s'étend donc chez Bourgeois à cette « coopération successive » que Comte nomme « continuité » [21].

Sur ces bases, Bourgeois construit une théorie de la dette sociale – qu'il mettra en pratique sur le terrain des réformes en faisant adopter des lois sur le repos hebdomadaire, les assurances du travail, l'impôt, etc. Le premier postulat va dans le sens du positivisme : « Les hommes sont non des êtres isolés, mais des êtres associés » [22]. « L'homme isolé n'existe pas » [23]. Mais si dans *Solidarité*, Bourgeois évite autant que possible la référence à Comte (alors qu'il nomme Bastiat, Proudhon et Leroux), c'est sans doute parce qu'à la suite d'Alfred Fouillée il entend concilier le modèle biologique de l'organisme avec le modèle juridique du contrat en sorte qu'ils se complètent et se corrigent mutuellement. La métaphore organique est justifiée par le fait que les éléments so-

18. L. BOURGEOIS, *Solidarité* [1896], réédition Presses Universitaires du Septentrion, Université de Lille, 1998, avec une préface de J. Eloy. Cit. p. 24.

19. Cf. par exemple *SPP*, I, p. 411 : « Le nouveau Grand Être ne se forme que par le concours, dans le temps ou dans l'espace, des existences suffisamment assimilables [...] C'est surtout à ce titre qu'il est essentiellement composé de morts ». Et *SPP*, II, p. 61 : « En un mot les vivants seront toujours, et de plus en plus, dominés par les morts ». L'état subjectif est prééminent : les morts compensent par leur fixité la versatilité de notre vie immédiate, ils dominent les vivants, et de plus en plus, s'imposant comme un impératif subjectif. Les fêtes publiques valident cette domination qui donne une direction à l'avenir de nos actions.

20. L. BOURGEOIS, *Solidarité*, p. 43. On rapprochera la citation de Bourgeois de celles de Comte que voici : « Dans chaque phénomène social, surtout moderne, les prédécesseurs participent davantage que les contemporains [...] Cette continuité nécessaire manifeste mieux que la simple solidarité combien la vie collective est seule réelle, la vie individuelle ne pouvant exister que par abstraction » (*Ens*, p. 388). « Notre sociabilité se distintingue surtout [des autres sociétés animales] par le privilège exclusif de la coopération successive [...] Pour procurer au grand principe d'Aristote toute l'extension convenable, il faut toujours y combiner ce concours continu dans le temps avec le concours actuel dans l'espace » (*SPP*, II, p. 361).

21. À la même date, Henry Michel, disciple de Renouvier et critique du déterminisme comtien, retient lui aussi cet aspect du positivisme comme l'un des « plus séduisants ». Cf. *L'Idée de l'Etat. Essai critique sur l'histoire des théories sociales et politiques en France depuis la Révolution*, Paris, Hachette, 1895, p. 457. Le but de l'ouvrage est néanmoins de redonner « vigueur » et « solidité » aux « thèses individualistes » en politique.

22. L. BOURGEOIS, *Solidarité*, p. 38.

23. L. BOURGEOIS, *ibid.*, p. 49.

ciaux sont entre eux et à l'égard du tout dans un rapport non seulement d'interaction mais aussi de finalité réciproque. Et puisque les unités sont conscientes d'elles-mêmes et du tout auquel elles sont liées, leur association prend la forme d'un « quasi-contrat » ou « contrat rétroactivement consenti »[24].

En acceptant de la société ses bénéfices, ses charges, ses conditions, les acteurs sociaux contractent une « dette » dont ils ne peuvent s'acquitter qu'en poursuivant à leur tour cette œuvre collective. On se rappelle que pour Comte, « le présent glorifie le passé pour mieux préparer l'avenir »[25]. Pour Bourgeois, « ce n'est pas pour chacun de nous en particulier que l'humanité antérieure a amassé ce trésor [...] C'est pour tous ceux qui sont appelés à la vie [...] C'est un legs de tout le passé à tout l'avenir »[26]. En d'autres termes, la société s'impose à nous comme un devoir moral, celui d'apporter à la collectivité et aux générations futures l'équivalent de ce que nous avons reçu individuellement grâce à l'effort de tous. Par cette dette, notre participation au bien collectif s'inscrit dans l'espace et dans le temps, et prend la forme d'une validation rationnelle de l'organicité du social.

Les positivistes orthodoxes, qui avaient déjà remarqué les thèses de Bourgeois à l'occasion d'une remise des prix au concours général de 1891[27], s'empressent d'approuver en 1896 les passages cités plus haut : « Il est impossible de dire mieux ». Camille Monier regrette seulement un amalgame un peu rapide entre consensus vital et concours social et un vague sentimentalisme dû à une insuffisante formation scientifique qu'il juge excusable, après tout, de la part d'un homme « absorbé par la vie politique »[28].

Plus inattendu, peut-être, le discours de Jaurès à la séance parlementaire du 11 février 1895 dans lequel l'orateur glorifie « les grandes aspirations religieuses » qui ont « soulevé l'esprit humain », et oppose au « positivisme étriqué de Littré », « le grand positivisme mystique d'Auguste Comte ». Distinguant l'esprit à la lettre, Jaurès pense que les religions contiennent confusément « des pressentiments prodigieux et des appels à l'avenir qui seront peut-être entendus »[29].

La mise à distance des religions révélées conduit-elle nécessairement au matérialisme ? Comment se prémunir des tentations négativistes ? Faut-il se tourner vers une religion « laïque » ? Et laquelle ? L'émancipation des esprits n'est-elle pas tout simplement en contradiction avec tout dogme religieux ? Ces questions travaillent à la fin du XIXe siècle non seulement les intellectuels, mais le peuple. Elles sont au cœur du problème qui limite les chances de succès du positivisme religieux auprès des Sociétés de libres-penseurs. Comte avait posé cet axiome : « Aucune société ne peut se conserver et se développer sans

24. L. BOURGEOIS, *ibid.*, p. 48.
25. A. COMTE, *Cat*, p. 185.
26. L. BOURGEOIS, *Solidarité*, p. 45.
27. C.H. (probablement Constant Hillemand), « Bulletin. Le positivisme à la distribution des prix du concours général », *Revue Occidentale*, 1891, II, pp. 268-274.
28. Camille MONIER, « Solidarité, par M. Léon Bourgeois », *ibid.*, 1896, II, pp. 413-420, cit. p. 415.
29. Discours rapporté dans la *Revue Occidentale*, 1895, I, p. 211.

un sacerdoce quelconque »[30]. Gabriel Séailles a bien compris la difficulté : « Ce grand homme [Comte], que nul n'admire plus que moi, savait qu'il proscrivait la Libre Pensée : il l'a dit et répété, et, admirateur passionné du catholicisme et de sa discipline, il s'est donné pour but la restauration de l'autorité spirituelle »[31]. Son élève Delvolvé considère en 1906 que « le défaut presque absolu d'un point de communion par où les activités individuelles puissent se toucher, se comprendre, s'organiser, est une caractéristique de notre époque »[32], mais il propose, plutôt qu'un système de « régulations universelles », un « art moral » fondé sur les conditions individuelles d'adaptation réagissant sur la vie instinctive[33].

Pourtant, certaines initiatives spontanées témoignent d'un souci diffus de remplacer ce que l'on a rejeté – le catholicisme – par un culte offrant des avantages équivalents (Comte aurait dit : supérieurs[34]), sorte de « culte subjectif » à la manière de Comte. C'est ainsi qu'en 1884 rendant hommage au Dr Blondeau au nom de la Société de libres penseurs du Ve arrondissement de Paris, Schacre prononce ces paroles : « L'homme disparaît; c'est la loi de la nature, mais l'œuvre reste et c'est là la seule récompense à laquelle puissent aspirer les hommes [...] qui n'ont d'autre culte que le bonheur de l'humanité ». C'est ainsi encore, entre autres exemples, qu'en 1886, une oratrice déclare sur la tombe d'une fillette que « l'immortalité des êtres ne se communique que par les souvenirs »[35]. C'était là reconnaître une forme de « vie subjective » dans laquelle, comme dit Comte, « [nos morts] ne cessent pas d'aimer et même de penser, en nous et par nous »[36]. Le R. P. Dom Besse, catholique maurrassien, pouvait écrire en 1913 : « Abandonnant l'anticléricalisme aux attardés de la politique et de la littérature, la libre-pensée évolue en religion »[37].

II. Fécondité d'une fiction, le Grand Être

Les sociétés modernes peuvent-elles se rendre présentes à elles-mêmes en faisant l'économie du symbolique? Quelle est la part de

---

30. A. COMTE, *Cat*, p. 206.
31. Lettre de G. SÉAILLES au congrès de Genève (14-17 sept. 1902), reprise dans *La Libre pensée intellectuelle, morale, sociale, Lettres et rapports présentés au congrès de Rome, 20-22 sept. 1904*, Paris, Librairie de la Raison, 1904, p. 7.
32. J. DELVOLVÉ, *L'organisation de la conscience morale. Esquisse d'un art moral positif*, Alcan, 1906, p. 29, note 2.
33. J. DELVOLVÉ, *ibid.* pp. 60-61.
34. Le positivisme « perfectionne l'immortalité ». Cf. Comte, *Cat*, p. 164.
35. Informations puisées dans le livre de Jacqueline LALOUETTE, *La Libre Pensée en France, 1848-1940*, Paris, Albin Michel, 1997, en particulier p. 180. Les héros historiques des libres-penseurs sont soit des victimes de l'Inquisition, soit des esprits critiques ou anti-religieux – Etienne Dolet, Michel Servet, Giordano Bruno, Bayle, Voltaire – mais Diderot et Denis Papin sont des noms que Comte n'eût pas reniés. Notons que le conseil municipal de Paris a renoncé à ériger une statue de Julien L'Apostat.
36. A. COMTE, *Cat*, p. 163.
37. R. P. Dom BESSE, *Les religions laïques. Un romantisme religieux*, Paris, Nouvelle Librairie Nationale, 1913, p. 52.

l'idéal dans la constitution du lien social? Et cet idéal est-il purement rationnel ou suppose-t-il un acte de foi, voire le recours à des fictions? Ces questions ne pouvaient manquer, à la fin du XIXe siècle, de faire resurgir la fiction du Grand Être.

L'un des plus grands penseurs « laïques » de la Troisième République à s'être confronté à ces questions est sans doute Jean-Marie Guyau. Tout en constatant le déclin des religions, Guyau écrit dans *L'Irréligion de l'avenir*, en 1887, que le fond moral et social des religions, délivré des dogmes, est appelé à subsister. Ce fond, c'est « le culte du souvenir, la vénération et l'amour des ancêtres, le respect de la mort et des morts ». Ce qui doit survivre aux religions, c'est « le respect des morts, qui relie les générations l'une à l'autre et reforme les rangs brisés, qui donne l'immortalité la plus certaine, celle du souvenir et de l'exemple » [38]. Guyau ne se rallie pas pour autant au culte de l'Humanité qui selon lui « ressemble à l'antique et naïf culte de la famille, des dieux lares, du foyer, du charbon sacré dormant sous la cendre » [39]. Mais loin de s'en tenir à une caricature, il développe une série d'objections. D'abord, le rite est le témoignage de la prédominance, au sein du groupe, des « associations inconscientes et obscures », tandis qu'en réalité, l'humanité progresse en augmentant sa « faculté de dissociation ». Ensuite, la religion de l'Humanité n'est pas à la hauteur de l'idéal métaphysique à laquelle elle prétend par la subsitution qu'elle veut effectuer : en effet, son objet n'a pas la dignité d'une cause, car l'humanité est un maillon dans la chaîne cosmique des phénomènes, et d'autre part elle ne saurait passer pour la fin de nos actions, étant donné que celles-ci visent toujours le particulier et que l'espèce humaine s'abîme dans le grand Tout. Enfin, Comte substitue des fictions aux réalités lorsqu'il institue le nouveau fétichisme : en projetant nos représentations subjectives hors de ce monde, cette religion finalement abstraite dépossède le sentiment de tout objet véritable.

La critique de Guyau est sous-tendue par la thèse de l'extension de l'individuation et de la divergence des êtres au fil de l'évolution, thèse inspirée par la théorie spencerienne du passage de l'homogène à l'hétérogène. La dispersion anthropologique s'accompagnera d'une distribution généralisée des croyances et des sentiments, qui s'attacheront à des êtres individuels et non plus à des entités : « De même que l'amour de la patrie tend à disparaître en tant qu'amour d'une abstraction et se résout dans une sympathie générale pour tous nos concitoyens, de même l'amour de Dieu se dispersera sur la terre entière, se fragmentera entre tous les êtres » [40]. Cette conception nominaliste de l'évolution se traduit par l'idée d'une religion immanente dans laquelle les plus hautes manifestations de l'esprit viennent d'un consentement à vivre d'une vie pleine et débordante (tandis que la crispation est ce qui engendre les platitudes et les vices). Une telle religion, spéculative et artistique, religion de la vie (au sens large qui dépasse le monde biologique) serait fondée sur des normes individuelles : « ce qui est certain, c'est que pas une des divinités créées successivement par l'espèce hu-

---

38. J.-M. GUYAU, *L'Irréligion de l'avenir*, Paris, Alcan, 1887, p. 358-359.
39. J.-M. GUYAU, *ibid.*, p. 391.
40. J.-M. GUYAU, *ibid.*, p. 315.

maine ne peut lui suffire aujourd'hui; il a besoin de toutes à la fois, et encore de quelque chose par delà car sa pensée a devancé les dieux »[41].

Bien que Guyau recommande l'école du doute pour atteindre cet état (qu'il appelle aussi « anomie »[42]), il apprécie à sa juste valeur le retournement radical qu'opère l'idée comtienne de providence humaine. Il suffirait de considérer cette providence comme la volonté humaine elle-même pour que Comte ait finalement raison. « Le précepte : aime les hommes en Dieu est alors retourné et devient celui-ci : aime Dieu dans les hommes. Pour un philosophe qui identifie Dieu et l'idéal, les deux préceptes sont également vrais et beaux »[43]. Il s'agirait alors d'aimer Dieu non dans une nouvelle Déesse, l'Humanité, totalité singulière, mais dans « les hommes », une pluralité monadique. La religion de l'homme, plutôt que de l'Humanité, réaliserait alors la vérité de tout monothéisme antérieur en substituant à la projection de l'essence humaine (employons des termes feuerbachiens[44]), un lien direct, quasi phénoménal, entre les êtres individuels. À mesure que la raison s'approprie les liaisons phénoménales de tous ordres, chaque individu devient centre de perspective rayonnant à l'infini, chaque monade tend à devenir « une providence universelle »[45]. Par conséquent, la religion serait bien ce nouveau lien : un lien toutefois libre et non institué, car « le respect et l'amour [...] se communiquent mieux d'un cœur à l'autre, comme la flamme vive à ciel ouvert »[46].

Ce pluralisme est aussi celui d'Alfred Fouillée, le second conjoint de la mère de Guyau. Le théoricien de l'organisme contractuel (on a vu que Fouillée a fait école au sein du « solidarisme ») estime que « l'idéal social le plus compréhensif est éminemment celui qui concilierait à la

41. J.-M. Guyau, *ibid.*, p. 321.

42. L'anomie, terme déjà utilisé par les tragiques grecs, et redécouvert à la Renaissance, est un concept positif pour Guyau. Durkheim l'emploie au contraire dans le sens négatif d'une absence de normes. Récemment, Michel Maffesoli et Gilles Lipovetsky ont réhabilité la conception de Guyau.

43. J.-M. Guyau, *ibid.*, p. 390. Le R. P. Dom Besse écrit à propos de Guyau : « Cet athéisme n'est qu'une manifestation inconsciente de la foi en l'Humanité. L'irréligion par laquelle il s'affirme est, pour qui sait comprendre, la religion de cette Humanité, la vraie religion de l'Homme par conséquent » (*Les religions laïques. Un romantisme religieux*, p. 50). Nietzsche effectue un rapprochement similaire, mais dans un but diamétralement opposé, puisqu'il veut montrer que le laïcisme de Comte et de Guyau n'est qu'une forme déguisée de la morale chrétienne (cf. *Fragments posthumes. Automne 1887- mars 1888*, tr. fr. in *Œuvres complètes*, XIII, 10 [170], p. 192).

44. Rappelons que selon Feuerbach, l'être divin est l'essence de l'homme séparée de l'homme réel, c'est-à-dire que les prédicats de l'être divin sont des déterminations de l'essence humaine dont l'homme, en tant qu'individu existant pour soi, se prive, aliénant ainsi sa subjectivité.

45. J.-M. Guyau, *L'Irréligion de l'avenir*, p. 395.

46. *Ibid.*, p. 391. Sur ce lien, cf. *L'Art du point de vue sociologique*, Paris, Fayard, Corpus, 2001, p. 469 : « plus la civilisation avance plus l'individualité se développe; et ce développement peut devenir une cause de décadence si, en même temps que l'individualité se montre plus libre et plus riche, elle ne se subordonne pas elle-même volontairement à l'ensemble social ». Le rapport que le « dernier » Guyau entretient à l'égard de Comte est analysé dans le livre d'Annamaria Contini, *Jean-Marie Guyau. Esthétique et philosophie de la vie*, Paris, L'Harmattan, 2002, pp. 247-248 et 254-258.

fois la plus grande individualité de chaque membre et la plus grande solidarité de tous les membres ». Par suite, il ne voit pas « ce qu'on gagnerait à supprimer la variété des êtres au profit du Grand Être d'Auguste Comte »[47]. Sans doute Fouillée oublie-t-il trop vite, dans *La Science sociale contemporaine*, que pour Comte « l'individualité est indispensable à notre nature sociale, afin d'y permettre la variété d'efforts simultanés qui la rend si supérieure à toute existence personnelle »[48], mais il nuance sa critique en 1896 en rappelant que l'altruisme est « la condition la plus efficace de développement, de vie et de bonheur pour l'individu non moins que pour l'espèce »[49]. En réalité, Fouillée ne s'arrête pas à cette critique.

Il prend au contraire la défense de Comte contre Spencer qui reproche à l'idée d'Humanité de présupposer l'intégration achevée du tout social là où l'on ne peut observer qu'un processus évolutif en cours. Pour Fouillée, la prise en considération de cette idée – celle d'un Être-Suprême « modifiable », selon Comte[50] – est essentielle à une sociologie qui veut déboucher sur une pratique sociale, dans la mesure où l'idéal potentiellement réalisable, en attente d'accomplissement, constitue le fil conducteur et le stimulant de l'action transformatrice. Selon sa théorie des idées-forces, toute représentation renferme un élément actif, une force communicative porteuse d'une charge « volitive » suffisante pour impulser des changements réels : « Toute idée est une forme typique qui tend à passer du cerveau dans les organes, une sorte de modèle d'action qui est déjà commencement d'action et qui, en se propageant dans le corps entier, finit par déterminer l'attitude ou la conduite »[51]. Transposée à la société, cette théorie (en partie inspirée de la théorie du vertige mental de Renouvier) permet de dire que l'organisme social, parce qu'il se réfléchit dans ses unités pensantes et volontaires, « se réalise en se concevant et en se voulant lui-même »[52]. L'idée d'Humanité est donc l'agent dynamique d'une évolution vers l'humanité parfaite, « comme une plante qui fleurirait par la pensée même de son évolution possible »[53].

C'est bien ainsi que Fouillée comprend et interprète, en 1880, l'objectif comtien. Dans les termes feuerbachiens qui sont ceux de Fouillée, le Dieu des monothéistes est la projection unifiée des attributs essentiels de l'homme, ou même mieux, l'unité d'une « société d'esprits ». Comte aurait donc produit un renversement décisif et salutaire en déplaçant la projection de la « société idéalisée »[54], de la cité céleste vers l'Humanité terrestre; car, tandis que la cité céleste était un idéal abstrait et inaccessible, l'Humanité est une finalité interne à l'organisme social et peut jouer enfin un rôle moteur pour cet organisme lui-même.

---

47. A. FOUILLÉE, *La Science sociale contemporaine*, Paris, Hachette, 1880, p. 247-248.
48. A. COMTE, *Ens*, p. 191.
49. A. FOUILLÉE, *Le mouvement positiviste et la conception sociologique du monde*, Paris, Alcan, 1896, p. 329.
50. A. COMTE, *Ens*, p. 364.
51. A. FOUILLÉE, *La Science sociale contemporaine*, p.117.
52. A. FOUILLÉE, *ibid.*, p. 115.
53. A. FOUILLÉE, *ibid.*, p. 120.
54. A. FOUILLÉE, *ibid.*, p. 70-71.

De plus, la présence à soi de la société dans l'idée qu'elle se fait de
sa figure idéale, suppose, comme le voulait Comte, un acte de foi. Si la
condition psychologique de manifestation de mon individualité est le
fait « de croire à moi-même » – de croire « être et être moi-même »[55] –
ne doit-on pas dire, de même, que la société se réalise en « croyant » à
sa propre réalité? C'est dans ces termes psycho-sociologiques que
Fouillée interprète en 1896 l'objectif des positivistes orthodoxes :
« [selon ceux-ci] notre conduite est finalement déterminée, non par ce
qu'on nous enseigne à faire, ni par ce qui nous plairait à faire, mais par
ce que nous croyons et par ce que nous révérons »[56]. Par conséquent, le
« culte de l'Humanité » est, en un sens, justifié. Mais Fouillée reproche
en réalité à Comte de n'être pas allé jusqu'au bout de cette justification,
qui eût exigé une vraie philosophie de la subjectivité, c'est-à-dire une
théorie de la conscience[57]. Le système de Comte demeure tributaire du
fait, au mépris du droit; sa méthode subjective – destinée à canaliser le
savoir vers le Grand Être – est trop « utilitaire »[58] et néglige la constitution subjective des liaisons de tous ordres. Au dualisme du subjectif et
de l'objectif emprunté à une lecture rapide de Kant, Fouillée substitue
un monisme idéaliste selon lequel le lien de ma conscience avec le
monde et avec les autres consciences est un « lien intérieur »[59]. Le
point de vue cognitif et le point de vue cosmologique doivent être pen-
sés ensemble, car mon individualité s'enrichit des relations universelles
synthétisées dans et par ma conscience. On retrouve ici la tentation
monadologique déjà rencontrée chez Guyau. Et l'on comprend ainsi le
grief adressé à Comte : celui-ci s'est arrêté à « l'unité du moi individuel
avec le moi social ». Fouillée veut aller plus loin en envisageant « l'unité
entre notre vrai moi et la loi de l'univers qui constitue la base de la
religion philosophique »[60]. Parti d'une conception de type sociologique,
Fouillée aboutit à une « religion philosophique » qui est un monisme
métaphysique dont le dernier mot revient non au seul lien social, mais
à la « loi de l'univers » dans laquelle celui-ci est intégré. À la fin de sa
vie, il envisage une sorte de religion laïque limitée à un « culte extérieur et social » de type associatif[61].
    Cherchant les conditions d'une morale qui ne serait pas seulement
formelle, mais pratique et sociale, Gustave Belot se tourne également
vers un idéal posé comme finalité immanente et dynamisante : « La
notion de l'Être social doit être transportée du terrain de la réalité sur
celui de l'idéalité. Le réalisme social exprime beaucoup plutôt le point
de vue de l'action et de la finalité qu'il ne se justifie au point de vue de
l'existence, de la causalité et de l'explication »[62]. Réalité ou idéalité;

    55. A. FOUILLÉE, ibid., p. 222-223.
    56. A. FOUILLÉE, Le mouvement positiviste et la conception sociologique du monde, p.
334.
    57. A. FOUILLÉE, ibid., p. 272, p. 332, etc.
    58. A. FOUILLÉE, ibid., p. 343.
    59. A. FOUILLÉE, ibid., p. 340.
    60. A. FOUILLÉE, ibid., p. 344.
    61. A. FOUILLÉE, Esquisse d'une interprétation du monde, Alcan, 1913 [posthume], p.
400.
    62. G. BELOT, Etudes de morale positive, 2è éd., augmentée, Paris, Alcan, 1921, p.
275.

causalité ou finalité ? Le rapport entre individu et société peut en effet se concevoir sous deux angles : le sociologisme n'envisage que le conditionnement de l'individu par la société, mais la société est aussi la résultante de ses composantes. « Il n'y a vraiment société qu'entre les consciences qui se pensent les unes les autres ». Si ces deux perspectives sont toujours mêlées, il faut bien voir, selon Belot, que l'histoire va dans le sens d'un passage du « traditionalisme » vers le « contractualisme ».

La morale que propose Belot fait de la socialité la matière de la moralité et de la rationalité la forme ; c'est-à-dire que l'idée de devoir doit pénétrer dans notre vie pratique sous la forme la plus concrète possible, celle qui nous lie à la société. Cette morale doit atteindre une universalité qui n'est pas l'abstraction de la raison pure (c'est l'impératif kantien qui est bien sûr visé), mais le ralliement à un idéal commun, projeté dans l'avenir sous la figure concrète d'une œuvre commune. Belot émet ainsi l'idée d'une « intégration à l'être collectif de la société ou de l'humanité »[63], et croise le système de Comte. Dans l'immensité de l'univers on chercherait en vain une finalité claire, un principe de vie, une règle, tandis que « la société, ou, virtuellement, l'Humanité est au contraire la plus haute existence à laquelle nous puissions nous incorporer véritablement, qui puisse être pour nous une fin ultime, avec laquelle nous puissions sympathiser, dont nous puissions en même temps sentir l'autorité et désirer le perfectionnement »[64]. Chez Comte, en effet, l'être social est considéré sous ses deux angles : il y a un sociologisme comtien (celui de ses héritiers sociologues) qui veut que la pensée rationnelle soit un pur produit de la vie collective ; mais avec la religion de l'Humanité, Comte invente de façon plus féconde un principe de stimulation de l'action individuelle. Belot comprend donc le Grand Être comme Fouillée, et à l'inverse de Spencer : « Le Grand Être n'a pas besoin d'être donné ; moralement, il suffit qu'il soit voulu »[65].

Au delà du pouvoir objectif des déterminations collectives, Comte vise l'adhésion subjective – par le biais de l'imagination – à des principes communs. Chez lui, les rites et les symboles « ne sont que de constants rappels au devoir de "vivre pour autrui", des stimulants imaginatifs de la sympathie »[66]. Comte aurait donc créé programmatiquement une morale sociale fondée sur un idéal régulateur capable de garantir et de renforcer le lien social : « [Comte] appelle l'Humanité au secours de l'homme »[67]. Mais sa construction, pour être efficace, devait se plier aux contraintes sociales qui font la matière de la morale. Est-ce le cas ? Belot admet que sur des thèmes tels que la valeur de l'autonomie, la

---

63. G. BELOT, *ibid.*, p. 117.

64. G. BELOT, *ibid.*, p. 210.

65. G. BELOT, « Les principes de la morale positiviste et la conscience contemporaine », dans les *Etudes sur la philosophie morale au XIX*^e *siècle*, Paris, Alcan, 1904, pp. 1-50. Cit. p. 11.

66. G. BELOT, *ibid.*, p. 18. Rappelons que la poésie qui est selon Comte l'art de l'idéalisation par excellence est ce qui « achèvera de nous placer au vrai point de vue humaniste, en nous faisant sentir dignement tous les attributs essentiels du Grand-Être que nous composons » (*Ens*, p. 363). L'idéal nous rend sensibles à notre condition d'êtres sociaux et dirige nos efforts.

67. G. BELOT, *ibid.*, p. 24.

liberté de penser et la liberté politique, le positivisme va apparemment
à contre-courant de l'histoire; mais il rappelle aussitôt que Comte préfère la persuasion à la contrainte, que le juridisme n'est pas irrésistible,
et qu'à la vérité l'individu politiquement libre ne s'appartient pas moralement, mais se doit au corps social. Reste que Comte fait tout repo-
ser sur le symbolique à cause de sa méconnaisance des lois psychologiques. Belot veut au contraire fonder la morale sur la raison individuelle car il s'agit pour la morale positive de synthétiser dans la pratique la « réalité » et la « rationalité ».

Boutroux souligne davantage que les auteurs précédents la fonction
de l'amour dans le positivisme religieux, en distinguant le concept de
l'amour et l'amour vivant. De ce point de vue, la religion de l'Humanité
est loin d'être une croyance creuse : « S'il est une religion qui réponde,
d'une façon certaine et définitive, à l'irréductible et indispensable instinct religieux de la nature humaine, c'est le positivisme ou religion de
l'Humanité. Cette religion n'est pas une abstraction, c'est une vie : c'est
le développement effectif de l'altruisme et de l'amour »[68]. Boutroux est
l'un des premiers commentateurs de Comte à voir dans le positivisme
religieux une magistrale socio-anthropologie, où les considérations sur
le cœur, l'amour, la subjectivité complètent – en l'hypostasiant – la
sociologie pour concrétiser le « lien social » que celle-ci n'avait fait que
théoriser[69].

Cependant Boutroux estime que la religion de Comte ne tient pas
ses promesses, parce qu'elle reste tributaire de l'attachement positiviste
au factuel. Le Grand Être est certes un idéal à atteindre « qui nous
soulève au-dessus de nous-mêmes et qui communique à nos penchants
sympathiques ce surcroît de forces qu'il réclame pour pouvoir dominer
les penchants égoïstes »[70], mais d'un autre côté, Comte en fait un objet
de science, limité dans l'espace et dans le temps. Or en tant que réalité
imparfaite, livrée à la raison, l'humanité de Comte (avec un « h » mi-
nuscule cette fois-ci) reconduit en pratique le conflit entre la science et
la religion qui avait été contourné dans la théorie de la séparation des
pouvoirs temporel et spirituel. Il n'est pas possible, en effet, d'accorder
les aspirations légitimes de l'esprit religieux avec les exigences bornées
de la science qui étudie l'humanité sous ses différents aspects. Finalement, Comte ne parvient pas, contrairement à ce qu'il prétend, à éviter

---

68. E. BOUTROUX, *Science et religion dans la philosophie contemporaine*, Paris, Flammarion, 1908, p. 55.

69. E. BOUTROUX, *ibid.*, p. 63 : « La sociologie n'était que la conception abstraite
du lien social, la religion en est la réalisation ». Boutroux montre bien la continuité
du projet comtien depuis son origine, comme le fera plus tard Gouhier. En ce qui
concerne le projet anthropologique et la science de l'individu, cf. *Bulletin de la Société
Française de Philosophie*, Séance du 27 novembre 1902, p. 24 : « C'est à l'homme tout
entier qu'il fait appel, car, selon lui, toute loi est défectueuse et sans force, qui ne
s'appuie pas sur les mœurs et sur les croyances. Aussi est-ce à régénérer l'homme
intérieur que tendent tous ses efforts ». Cette citation ne contredit pas la précédente,
car chez Comte, le développement individuel intérieur ira dans le sens d'une prédominance de la sociabilité sur l'égoïsme.

70. E. BOUTROUX, *Science et religion dans la philosophie contemporaine*, p. 54.

cette configuration fâcheuse dans laquelle « la raison [...] arrête [l]es effusions du cœur »[71].

Selon Boutroux, Comte enferme ainsi la nature humaine dans le domaine clos du fait, du donné, alors que la religion authentique appelle un dépassement, donc une forme de transcendance : « L'âme humaine est précisément l'effort pour dépasser le donné, pour faire mieux, pour tenter autre chose, pour se surpasser soi-même. L'homme, disait Pascal, passe infiniment l'homme »[72]. Le problème que Boutroux s'efforce de résoudre est celui de la rivalité entre science et religion. La religion doit-elle reculer devant la science ? Selon Boutroux, et ceci vaudrait pour toute la tradition spiritualiste française de la Troisième République, le conflit de la science et de la religion est le fait d'un rationalisme étroit, anti-métaphysicien, qui réduit l'être au donné, tandis que s'ouvre la perspective d'une raison élargie, accueillante à la « vie de l'esprit » (expression qu'affectionne Brunschvicg). À cet égard, la référence à Pascal, utilisée contre le positivisme comtien, est tout à fait significative de l'opposition entre la raison raisonnante et la raison vivante : « Pascal nous a appris [...] que cette raison purement logique n'est pas toute la raison. C'est une forme de la raison, une raison abstraite, vidée de tout son contenu : c'est la forme nue de la raison. [...] Notre raison commune est une faculté concrète et vivante »[73]. La religion est, pour Boutroux, l'élévation de l'esprit vivant vers un idéal qui implique un dépassement de soi. Religion et science se croisent alors dans la notion de vie, qui donne à voir une stratification des niveaux de réalité, de la matière vers l'esprit, du donné vers l'idéal[74]. On pourrait qualifier ainsi la religion selon Boutroux sinon de laïque (il ne rejette pas a priori le catholicisme), du moins de spéculative. Or c'est en cela qu'il se sépare de Comte, non pour récuser brutalement toute forme de religion de l'H(h)umanité, mais pour en suggérer un dépassement spéculatif. Dans sa préface au livre d'Edward Caird sur la religion positiviste, il oppose au « dieu chose, individu, force matérielle et particulière », le « dieu esprit, idéal, vivant, dont l'action interne a fait l'homme, et auquel se suspend l'humanité pour demeurer elle-même et pour monter toujours plus haut ». Sans doute Boutroux songe-t-il encore à une religion de l'humanité, en écrivant cette préface, mais à condition de restituer en l'homme une dimension de transcendance. Pour Comte, la religion authentique, achevée, c'est la religion de l'Humanité, synthèse supérieure à ses devancières. Boutroux retourne l'affirmation : « La religion de l'humanité véritable, c'est la religion »[75].

---

71. E. BOUTROUX, ibid., p. 74.

72. E. BOUTROUX, ibid., p. 75.

73. E. BOUTROUX, « La Religion et la Science », Revue chrétienne, décembre 1913, p. 993 [fascicule broché].

74. L'esprit vivant implique une « culture » qui dépasse le « dressage mécanique » (E. BOUTROUX, Les États-Unis et la France. Leurs rapports historiques, artistiques et sociaux, Paris, Alcan, 1914, p. 15). Bien qu'il n'aille pas jusqu'à associer comme Comte culte et culture, Boutroux suggère que la culture se prolonge naturellement en religion.

75. Boutroux, Préface à Edward CAIRD, Philosophie sociale et religion d'Auguste Comte, tr. fr., Paris, Giard et Brière, 1907, p. 4.

III. Totémisme ou piété ?

Pour Comte, la religion institue un double lien, individuel et collectif, puisque « cet état synthétique consiste [...] tantôt à régler chaque existence personnelle, tantôt à rallier les diverses individualités »[76]. On tentera de voir dans les théories respectives de Durkheim et d'Alain – deux lecteurs de Comte – des extensions en sens inverse de chacun de ces aspects, à l'origine complémentaires.

Dans *Les Formes élémentaires de la vie religieuse*, Durkheim définit la religion « un système solidaire de croyances et de pratiques relatives à des choses sacrées, c'est-à-dire séparées, interdites, croyances et pratiques qui unissent en une même communauté morale, appelée Eglise, tous ceux qui y adhèrent »[77]. La mise à distance pieuse et protectrice du sacré comme domaine auquel il est interdit de toucher, exprime et manifeste par le caractère d'extériorité et de coercition la transcendance du social par rapport à l'individuel. Cette théorie sociologique n'est pas sans rapport avec les enseignements que l'on peut tirer de la finalité de la religion positiviste. Pour Comte, toute société suppose un système de représentations qui surmonte les différences individuelles et le pouvoir spirituel à venir a pour fonction de rallier l'opinion à des théories et valeurs communes pour homogénéiser les idées et les sentiments et parvenir à une communion intellectuelle et morale. La substitution du Grand Être à Dieu qui, en 1848, donne forme à ce projet des années 1820, manifeste en fait la vérité de toute religion, car en faisant coïncider l'objet du culte avec le sujet collectif dont il n'est que l'expression idéalisée, elle fait apparaître la religion comme la projection de la société qui, pour assurer sa cohésion, se donne une image d'elle-même et de son unité.

Tel est le sens que Durkheim, à son tour, confère aux faits religieux dans les affirmations suivantes : « l'idée de la société est l'âme de la religion »[78], « la divinité n'est pas autre chose que la société transfigurée »[79], la société est « l'idée qu'elle se fait d'elle-même »[80]. Pour se rendre présente à soi, la société doit produire une action commune où elle se pense et se recrée périodiquement. La religion, avec son culte et ses emblèmes, accomplit cette fonction. Le culte, loin d'être un système de signes déroulant la foi, forge celle-ci en engageant les membres de la société dans le cycle d'une participation à une vie psychique commune où fusionnent les consciences individuelles. L'emblème (totémique par exemple) joue de même un rôle constitutif dans la fusion des idées et sentiments collectifs en tant qu'il fixe les représentations du groupe dans un symbole commun dont l'objectivité traduit et garantit l'extériorité de l'obligation par rapport au moi – expression sans équivoque de l'autonomisation du collectif par rapport à ses éléments constituants, selon Durkheim. Quant aux croyances religieuses qui tissent le

---

76. *SPP*, II, p. 9.

77. É. Durkheim, *Les Formes élémentaires de la vie religieuse*, 7è éd., Paris, PUF, 1985, p. 65.

78. É. Durkheim, *ibid.*, p. 599.

79. É. Durkheim, *Textes 2*, Paris, Éd. de Minuit, 1975, p. 29. Cf. p. 30 : les dieux sont « des idéaux collectifs personnifiés ».

80. É. Durkheim, *Les Formes élémentaires de la vie religieuse*, p. 604.

contenu de ce genre de représentations collectives, « elles sont la chose du groupe et elles en font l'unité »[81].

Le culte religieux émane de la société où il a sa source, et réagit efficacement sur elle pour autant que les pratiques cérémonielles suscitent en chaque sujet des impressions (de joie, de transe, etc.) qui constituent une « expérience spécifique »[82] par laquelle le fidèle adhère à ses croyances. Durkheim parle à ce propos d'expérience religieuse, en référence à William James[83], mais il prend ses distances avec le pragmatisme, auquel il dit s'opposer comme le « rationalisme » s'oppose à « l'empirisme mystique ». Si Durkheim subordonne ainsi le rôle de l'émotion, c'est parce que, pour mettre en évidence la dualité de l'homme, il opère une distinction rigoureuse (et kantienne) entre les sensations, qui ne sont qu'individuelles, et les concepts, qui sont collectifs. Or, d'après lui, « c'est par le concept et par lui seul que les intelligences communient »[84]. Du coup, il n'éprouve pas le besoin de rapporter l'expérience religieuse à un moteur affectif ou à une logique des émotions, contrairement à Lévy-Bruhl qui est en cela plus proche de l'anthropologie du positivisme religieux[85].

Pour Durkheim, la religion est à ce point l'image de la société, que dans les croyances les plus grossières elle en reflète les aspects « les plus vulgaires et les plus repoussants »[86]. Comte avait peut-être tenté justement d'épurer l'individu et la société en donnant à celle-ci l'image idéalisée d'elle-même. Mais Durkheim ne reconnaît pas l'efficacité de sa démarche pour la raison suivante : « les anciens dieux vieillissent ou meurent, et d'autres ne sont pas nés. C'est ce qui a rendu vaine la tentative de Comte en vue d'organiser une religion avec de vieux souvenirs historiques, artificiellement réveillés »[87]. Comte n'aurait donc pas été assez fidèle à son propre principe selon lequel chaque religion a la forme et le contenu qui conviennent à l'état auquel la société est parvenue.

---

81. É. DURKHEIM, *ibid.*, p. 60.

82. É. DURKHEIM, *Textes* 2, p. 39.

83. É. DURKHEIM, *Les Formes élémentaires de la vie religieuse*, p. 596.

84. É. DURKHEIM, *Textes* 2, p. 31.

85. Dans *La morale et la science des mœurs* (Paris, Alcan, 1903, p. 80), LÉVY-BRUHL emprunte explicitement à Comte la distinction des signes, des images et des sentiments, perçus comme trois langages stratifiés : « au-dessous de cette logique des signes, il y a une logique des images, plus profondément située, moins consciente et aussi plus puissante ; et enfin, au-dessous de la logique des images, une logique des sentiments, vieille sans doute comme l'espèce elle-même, qui ne s'exprime ni par des concepts définis ni par des signes conscients, mais qui est une source spontanée et incoercible de l'action [...] Nous pouvons retrouver [dans les institutions des sociétés inférieures] quelque chose de cette logique des images et de cette logique des sentiments ». La loi de participation (consubstantialité entre une personne et son symbole, ou entre une personne et un de ses attributs) dans l'« expérience mystique » des primitifs fournit un exemple de cette logique – que Lévy-Bruhl appelle « prélogique » parce qu'elle viole le principe de contradiction. Durkheim est, à la même date, peu réceptif à cette théorie, parce que, selon lui, la démarche mentale des primitifs ne diffère pas essentiellement de celle du savant, dans les liaisons qu'elle établit (cf. *Les Formes élémentaires de la vie religieuse*, p. 341).

86. É. DURKHEIM, *Les Formes élémentaires de la vie religieuse*, p. 601.

87. É. DURKHEIM, *ibid.*, p. 611.

Durkheim reste attaché, comme le dit Marcel Gauchet sur le ton de la critique, à « l'indépassable nécessité sociale de la religion comme facteur d'intégration collective par le spirituel »[88]. Il n'abandonne donc pas l'idée d'une religion à venir, mais il la conçoit autrement, et préfère lui laisser une large part d'indétermination : « Un jour viendra où nos sociétés connaîtront à nouveau des heures d'effervescence créatrice au cours desquelles de nouveaux idéaux surgiront, de nouvelles formules se dégageront qui serviront, pendant un temps, de guide à l'humanité »[89]. La religion à laquelle il songe est, plutôt qu'un culte de l'Humanité, une religion de l'homme, une religion de ce qu'il y a d'humain en l'homme, c'est-à-dire une forme de croyance collective centrée sur la morale individuelle. C'est ainsi qu'il répondait à Brunetière au lendemain de l'Affaire Dreyfus, dans l'article sur « L'individualisme et les intellectuels »[90]. Sans doute, disait-il – rejoignant par là le premier Comte – « une société ne peut être cohérente s'il n'existe entre ses membres une certaine communauté intellectuelle et morale »; « tout ce qu'il faut aux sociétés pour être cohérentes, c'est que leurs membres aient les yeux fixés sur le même but, se rencontrent dans une même foi »[91]. Une telle communauté exige une forme de sacralité qui transfigure nos instincts, « car nous ne sommes pas naturellement cette sage et pure raison qui, dégagée de tout mobile personnel, légiférerait dans l'abstrait sur sa propre conduite ». Or de nos jours « c'est l'humanité qui est respectable et sacrée ». Mais l'humanité est incarnée en chacun de nous, et la morale individualiste du temps présent exprime rationnellement une croyance non dans le « moi » – comme le suppose (à tort selon Durkheim) Brunetière – mais dans l'individu. La défense de Dreyfus doit ainsi être comprise (sociologiquement) comme la manifestation historique du caractère sacré et inviolable de l'individu (sous la forme d'une défense de ses droits et de la justice) : « La religion de l'individu ne peut se laisser bafouer sans résistance »[92]. Tout se passe par conséquent comme si Durkheim tentait, par une improbable alliance de mots, d'appliquer l'idée comtienne de religion à l'objet de la morale kantienne ou rousseauiste.

Alain parle de même d'une « religion de l'homme »[93] – et, qui plus est, à propos de Comte – mais il puise dans le positivisme des éléments différents, qu'il investit dans une philosophie de l'esprit ou de la pensée en marge d'une possible sociologie qui serait non une théorie de la

---

88. M. GAUCHET, *La démocratie contre elle-même*, Paris, Tel-Gallimard, 2002, p. 104-105.

89. É. DURKHEIM, *Les Formes élémentaires de la vie religieuse*, p. 611.

90. É. DURKHEIM, « L'individualisme et les intellectuels », *Revue bleue*, 1898, II, pp. 7-13.

91. É. DURKHEIM, *ibid.*, p. 9.

92. É. DURKHEIM, *ibid.*, p. 12. Cf. aussi *Textes* 2, p. 143 : « En réalité, nous voyons sans cesse du sacré se faire sous nos yeux. L'idée du progrès, l'idée de la démocratie sont sacrées pour ceux qui y croient ».

93. ALAIN, *Histoire de mes pensées*, Paris, Gallimard, 1936, p. 142. En ce qui concerne l'évolution chronologique du rapport d'Alain à Comte, on renvoie à Olivier REBOUL, *L'Homme et ses passions d'après Alain*, Paris, PUF, 1968, t. 2, pp. 123-129.

conscience collective, mais une sociologie de la famille[94]. « Comte a beaucoup fait pour ramener le culte à son objet véritable qui est l'homme » en retrouvant « l'immémorial sens de la commémoration »[95]. Qu'est-ce que la commémoration ?

Les morts, expliquait Comte, ne sont plus dominés par les lois de la matière, ni par les lois vitales, mais ils continuent d'exister moralement et socialement en nous, grâce aux images qui, dans la prière, raniment en chacun les sentiments et les pensées suscités par la personne disparue. La vie subjective préserve du vieillissement et de la corruption, elle immortalise les défunts dans une image idéalisée (Clotilde, la Béatrice de Dante) et apporte au présent la stabilité qui manque à l'existence affairée des vivants. Selon Alain, c'est bien ainsi qu'il faut comprendre l'idée suivant laquelle les morts gouvernent les vivants. Il ne s'agit pas d'atavisme : « Ce n'est pas ici l'hérédité de nature ; c'en est le remède »[96]. Retenir le meilleur, c'est l'idée inverse de l'hérédité « qui ne porte jamais que malédiction »[97]. L'homme « se tire un peu au-dessus de lui-même » en imitant un homme « plus grand que nature »[98], ce qui implique de chercher le modèle non chez les vivants, qui nous déçoivent nécessairement, mais chez les morts, une fois ceux-ci idéalisés. Alain se méfie par conséquent des pages dans lesquelles Comte « nous invite à aimer nos grands prédécesseurs d'après le tableau de leurs vertus »[99], de même qu'il se méfie de la célébration qui, « toujours mêlée aux dissentiments de politique, ne va presque jamais sans une sorte d'exécration, injuste par l'ignorance »[100]. Bref, la « continuité subjective », moyen de régulation, suppose d'honorer, selon Alain, « des vertus qui n'ont pas existé » : « Comte disait que les morts gouvernent les vivants. Mais afin de n'être pas mal compris, il a dit aussi : "Le poids croissant des morts ne cesse de régler nos pensées" »[101].

Alain appelle « piété » cette manière d'idéaliser les défunts, en oubliant la part du laid et du misérable. Il la définit « l'amour qui va de l'inférieur au supérieur » et qui s'interdit de juger. La piété est « un

94. Voir ALAIN, « Essai d'une sociologie de la famille » dans *Idées. Introduction à la philosophie. Platon, Descartes, Hegel, Comte*, Paris, Hartmann, 1939, pp. 336 et suivantes. Contrairement aux sociologues de l'école durkheimienne, ses contemporains, Alain pense que « la véritable société est fondée sur la famille, sur l'amitié (Aristote), et sur les extensions de la famille » (*Définitions*, Paris, Gallimard, 1953, p. 198). Par ailleurs, il éprouve à la suite de Comte une méfiance envers les conceptions contractualistes, le droit des contrats étant pour lui une manière d'égaliser le combat qui laisse resurgir l'inégalité et ses injustices.

95. ALAIN, *Histoire de mes pensées*, p. 282.

96. ALAIN, *Idées...*, p. 355.

97. ALAIN, *Histoire de mes pensées*, p. 282.

98. *Bulletin de l'Association des amis d'Alain*, n°6, déc. 1957-janv. 1958, p. 4-5.

99. ALAIN, *Histoire de mes pensées*, p. 284. Cf. par exemple *SPP*, II, p. 63 : « Le culte des grands hommes vraiment supérieurs forme ainsi une partie essentielle du culte de l'humanité ». Ou *SPP*, IV, p. 403 : « j'ai dû quelquefois subordonner [dans le calendrier] la valeur personnelle aux résultats effectifs, qui dépendent surtout de la situation historique ».

100. ALAIN, *Idées...*, p. 35.

101. ALAIN, *Mythes et fables*, Le Vésinet, Institut Alain (Bourgne et Châtelet éds), 1985, p. 60. Voir aussi *Bulletin de l'Association des amis d'Alain*, n°6, déc. 1957-janv. 1958, p. 7 et p. 8-9.

exemple de sentiment purifié de passion »[102]. La piété fait régner ce qui est le plus pur et le meilleur dans l'homme et qui n'a jamais existé. « Toute la piété est donc de ressusciter le mort dans sa force et autant qu'il se peut dans sa gloire »[103]. Elle est « une religion naturelle », en ce sens qu'elle s'enracine dans la piété filiale[104]. Elle est le fait du fils qui, par admiration ou « vénération » (mot déjà employé par Comte pour désigner notre sentiment à l'égard des anciens et des morts), rend à ses parents « cet immense crédit qu'il en a reçu »[105]. S'acquitter d'une dette, c'est accomplir son devoir envers l'autre, envers le passé. Mais est-ce tout ?

Alain aime à penser, comme il dit, que « c'est une sorte de devoir envers soi-même de sauver déjà le meilleur, et d'oublier le reste si on peut »[106]. Que dire de ce devoir envers soi ? C'est une forme de « repentir », par opposition au « remords » toujours hanté par « le spectre de soi » (le « ver rongeur » selon Nietzsche). Alain peut parler ici de repentir pour autant que cette notion morale désigne pour lui le « renouvellement intérieur qui efface le remords en tournant toutes les pensées vers l'avenir »[107]. La piété pousse l'homme à expulser hors de lui toute méchanceté, toute négativité ; mais surtout, devant ces images idéalisées, l'homme « se trouve remis en sa vraie condition, et réconcilié à lui-même, par une meilleure attitude »[108]. Olivier Reboul dit à juste titre que le culte de l'humanité est « la reconnaissance de chacun de nous envers tout ce qui nous fait homme »[109]. Pas seulement envers les hommes et ce qu'ils nous ont effectivement légué, mais envers l'humain lui-même et ses promesses. Sans quitter le terrain de la religion, Alain laïcise la notion de repentir pour montrer que la piété, par son rôle régulateur, agit sur l'homme, sur le rapport de l'homme à lui-même.

La piété peut être vue comme une hygiène mentale : les morts idéalisés me renvoient une image de moi-même à forte puissance cathartique, et la purification joue grâce à cet effet de retour dans les deux sens, pour finalement me faire coïncider avec ce qu'il y a en moi de profondément humain : « La piété (c'est le sens primitif du mot) est physiologique en toutes ses démarches, même en ses pensées. Il s'agit de purifier l'homme, de penser à ce qu'il fut de mieux »[110]. Mais « physiologique » signifie en un sens plus fort que la pensée est subordonnée à la vie du corps. « Je voudrais apercevoir qu'il y a une pensée physiologique, qui est une mimique, qui avance sans parole et crée dans sa marche »[111]. L'idée surprend au premier abord, étant donné que ce qu'il y a en moi de plus humain n'est pas le corps, selon Alain, et que la piété est dégagée de toute humeur. Pourtant, on ne saurait comprendre les considérations d'Alain sur l'enfant et la femme si l'on ne

102. ALAIN, *Définitions*, p. 165.
103. ALAIN, *Histoire de mes pensées*, p. 282.
104. ALAIN, *Les Dieux* [1934], 2è éd., Gallimard, 1947, p. 151.
105. ALAIN, *Idées...*, p. 354.
106. ALAIN, *Histoire de mes pensées*, p. 283.
107. ALAIN, *Définitions*, p. 184.
108. ALAIN, *Les Dieux*, p. 20.
109. O. REBOUL, *L'éducation selon Alain*, Paris, Vrin, 1974, p. 50.
110. ALAIN, *Mythes et fables*, p. 58.
111. ALAIN, *ibid.*, p. 118.

voit pas que, pour lui comme pour Comte, la vie morale prend appui sur notre nature, quitte à la surmonter et à la maîtriser par la suite. Point de vitalisme nietzschéen, dans cette affirmation qui fait dépendre la morale de la physiologie, mais plutôt une référence à la théorie de Comte qui met les types d'acteurs sociaux (femmes, prolétaires, philosophes, etc.) en correspondance avec les différentes fonctions cérébrales. Comte décalque les régulations sociales sur la distribution fonctionnelle qu'il découvre au plus profond niveau anthropologique et qui assigne au cœur l'inspiration, à l'esprit le conseil et au caractère la décision. Alain admire cette théorie : « Il faut convenir d'abord que [Comte] est le seul parmi les penseurs qui ait parlé de la femme comme il faut [...] Lisez seulement ces lignes : "En reprochant à l'amour d'être souvent aveugle, on oublie que la haine l'est bien davantage, et à un degré bien plus funeste". Cette remarque a par elle-même plus de portée à mes yeux que tout La Rochefoucauld. Mais Comte a poussé ses recherches en ce sens-là bien plus loin encore; [...] restituant au mot affection son plein sens, il a conclu que l'amour de la forme humaine, si chevillé au cœur de la femme, est le centre d'impulsion et d'orientation de tout jugement »[112].

Qui dit « physiologie » dit nature, mais non animalité. Par la piété (ou la commémoration) l'homme se forge des idées, une culture qui l'affranchissent de la sauvagerie du moins à un certain niveau de lui-même. À travers la religion, Alain tente de saisir à sa source le fondement de la pensée, et ce qui fait qu'il y a des pensées fondamentales. La piété (ou la commémoration) est la source des plus authentiques pensées. « Ces modèles que nous formons sont nos plus naturelles idées, et peut-être les seules. Les effets de ce culte sont profondément cachés en chacun »[113]. En idéalisant les ancêtres jusqu'au merveilleux, l'enfant s'invente des histoires, crée des récits, des légendes, une mythologie, qui sont les vraies pensées de l'humanité. Alain peut parler de vraies pensées à ce propos parce que l'enfance est cet âge où « l'homme se dessine lui-même et ne voit rien d'autre »[114]. Protégé, et notamment par la mère, de l'affairement des adultes, l'enfant est pour ainsi dire seul face à ses modèles, il jouit d'une autonomie de pensée qu'il ne retrouvera plus par la suite, et en ce sens, sa religion est, pourrait-on dire, la vraie religion. L'éducation consiste à développer ensuite le culte en culture, selon une association de mots et de notions empruntée à Comte. « La culture se définit exactement par ceci : le culte des grands hommes. Comte considérait, avec raison je crois, que la puérilité et l'instabilité sont le principal péril de nos pensées »[115]. De là l'importance des « humanités », qui jettent un pont entre les vivants et les morts, ou plus exactement entre les vivants et « la réalité spirituelle de l'héritage humain » qu'est l'humanité – pour reprendre la formule de Jean-Louis

---

112. ALAIN, *Histoire de mes pensées*, p. 224. La commémoration est impulsée par l'amour : « C'est ainsi qu'on pense aux absents, si l'on aime » (*Mythes et fables*, p. 59).

113. ALAIN, *Idées...*, p. 354.

114. ALAIN, *Les Dieux*, p. 85.

115. ALAIN, *Mythes et fables*, p. 179.

Poirier pour qui l'humanisme d'Alain n'est autre, justement, que la religion de l'humanité selon Auguste Comte[116].

La piété (ou la commémoration) fonctionne plus largement comme
le principe explicatif de toutes les démarches fondamentales de l'esprit.
On lui doit l'élévation de l'humanité au-dessus des « religions de nature » faites « de boue et de sang » (à distinguer, donc, de la religion
naturelle), car déjà les Lares et les Pénates sont « conquis contre la
nature, qui tue comme elle nourrit »[117]. Toutes les religions révèlent un
aspect de l'homme et comme l'homme est une unité, les religions
coexistent, mais stratifiées – un peu à la manière hégélienne – dans une
succession qui parcourt des « étages » de l'homme plutôt que des
« étapes ». Les religions de la nature sont surmontées, sans être en tout
point évacuées, par les religions de la puissance, et celles-ci par le
christianisme, religion de l'esprit. Or ce qui anime le passage de l'une à
l'autre, c'est, dit Alain, l'image (comtienne) de la Vierge Mère, qui est le
fonds commun de nos pensées. « La pensée réelle ne cesse de reprendre et de sauver l'ancien fétichisme »[118]. On en revient à l'enfance et au
microcosme familial. Alain prend au sérieux la religion sous toutes ses
formes, parce qu'elle est le miroir agrandi, historicisé, de l'homme –
« société à la fois publique et intime entre l'homme et l'esprit absolu,
c'est-à-dire entre l'homme et son esprit »[119].

Par conséquent, Alain rejoint Comte dans l'idée que la pensée, physiologique (Comte dit : « cérébrale ») quant à sa condition, fait corps
avec la religion (chez Comte : l'aller-retour entre la « foi » et
l'« amour »). Mais dans son analyse de la pensée, il se débarrasse de
tout holisme. Pour ce contestataire, on pense toujours seul. S'il est vrai
pour ce penseur laïque que la pensée est notre salut, il lui faut préciser
qu'il n'y a de salut qu'individuel. « Si on se met à plusieurs pour faire
son salut, on obtient une sorte de vertu moyenne qui est dégradante ».
Point de lien social donc. La solidarité n'est pour Alain qu' « un meuble
à tiroirs politique »[120], « une solidité entendue métaphoriquement » qui
lie le sort des hommes dans l'adversité et la nécessité[121]. Peut-être Alain
se souvient-il, en s'exprimant ainsi, de ce que Lachelier avait répondu à
Durkheim : « La religion ignore et contredit le groupe : elle est un effort
intérieur et par suite solitaire »[122]. Une grande question pour Alain est
en fait celle-ci : peut-on aimer les autres si l'on ne s'aime d'abord soi-
même? Pour ce philosophe du détour, le lien social, s'il est possible,
suppose l'accord de l'individu avec lui-même, le devoir envers soi, la
piété – en bref, le lien « entre l'homme et son esprit ».

---

116. J.-L. POIRIER, « L'humanisme d'Alain », dans *Penser avec Alain*, Le Vésinet,
1996, p. 34.

117. ALAIN, *Les Dieux*, p. 152.

118. ALAIN, *Mythes et fables*, p. 82.

119. ALAIN, *Définitions*, p. 182.

120. ALAIN, *Mythes et fables*, p. 200.

121. ALAIN, *Définitions*, p. 198-199.

122. J. LACHELIER, *Bulletin de la Société Française de Philosophie*, A. Colin, 4 fév.
1913, p. 99.

Conclusion

Émile Faguet écrivait en 1898 : « [...] Le système de Comte a rempli toute la seconde moitié du XIXᵉ siècle [...] C'est quelque chose surtout que de faire penser, et Auguste Comte est merveilleux pour cela ; c'est le semeur d'idées et l'excitateur intellectuel le plus puissant qui ait été en notre siècle [...] »[123]. La question se pose donc de comprendre en quoi les problématiques positivistes, sinon les solutions, pouvaient être encore d'actualité dans la seconde moitié du XIXᵉ siècle, c'est-à-dire des années après la phase romantique qui avait présidé à l'élaboration des idées de Comte.

Au-delà de ce qui les oppose, les penseurs de la Troisième République partagent la conviction que l'homme a remplacé Dieu. Pour la religion à venir, cela signifie plusieurs choses. D'abord que la religion sera laïque, épurée de toute révélation, de toute superstition, voire de tout dogme. Ensuite qu'elle sera rationnelle, c'est-à-dire que ses enseignements et impératifs seront conformes aux résultats de la science et aux injonctions de la raison. La religion sera ainsi une morale sociale, ou la morale tout court. Enfin, il y a l'idée que la religion ne peut plus sacraliser que l'individu, ou l'homme entendu comme sujet : cette religion s'accordera donc avec les droits de l'homme. Que reste-t-il de « religieux » dans une telle religion? Précisément ce que Comte plaçait au fond de la (et surtout de sa) religion : le lien.

Il est remarquable que, sous un régime en quête de légitimité et de reconnaissance – la Troisième République – le lien ait été pensé à la manière de Comte, soit comme un lien social (« solidarité »), soit, plus rarement, comme un lien « entre l'homme et son esprit » (la « piété » selon Alain), mais point du tout selon le modèle de la religion civile de Rousseau[124]. Il s'agissait bien de capter la dimension universelle et apolitique de la religion à venir qui devait être non un joug, mais un moyen d'émancipation. Même quand le mot religion devenait difficilement audible, la tentation religieuse était encore là pour exprimer une conviction anthropologique : l'homme est un être social et la société repose sur des valeurs. Par conséquent, la religion était requise comme l'instrument et le garant de la spiritualisation du lien social, et, au fond, une telle conception répondait assez fidèlement à l'inspiration initiale du fondateur de l'Église positiviste.

Ces temps sont-ils révolus? Il est permis d'en douter, bien que les tenants de la modernité s'essaient parfois à présenter l'individu contemporain comme nécessairement déconnecté, symboliquement et cognitivement, du point de vue de la totalité, et à dissocier radicalement le traditionalisme des religions de l'orientation vers l'avenir des sociétés libérales. Pour conclure, une seule remarque, à ce sujet. À l'heure où l'enseignement d'État cède au chant des sirènes utilitaristes

123. É. Faguet, *Politiques et moralistes du XIXᵉ siècle*, Paris, Société Française d'Imprimerie, 1898, p. 369.
124. Cette tentation a sans doute existé, mais elle n'est pas chez les auteurs représentés dans cette étude. Il faudrait, d'autre part, consacrer toute une étude au culte de l'art, où l'on retrouverait Guyau à côté de Renan et des disciples de Nietzsche, mais on déborderait hors du champ des fondateurs de l'idéologie républicaine auquel la présente recherche se limite.

de la professionnalisation, et remplit sa mission idéologique en inculquant à la jeunesse des règles de vie en commun inscrites dans un code appelé « citoyenneté », la réaction récente d'Alain Finkielkraut témoigne de la pertinence de l'idée positiviste de continuité, comprise dans le sens d'un héritage symbolique à construire et à reconstruire sans cesse. « Enseigner revient à tisser un lien entre les vivants et les disparus [...] Cet héritage symbolique ne relève pas de l'hérédité, mais de la responsabilité des maîtres »[125]. Dans ces lignes d'A. Finkielkraut, Alain est nettement présent, et derrière Alain, Auguste Comte. Les morts gouverneraient-ils encore les vivants?

12, Avenue de la Résistance
59500 Douai
laurent.fedi@9online.fr

---

125. A. FINKIELKRAUT, *L'ingratitude. Conversation sur notre temps*, Paris, Gallimard, 1999, p. 126.

RÉSUMÉ DE L'ARTICLE. — Lien social et religion positiviste chez les penseurs de la Troisième République. Par Laurent FEDI.

Malgré l'évidente réticence du parti anticlérical à adopter une nouvelle religion avec un dogme et des sacrements, la promotion philosophico-politique du lien social sous la Troisième République a conduit à revisiter en théorie, sinon en pratique, quelques thèmes majeurs du positivisme religieux. Le parcours ici proposé va de la politique (Ferry, Léon Bourgeois, Jaurès, la libre-pensée) à la philosophie morale et sociale (Jean-Marie Guyau, Alfred Fouillée, Gustave Belot, Émile Boutroux) et de celle-ci à la sociologie (Durkheim) et à l'analyse de la pensée (Alain). L'usage ambigu, sélectif, des textes et des idées de Comte, mélange d'hommage et d'aversion, reflète la liberté d'interprétation qui parvient à féconder une philosophie au-delà de son cadre d'origine. L'enquête privilégie cet axe de recherche et met au jour les transactions par lesquelles s'est monnayé un héritage que l'on aurait tort de croire aujourd'hui disparu.

SUMMARY. — The Social Bond and Positivist Religion among the Thinkers of the Third Republic. By Laurent FEDI.

Despite the anticlerical party's evident reticence to adopt a new religion with a dogma and sacraments, the politico-philosophic promotion of the social bond under the Third Republic led to a re-visitation, in theory if not in practice, of a few of the main themes of religious positivism. The development proposed here proceeds from politics (Ferry, Léon, Bourgeois, Jaurès, freethinkers), to moral and social philosophy (Jean-Marie Guyau, Alfred Fouillée, Gustave Belot, Emile Boutroux), and then to sociology (Durkheim) and thought analysis (Alain). The ambiguous and selective usage of Comte's texts and ideas, a blend of homage and aversion, reflects the liberty of interpretation that permits the enrichment of a philosophy beyond its original setting. This inquiry favors this line of research and updates the means of capitalizing upon a heritage that we would be wrong to believe no longer exists.